《原学》第三辑

生命的工夫

刘海滨　邵逝夫　主编

上海人民出版社

目 录

原学讲会

学而时习之：第二期"原学讲会"选录[1]

邓秉元　邵逝夫　邓新文　等

王殿军： 下面的活动分两个部分，上半部分是各位老师轮流发言，每位发言控制在 10 分钟左右，下半场就所探讨的话题进行交流。

上午几位老师的发言，对我的触动特别大。因为我在企业里是做企业文化的，一个企业，最重要的就是要解决问题。一个企业不断发展的动力，就是一个组织的发展动力；而这个组织是由人组成的，由每个员工组成的，员工的发展动力和组织的发展动力，他们内在的动力是什么，如何去践行。这在企业里面，是特别关键的，如果企业找不到动力或者动力找错了，肯定会给企业带来灾难性的后果。我们顺着上午的话题，请各位老师不吝赐教，我还有很多问题，非常渴望跟各位老师深入学习。

方仁杰： 今天的主题是"学而时习之"，我不太清楚这个主题之下有没有具体内容上的规定，所以想仅就我自己的理解，根据这一主题来简单谈一下自己的看法。

《论语》开篇就讲"学而时习之，不亦说乎？"对于"学"，历来有很多解释，上午几位老师讲的，对我也有很多的启发。关于"学"，《论语义疏》中解释为"觉"，即"学者觉也"；《说文解字》里面，也把"学"解释成"觉

1　第二期"原学讲会"于 2023 年 3 月 18—19 日在苏州同里古镇"复园""和美如莲"举行，本文据讲会部分内容整理。

悟"；还有另外一些文本，会从繁体的角度来解释，把"学"解释成"仿效"的"效"，认为是小孩对祭祀动作进行模仿的行为，所以把"学"解释成"觉悟"或者"模仿"的意思。

我不知道这样讲是不是合适，这种解释在今天看来可能会存在一定的问题，也就是这一解释可能太过宽泛。这个宽泛的问题，主要指向的是"学"的具体内容，在这一解释中"学什么"可能还是很模糊的。比如，我们可以说学某一项偷盗、害人的技术，也是在"学"，它也是在"模仿"。所以重点在于"学"的内容是什么，从中国古代角度来讲，"学"，应该是具体有所指的。从客观意义上来说，古代讲要学《诗》《书》《礼》《乐》，如司马迁在《史记·孔子世家》中写道："孔子以诗书礼乐教。"

我觉得这里会引申出一个很重要的内容，即所谓"学"，在古今学问之间，会有一个比较大的差异。我们大家都知道，古代人读书，有一个根本性的目的，这个根本性的目的指向的是我们自身的修养。所以古人讲读书，学《诗》《书》《礼》《乐》，最终是为了修身。但是在今天，可能这个目的发生了一定的变化；在现代大学里，甚至已经产生了一个相对明显的变化。"学"的目的被认为不仅仅是修身，或者说甚至已经把"修身"这一目的抛弃掉了，转而强调"求知"。而这其中所说的"知识"就恰恰是宽泛意义上的，可以指某种技术、某一项应用性的东西，等等，有时则非常强调"知"的客观性，所以有可能所学的内容恰恰和"人"没有关系。这是古今之间从"学"的目的上来讲很重要的一个差异。

《论语·学而》开篇说："学而时习之，不亦说乎？"到结尾处说"人不知而不愠，不亦君子乎？"开头的字是"学"，结语是"君子"。在这个过程中，或许已经把学的目的讲得很清楚了。也就是说，《论语》开篇其实就告诉我们，"学"，最终的目的，指向的就是"君子"。所谓"君子"，《论语》中强调的其实不是那些有位的、掌握权力的人，而是有德之人。所以，《论语》一开篇就明确阐明了"学"的目的是什么。

接续刚才所说的，我个人认为古今之间的学问，从培养体系、方法、目的等这些角度来讲，其实还存在一个很大的区别。这个区别就是，我们会把古代的学问称为"大人之学"，而"大人"指向的就是"君子"，也就是刚才讲的"学"的最终目的；现代学问，我们会把它称为"大众之学"，而我们今天可能更多的是把"大众之学"理解成对学生的培养、教育的目的，也就是说要把人培养成某种适应于社会需求的劳动力。昨天在路上跟杨丹老师也在聊，这其中有一个很明显的体现，就是我们现在大学的学科分类是非常细化的，在这种情况下，某一个学生可能只知道某一领域的某一小部分内容，这就是现在所强调的"专业"。为什么一定要培养如此专业性的人才？因为这和现代学问的目标取向有关，和要培养一个（专业层面）高素质的、适应社会的劳动力这一目的密切相关。于是在这个背景之下，就出现了一个根本性的问题：古人讲学问本身是以修身为目的，这个目的在现代学问体系中就很容易被抛弃掉。而这种做法、取向，现在不仅体现在理工类的学科，甚至还包括人文类的学科。

既然"学"最终的目的，是人本身，是为了修身，那么我想继续来谈一下，为什么修身一定是根本性的目的？或者说人是出于什么样的目的一定要学？并且一定要以这个目标去学？

我不知道我这样讲是不是恰当，我觉得至少可以从两个维度来思考。第一，不管是中学还是西学，对人的判断是有一个共通性的。这个共通性指向的是，（现实的）人本来就是一种有缺陷的存在，这是一个很重要的前提，也是"学"的"必要性"。在这个前提之下，我们首先需要深刻认识到，作为一个人本身固有的这种有限性。比如，苏格拉底引用希腊德尔斐神庙上的铭言作为自己的哲学宣言："认识你自己。"这句话很简单，就这么几个字，"认识你自己"。这句话指向的是，要认识人本身根深蒂固的有限性和不自足性，所以我们才需要学，使得人这样一种有缺陷的存在，能够在"学"的过程中不断得到修正和完善，我觉得这是一个很重要的前提。

上午邓秉元老师提到了《孟子·离娄下》中的说法："人之所以异于禽兽者几希"，如果从今天生物学的角度来讲，人本来就是动物的一种；如果一个人只存在外在性的口腹之欲，而缺乏古典学问当中所讲的道德层面的、超越性的诉求，那么人和禽兽本来就没有什么差异，因为人和其它动物一样也要吃、也要睡，这是生物性的一种体现——但未必是人性。

我个人感觉，今天我们对"哲学"的理解与界定好像有点问题。比如一些新兴的学科，甚至哲学范畴内的一些学科认为，概念才是哲学的目的，有些人则认为逻辑才是哲学的目的，还有些人认为分析的框架才是哲学的目的。但事实上，不管是从中国哲学还是从西方哲学的起源来看，都是因为人本身的问题不断呈现出来，要应对这一问题，所以哲学才得以产生并且其意义才得以不断凸显。所以，哲学这一学问本身，根本性的目的，一定是用来解决和应对人自身的问题的。

　　如果假设说，人本来就是一种尽善尽美的存在，我个人认为可能也就不需要哲学了。因为如果在道德层面，人就像苏格拉底所说的那个神一样，是全然完美的，那么似乎哲学的意义也就被消解了。然而事实上，人本来就是一个根深蒂固的有缺陷的存在，或者说就因为这一点，成为我们之所以要去"学"的一个很重要的基础，这也跟"学"的目的密切相关。我觉得在中学和西学之间，这两者是共通的。

　　第二，既然人是有缺陷的，甚至可以从宽泛的意义上说，人属于动物之列，那么是不是人就跟其它所有动物是完全一样的？也就是说，在这种情况下，是不是人就不存在一种发展的可能性？我相信我们的答案都是否定的。首先，刚才讲人有缺陷，但并不意味着因为人自身是有缺陷的存在，就不存在一种发展的可能性。人的"自然状态"跟其它动物没什么区别，但人之为人，与其它动物相比有一个根本性的区别，这个根本性的区别在中国哲学和西方哲学里面都会讲到，我套用卢梭的一个说法，叫作"人的可完善性"。我们知道孟子说人有"恻隐之心"，这句话在卢梭那边有一个相通的表述，叫作人天然就有怜悯心。卢梭说这是人跟动物所共有的东西（共性），但是人有特殊性的东西；正因为人的这种特殊性，所以人有可能导向恶，也有可能导向善。他说的特殊性的东西，用他自己的概括，叫"人的可完善性"。这也是"学"的"可能性"所在。

　　"人的可完善性"，这一点在中国哲学和西方哲学里面应该是相通的，正因为人所特有的这种"可完善性"，才赋予了人去"学"并且修身完善的可能性。"教育"和"学"的最终目的，都在于发挥出人的这种"可完善性"，我相信这点应该是很重要的，否则如果丧失这种"可完善性"，不管是从西方哲学如卢梭的角度，还是从中国哲学的角度，人都会堕落到禽兽的范畴里面去。

　　我有时候上课和学生开玩笑，我说，我们骂人的时候，都会说禽兽不如；但禽兽不如，未必一定是对人的批判，有时候恰恰是对动物的侮辱。因为在很多情况之下，人的所作所为，还不如一般意义上的动物，如果一个人没有发挥出这种"可完善性"，那么人就无异于禽兽。卢梭讲"人性本善论"，而在中国哲学里面，孟子也讲"人性本善"。卢梭讲的人性本善，是自然意义上的——而非道德层面的；孟子讲人有善端，也并不是说人一开始就是一个十全十美的善人，而是说这个善端需要人借助后天的一系列东西才能发挥出来。在这点上，卢梭讲的"人的可完善性"，与孟子讲的人有善端，有很多相通的地方，最终都需要借助于教育来给我们提供根本性的帮助，无论是发挥善端也好，还是可完善性也罢。这个是我对于"学"的一点浅显理解。时间到了，我就暂时先讲这么多，谢谢。

王殿军：所谓"学而时习之"，我觉得当我们丧失了"学"的根本，我们就不觉得工作是种快乐，工作就是一种不得不完成的任务，带着这种勉强性去工作，是得不到"悦"的，就是发自内心的那种快乐。如果他能够认识到这个工作本身是一件极有意义的事，作为人之为人的本来那个东西就能活出来了，他工作就会觉得很开心，因为自己的生命在成长，在变化，这时候就会"悦"。

　　刚才方老师讲到"学"的根本性，如果抓住这个根本了，学习也好、工作也好，就会乐此不疲，乐在其中，不然的话，哪来快乐可言？这个我觉得确实值得探讨。

方仁杰：我插一句，是否能从工作中获取意义，我昨天跟孙大鹏老师也在讨论，后面有机会我们可以详细再谈。

王殿军：是的。假如说工作本身不能带来意义，或者不能带来快乐，那么我们谈终身学习，就有点问题了，对吧？

方仁杰：其实现代社会世俗化的问题，跟这个是有密切联系的。

杨　丹：我因为在做《原学》投稿的审稿工作，有幸在这里分享一下我在审稿的过程中，对于自己的生命，所获得的一些启发吧。

我记得《近思录》里面说，"节食以养身，节口以养德"；《周易·节》："天地节而四时成"，佛家的"止语"，《大学》的"知止"，《中庸》的"发而皆中节"，反正都是这个"节"。"止"与"节"，或许就是善恶、贤愚的分别吧。

我们的生命是有限的，我们这几十年的生命，到底用它来干什么？我们有多少人在10岁、20岁之前，生命都被浪费掉。我们家楼下卖菜的那一家小孩子，1岁半就送到早教班了，一年培训班的花费要七八万，他们生活并不富裕，靠卖菜为生。我当时特别惊讶，我问：为什么那么小就送去早教班？他说：人家都在学，我们也不能输在起跑线上啊。

因为我女儿既没上过培训班，也没上过幼儿园，就是放养的，所以我特别不理解。女儿读大学后，有一天她跟我说：最怀念童年时光。她是玩大的。虽然她不优秀，但她是自由和快乐的。

我想说的是什么？孩子不是一件物品，也不是一个工具，她是一条生命。她借着我的身体来到世间，我们互相陪伴，互相鼓励，以不辜负这世间的盛情。"世上岂但无可逃，简直无可立"，生命太孤独，天地赐给我们一个天使，使我们这条孤苦之路走得不太苦。

为什么现在十几岁的小孩子就说"我不想活了"，说"生命没有意义"之类的话？现在很多的小孩子，老师要求他一定要拿好成绩，家长要求他一定要拿一个好排名。老师的奖金、荣誉，家长的面子、未来，都系在了孩子身上。所以我说现在的小孩子福特别薄，他可能什么都不缺，但没有爱，他可能一生都在为别人做嫁衣裳。因爱生害，是以孩子的生命为代价的。

多年来我一直说，做父母的，要引导孩子读一些古代经典，它们自有一种加持力，融入孩子的灵魂和生命中。他成长的路，会少走许多弯路，会水到渠成。慢慢走，生命成长本就是慢功夫，是用文火慢慢熬出来的。当我们追着赶着孩子风雨兼程时，我们可能犯了一个大错，在亲手勒紧孩子的咽喉，逼迫孩子走向不归路。

《红楼梦》和《西游记》，一个记录了世间生死无常路，一个记录了出世间不为生死所拘的西天路。两本书都是可以成道的书。世间即是西天路，谁又不是取经人？顾随先生讲《中庸》，他说："何不修？反正离不开（逃不脱这世间）。"这婆婆世间，真假难辨，无常时至，有了富贵、权势，依然烦恼丛生；心怀愤怒、仇恨，使脚下的路步步荆棘。

唐僧取经，师徒四人，只有唐僧一人没有神通，其他三人都是有神通的，但没有唐僧谁也修不成正果，谁也取不到真经，为什么？就因为唐僧是十世修行的善人。千经万典，苦口婆心，就讲了一个"善"字。做人如果没有这个"善"，就不成其为人，像孟子说的，就是衣冠禽兽。

教和育，在《说文》里面，教是长善救失，育是导子向善。与人为善，见到别人有困难，及时伸出援手，这是最基本的善；"善行无辙迹"，这是默而成之，既不为自己树碑立传，亦不求功德回报的善；"持善不失，持恶不生，无所漏忘"，每一个起心动念都是善的，不为形式所缚，不为环境所困，不为生死所限，与天地合德，与日月合明，这个善，就是经典中告诉我们的至善。

善是做人的根本，人活着，离不开这个根本。《近思录·教学》："古者八岁入小学，十五入大学，择其才可教者聚之，不肖者复之农亩。……自童稚间已有汲汲趋利之意，何由得向善？……只营衣食却无害，惟利禄之诱最害人。"我就在想，如果一个孩子，有了好成绩，却失去了善，实在是教育者（家长、教师）的失职。

关于成功的定义，我更愿意用"成德""成人"来定义，而不只是考上名牌大学，有一个高薪的工作，有一个人人仰慕的职位。如果不会做人，知识再多、文凭再高、社会地位再高，他对社会来讲仍可能是一个害虫。不教而杀谓之虐，好的教育，可以造就好的人格；和睦的家庭，可以给孩子健全的身心；好的父母，会使家成为孩子的福地。父母成婚，不以德合，孩子就成了受难者。所以，为人父母者，先要以德来安身立命，邓秉元老师在《孟子章句讲疏》中说："立之字乃言人之顶天立地。"父母能够安立于天地之间，然后引导孩子以德立身，长善救失，导子向善。我赞同顾随先生的话："教育不是给人方法，而是给人榜样。"这是做人的根本，本立则道生，天道酬勤，这个勤，就是学，"学而时习之"的学，也是孔子说颜回的话："吾见其进也，未见其止也。"有了这个"勤"，"苟日新，日日新"，何愁有朝一日不枝繁叶茂呢？《西游记》说"德行全修休懈"，在一切时中，一切处中，一切起心动念中，始终不离一"善"字，只要有这一恒心，念兹在兹，修其天爵，人爵自会从之。所以还是那句话："自天子以至于庶人，壹是皆以修身为本。"喜荣华正好，恨无常又到，既然逃不开，何不修？

因为之前跟刘海滨老师谈到《原学》审稿时，谈到要"把人不懂的道理，用人懂的话说出来。要更活泼，更好读"。既然《原学》的宗旨，是关注生命成长的，是为了让更多的人看得懂，那么我想，《原学》就应该在这个时代担起一份责任，让更多的人因为《原学》而见到自己的生命，从而爱自己的生命。

吴啸海：挺荣幸又参加邵老师主导的读书会，客气的话就不多说了。从个人的角度说一点对"知识""传统文化"和"学习"的粗浅看法。

一、反"知识"的问题。

从本科、研究生到去英国访学，我一直在接触美术，现在美术学院当老师。一个事实情况是，我表面的专业特长凸显我的偏见和局限性。对于偏见和有限性的问题，各有各的认识和应对方式。对于"学习的方式"，我很提防对纯书本学习的迷信，换句话讲是反对迷信书本知识。同意刚才杨老师讲的，学习跟"自我"的关系很重要，我理解这包括"自我感受"和"学以致用"的内容，这里面有自己怎么应用"知识"，把传统的、历史的东西转换出来去帮助一个活人真正得到提升的问题。但我碰到的实际情况是，很多所谓"知识"只是标本式的，并没有生命力，并不能跟"我"这个活人发生有效的反应。就是说我试图回到"活人"本位来对待"知识"吧，理解"知"和"行"的关系。

二、再说传统。

前几天中央美院举办了一场追思会，悼念周令钊、侯一民、詹建俊、李化吉、钟涵等几位疫情期间去世的老先生。先生们都高寿，对美院的教学影响非常大，我十分尊敬先生们。那一辈先生们当年都面对了一个叫"油画民族化"的问题，这是一个有号召力但充满矛盾的大问题，除去专业落实的技术问题之

外，主要有个人如何处理传统文化知识和现实关系的问题。我瞎联想，先生们去解决这个问题的方式跟法国人高更当时试图实现绘画革新的处理方式很不一样。这里边有个体与集体思想的差异，更有实现"我用"的方式差异。高更把异质的、边缘的、局部的文化内容作为营养，去改善他个人的绘画主体，自己始终是主体。先生们以更高尚的"我们"或"无我"的立场来处理"油画民族化"的问题时，难免会出现"知"和"行"的双重失焦。相比个人化的高更，先生们背负更宏大的集体主义背景，先生们研究西方（苏俄美术为主）现代绘画史和中国传统绘画史，对应方兴未艾的新中国现实社会题材，探索转换创造本土化的油画语言方式。这是一项十分复杂的工作，甚至需要几辈人去持续探索实践。"油画民族化"这个口号很有号召力，实际上却难以持续完善，个中原因我们可以探讨一下。对待"传统文化"的时候也常常出现类似难以消化的情况，说来容易，做起来难。空心化标本式的理论是我提防的，在生活实践中碰到问题，解决不了再带着问题去找书看，识别智慧的忠言来做路杖而已。书里的东西能不能消化用不用得上，得尊重自己的感受。知与行相互照应着推动，须警惕拔高"传统文化"。对待传统，从理解、表述、应用、发展等方面来看，历来大家也各有各法各有用处，向开辟传统文化学习路径的先生们致敬。这些话题谈法比较多，我学识有限难免偏颇，先抛砖引玉。

还回到我的专业角度展开说吧，这是我北京个展上正在展览的一张画。边看画边说我理解的"知"与"行"的问题。这也是我在学院里常碰到的问题。

我这次个展"自然意识"，主题是把自然作为对应物来探讨观念和观看的问题。观看是指有眼睛和感触的人的肉眼观看，而不是受过训练后的观看。邵老师学过画，画画的人有虚着眼睛看描绘对象的习惯，课堂上叫"整体观察"法，简单讲，就是盯住一个焦点，其余周边用余光对比着看，这样就有虚实和色彩冷暖了，画面的秩序关系就有办法展开了，这是画写生挺有效的观察方法，这是有观念的文化的观看。整体观察法跟焦点透视法不是一码事，只跟瞳孔聚焦观看有关系。

去年在北京郊区的一片树林里，我待了四个月，完成了这个观看的绘画实验。（吴啸海）

知识用于反思。这些年画画我试着从身体性的原始生理角度来反观反思绘画：如果用没有受过绘画训练的眼睛观察画出来的画面是什么样？没有"整体观察"概念的人看东西就是看那盯那，眼睛随机变焦。

三、也谈一点儿 ChatGPT（AI）。

ChatGPT（AI）只处理历史的东西，它只处理我们说过的话，它不能处理我们没说过的话。就像我们俩对了一下眼神，点了一下头，它不能处理，难以表达，它的数据库里没有这些。特别是人类具有超验的灵性的灵感的东西，它怎么去搞？对艺术创作来讲，ChatGPT 没有核心竞争力。

数据计算和感觉是两码事。用虚拟引擎和 3d 建模做的没有虚焦的画面效果是失真的。

我们从小在学校学习容易迷信概念和知识，往往也容易迷信新概念，书本知识是成型的历史的，不包括未来的未知。人类作为灵长动物，质量确立重在超验性和感知能力的开发。我不崇拜书本知识，是这个意思。

吴啸海北京展览一层展厅中 AI 生成的视频作品

四、知识的运用也很重要，但用歪的时候也是常事。

在展厅二层，我们故意仿照博物馆的展陈方式放了一些具象的画，主动进博物馆的人是崇拜知识和文化的人，有趣的是，他们往往依靠经验、概念、知识作为观看的先导，一直到看完，看完心里又总想有结论。现场总有观众问我：虽然不是太明白你说什么，但是你肯定说了什么。我告诉他：我没说什么，只是观看阅读的一个小实验。好多人只是将信将疑。

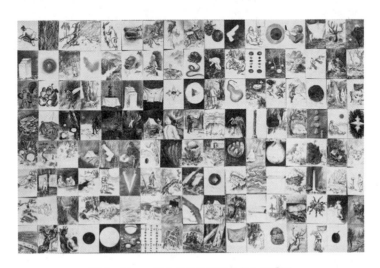

展厅二层 148 张有些具象的画，像有叙事性

二层展厅效果（PILLS 供图）

基于同样的想法，我们在三楼做了一个通道来规定观看动线。

这个没有岔口的通道里任意地摆放了一些立体或平面的作品，视觉作品不明确指代概念，它有很多暧昧性，有很多感受、理解的可能性，它不易甚至不能归纳。而文化的东西是归纳出来的，归纳的东西固化成型。有意义的很多东西是不能被条理的，就是千头万绪、混沌，根本说不清楚，用知识的概念包不住。这套作品算是跟观众开的一个关于"观看"的恶作剧式的玩笑吧。

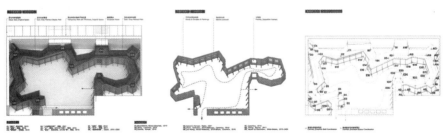

三层展厅通道效果（PILLS 供图）

邓秉元：刚才吴老师讲的这个，以前我虽接触得少，但我觉得暗合了直道。你看古人讲的乾坤的乾，"其静也专，其动也直"。从理论上来说，如果是讲心性，这个是从本心里直接发出的东西，不经过曲折的；一旦经过某些概念曲折，这个东西

三层展厅通道内效果（连莲连供图）

三层展厅通道外效果

就不对了。比如说孺子入井，如果你想一想再救，就不是恻隐之心了。恻隐之心是即时的，就是直心。这个在视觉上的表现，我想大概就有点是吴老师这个效果，是突然就出来的东西，所以我说非常有趣。像《周易》在坤卦里面，坤六二讲，"直、方、大，不习无不利"，就是这个直。后来像程子，他讲"物来顺应"，也都是讲这个，就是一个直，直道，非常有趣。我觉得在吴老师这个艺术里，他其实也合了这样的一种道。

邓新文：我想谈一下刚刚听秉元兄发言的一点思考。我想到梁漱溟先生讲的心智的三种作用，是我们全部的知识基础。三种作用：一个是感觉，就是我们五官的感觉；一个是理智，就是我们运用理智对感觉材料进行分析、综合，建立概念、判断、推理；还有一个叫直觉，直觉就是感情，其中最主要的就是好恶。《周易》所讲的"直"，先儒所说的"直道"，都是通过"如恶恶臭，如好好色"的这个"不自欺"的"直觉"来实现的。这个"直觉"属于感情，而不属于感觉和理智，因此"直道"必须回过头来从感情中去体认，而不能在概念上去做过多的推演。孔子所说的"仁"，孟子所说的"四心"和"良知"，其实都属于感情。所以梁漱溟先生反复告诫，从感情上去讲仁大致不差，从理智上去讲仁，十有八九错路。

　　本来心智有这三种作用，它自有一种平衡。但是我们现在的教育，就过分地强调了理智、概念。吴老师刚才说他"反知识"，是基于什么？不是知识本身需要反对，是因为我们的生活完全比例失调，"理智过强"（梁漱溟语）完全压制了我们的感知能力和我们的情感意志，使得我们的生命偏枯。

　　梁先生一直强调孔子的"一任直觉"，直觉是什么？我们好像总要找到一个道理，然后沿着这个道理走，仿佛这样才走得通。其实生命凭直觉就能走对路。邓老师讲坤卦六二爻，"直、方、大，不习无不利"，我的理解就是，我们的生命，本来就不需要从外面搬一个道理来安排我们的生活，只要把我们遵循我们的内在本性（直），有持有守，不忮不求（方），自然"德不孤，必有邻"，自然"不习无不利"。中国人喜欢"性情"连说，就因为"性"之动即为"情"。遇到事物，有什么样的性（包括宋儒所谓"气质之性"）自然就会有什么样的情感反应，这是最自然不过的，也是最直接不过的，故曰"直觉"。自欺是在理智发生以后才会有的，婴幼儿之所以不自欺，是因为他们的理智尚未成熟。成人之所以很容易自欺，就因为理智的发达搅乱了性情。

我最近读了一本书，叫《大恩光里》，很受启发。其中谈到中国文化的四层结构：第一层是"儿女真性情"，第二层是"英雄豪杰气"，第三层是"菩萨心肠"；第四层是"神仙手段"。作者东君特别强调，一个人的真性情很重要。"道始于情"，"礼生于情"，中国文化之所以特别重情，以此。明人张岱甚至说："人无癖不可与交，以其无深情也；人无疵不可与交，以其无真气也。"有真性情然后有真人生。这是梁漱溟先生为什么特别强调孔子"一任直觉"的根本原因。

方仁杰：我很同意吴啸海老师讲的，不管是关于教育的角度也好，还是其他层面，我们可能都面临一些问题。比如说就从教育举例，就像邓秉元老师刚才说的，我们现在强调教育一体化、教育普遍化，所以才会出现这样的情况，也就是在古代只是一小部分人的事情，今天却变成大众的事情、整个社会的事情。

但是我们在强调教育普遍化的过程中，教育的取向其实恰恰跟人是没关系的，它的取向是"分数"或数据。也就是说在这样的过程中，人是慢慢地像机器一样运转的，并且出现了严格的规定性。在现在的教育体制下，这个规定指向的一定会是分数，如果你没有达到那个分数就是"不对"的，如果你达到了那个分数就是"好"的。你所有的努力都是为了那个分数，不管你是外在加分也好，还是考试取得的成绩也罢，而在这样的一个过程中，孩子必然是痛苦的。这样的一个教育的取向和普及化的取向，就像邓秉元老师刚才讲的，脱离不了我们大的背景，也就是跟大环境有关。我们日常生活中，其实周遭的一些遭遇也好、情况也好，跟整个大的环境也是密切相关的，而且这些问题当中有相通的一面。

所以我想补充说一下，哲学具有普遍性的一面，但这种"普遍性"一定是用来面对和应对具体的、不同时代所产生的问题，这可能是很重要的一点。因为哲学绝对不仅仅是纯粹抽象性的东西，它的抽象是要放到日常生活中来理解的，以及以此来应对我们自身面临的、具体时代所带来的具体问题。我相信不同的做法在根本层面上是相通的，但是在应对的具体方式上、面对的具体的情况上，可能每个时代都是有所不同的，所以才会产生出不同的、具体的方式。比如，有些时代可能很多人喜欢读儒家的经典，另外一些时代只能去读老庄文本，可能就是因为没有（普遍意义上研读儒学的）可能性。为什么魏晋南北朝佛教很盛行，其实跟人在外在没有任何追求的可能性是有一定关系的。他觉得找不到其他东西，因为总是打仗，很混乱，命都保不住，怎么办？皇帝都动不动就出家，大臣把他赎回来，然后又再出家，反反复复出现这样的情况。我举这个例子是想说，具体的存在背景跟我们所讨论内容之间的关联，其中还有很多可以探讨的地方。

另外，吴老师刚才讲作画的时候，您提到了"反知识"。您讲的反知识，是不是指反对将已有的所谓的"知识"或者说已有的所谓技术化的知识，进行纯粹神话的这样一种做法；而在这样的过程中，其实人本身的东西恰恰是受到压制，我不知道这个理解是不是正确的，如果是在这个意义上，您讲的反知识其实和我们对知识的某种程度的尊重不是相冲突的，对吗？

吴啸海：实际上我只是抛出一个问题，反对文化的"观看"，提示"自然""自觉"的重要性。但这个很难反掉，这就是艺术赖皮的地方，提出问题不负责回答问题。艺术负责提供看待问题的更多角度。

所"学"如果不落实要它有何"用"呢？相对于盲目学习不如盲目行动。

颜铨颖：很荣幸能够参加这次的盛会。《原学》的办刊主旨之一是强调修身，《大学》："壹是皆以修身为本。"修身是内圣外王的枢纽。本场分论坛的主题是"学而时习之"，孟子评价孔子是"圣之时者"，《中庸》："君子而时中"，修身、时习能涵化出千姿百态的气象。

庄子说："目击而道存"，见过就知道经典所言不虚。《春秋》有"所见、所闻、所传闻"之说，今天想和各位老师、先进分享我有幸目睹亲炙的君子，毓老师（爱新觉罗毓鋆，1906—2011）。因为时代原因，毓老师的许多过往仍有待发掘，有点像孔子形容老子的"其犹龙耶"。《孟子》也说过："观于海者难为水，游于圣人之门者难为言。"今天借《原学》的道场，强为之言，介绍我目前所能认识到的毓老师的学行，请大家指教。

百闻不如一见，在开始之前，先请大家看看君子的气象。

图1

图2

图 3

图 4

图 5

图 1 是毓老师 99 岁时候的照片，图 2 是 105 岁大病初愈后的照片。图 3 是和钱穆先生合影。图 4 是 1992 年在杭州马一浮纪念馆。图 5 是在台北静园。

刚刚各位老师们也看到了毓老师的气度。接下来简单介绍一下毓老师的背景。毓老师 1906 年出生在北京，2011 年在台北的家中薨逝，享年 106 岁。他的一生可以用《论语》的八个字加以概括："用之则行，舍之则藏。"

毓老师的一生以 1945 年为分水岭。"用之则行"的前半生的职志是救亡图存，在诡谲多变的乱世中纵横捭阖，虽然现在主流历史没提，但实际上他做了很多事情，包括在东北秘密抗日。某日毓老师夜潜返家，太师母担心他铤而走险，于是请师母探询将来做何打算。隔日清晨，毓老师写下后半生志业："长白又一村"。这五个字是什么意思？我待会儿给大家解释。

抗战结束后，经过国民政府调查，发现毓老师抗日有功，但又因为毓老师的背景，所以严加看管。毓老师被羁縻于台湾后，将经典智慧与血泪经验融入弘道事业，立志"以夏学奥质，寻拯世真文"，也就是以中国文化再造中华，以"文"化成天下，为振兴国家、为人类（世界）文化开新生命。毓老师的"舍之则藏"是主动的自舍而遁，所以遁世而无闷。遁世不是躺平，而是藏道于民。

由此开启了在台湾近一甲子的弘道生涯。

毓老师的学行生涯可以用三个数字来概括：读书一百年、教学一甲子、门生上万人。毓老师6岁启蒙之后，入宫作宣统皇帝的陪读。毓老师13岁背完了十三经之后，留学日本，先后亲炙了陈宝琛、王国维、康有为等名儒，私淑熊十力，也曾在清华园旁听王观堂、梁任公的课。

1947年毓老师只身到台湾后，主动去台湾最偏僻的台东教山地原住民，从此开启了在台教学一甲子的生涯。1958年，受胡适推荐，开始教授外国学人。后来有数十名成为国际知名的汉学家，其中包括魏斐德、包弼德、夏含夷等，都是毓老师的学生。在此期间，还协助筹办中国文化大学并在四间大学讲学；1971年在家中开坛讲学，创立"天德黉舍"，取义"上天有好生之德"以及"天德不可为首也"。以《易经》和《春秋》为主经，旁及道家、墨家、法家、兵家等八子书及《史记》《资治通鉴》等史书。因为时代的关系，有些听课的是"职业学生"，专门记录毓老师言论，并向政府呈报，因此毓老师讲课时，只有他自己能录音，不允许其他人录音。因缘际会，2022年在大陆出版的《毓老师讲春秋繁露》，就是根据书院的录音版本整理而成的。

1987年，台湾解除戒严，毓老师于是将天德黉社改名为奉元书院。"奉元"有两个意思：一个是《易经》的"元者，善之长也"，所以，奉元就是要"止于至善"；一个是《春秋》的"明王者当继天奉元，养长万物"。

2009年，时年103岁的毓老师召集门弟子，上了最后一堂课。2011年1月，清华大学请毓老师参加百年校庆并驻校讲学。遗憾的是，两个月后，毓老师在台湾家中无疾而终，享年106岁。

毓老师的思想强调实学与时学。实学则不尚虚言，强调实修、实行，就是董仲舒所说的"载之空言，不如见之于行事之深切著明也"。为什么会强调实学？因为当初他在听到王观堂先生沉落颐和园昆明湖时，误以为王观堂先生是被人谋害，于是他揣着枪要去替王先生报仇。到了现场，听说找到了王先生的遗书，毓老师大受打击，独自在昆明湖畔沉思，当初在宫里听王先生讲学头头是道，何以事到临头却一死了之？这件事情对于毓老师，一方面是大受打击，另外一方面也是大受启发。因此在毓老师看来，学问不能行，等于没真明白。

"子以四教,文行忠信",知而能行,还要以忠信之德行之。孟子说"有诸己之谓信,充实之谓美,充实而有光辉之谓大",《易经》说:"君子黄中通理,正位居体,美在其中而畅于四支,发于事业,美之至也。"诚于中形于外,由内圣而外王,一以贯之。

毓老师还强调时学。毓老师说:"中国文化只有先后,没有古今、没有新旧。会用,都是新的,不会用,都是旧的。我们要以古人的智慧启发我们的智慧。"所以孟子评价孔子是"圣之时者"。《易经》的思维方式就是时与位,《易经》说:"不可为典要,唯变所适。"《春秋》借十二公体现张三世的历史哲学,也是时学的体现。所以《论语》的第一章"学而时习之"的"时"字大有深意,就这一章32个字,毓老师早年讲了整整8个小时。毓老师是用自身的生命体证发挥第一章的精义。

毓老师之所以强调实与时,可能与他自小就受宫廷王官之学及经历有关。这些观念也体现在他后半生立志的"长白又一村"中。

对我们学生而言,读经典的时候,很自然就会联想到毓老师。《论语》说:"人能弘道,非道弘人"。经典之所以是经典,就在于它是圣贤用自己的生命体悟出的常道的精华。所以经典所言并非玄思臆想,而是行的功夫到家了,精神气象就历历在目,并非不可思议,这正是孟子所说的"充实而有光辉之谓大"。之所以会觉得不可思议,可能是因为自己的工夫不够。对我们而言,毓老师就是以身试法,而后现身说法。所以他的言行极具摄受力,这正是《论语》所说的"有德者必有言"。

《论语》记载,"颜渊问仁",孔子的回答是,"克己复礼为仁",这回答既高明,也朴实。毓老师是礼亲王代善裔孙,他曾经写过一副对联:"天下众生仁者寿,世间凡事礼为尊。"他一生可以说持身极严,守身如玉。这里有一张他早年作息的图片(图6)。

除了"照表操课"之外,毓老师对男女大防,毫不含糊。自1947年只身赴台后,终身没有再娶。不是没人介绍,而是他说过,不只女人要守贞,男人更要守贞。他相信为了照顾太师母而留在大陆的师母不会再嫁,所以他也不能再娶。毓老师年轻时皈依虚云法师,太师母则是拜《法华经》。毓老师毕竟也是

图6

人，晚上睡不着觉的时候就起来画观音，因此画了千幅观音像，回向太师母。除此之外，毓老师到了台湾之后，从来不单独接见女学生，女学生要来一定要有人陪同。他还说当初在日本留学的时候，日本皇室给他配了一位女秘书，意在服侍毓老师，但他自始至终连女秘书的手都没碰过。他后来开玩笑说，他有点后悔了。当然这是玩笑话，因为他的家教就是如此。

毓老师82岁时，不幸罹患胃癌，动刀切除了三分之二的胃。但是手术3天之后，就能够下床行动。为什么能恢复得这么快？他归功于长年静坐的工夫。

除此之外，毓老师有一枚乾坤龙虎章。对毓老师而言，这不仅仅是个章，还用一生演绎了自强不息与厚德载物的德行。孔子说："圣则吾不能，我学不厌而教不倦也"（《论语·雍也》）。孔子认为"博施于民而能济众"，是圣王的境界，他本人的境界也就只是常葆这种好奇学习之心、己立立人的仁德。在学生眼中，毓老师也是如此。

网络世界无远弗届，年过期颐的毓老师几次提起想学习上网，以便更广泛了解世界，还可以亲自与网友互动。毓老师105岁时，心脏病发，出院后的调养期间，仍每天拿着放大镜看报，并做笔记，同时要我说说今天的时政重点是什么。毓老师不仅关心时政与国际局势，也对科技新知饶有兴致。

毓老师虽然是天潢贵胄，但是济弱扶贫。比如说毓老师整理旧物时，看到他收藏的1952年"白色恐怖"事件的新闻剪报。我就问毓老师，为什么要特别留下这一张？因为办案人员为了要邀功而扩大打击面，把很多无辜人员罗织入狱。毓老师看不惯，就出面为之开脱。那些人因为死里逃生，特别感谢毓老师。

还有一位人物大家也或有耳闻，就是台湾自由主义代表人物之一殷海光先生。殷海光写信邀请老师到其住所喝咖啡聊天。当时殷氏因宣扬自由民主思想，遭到当局打压监控。老师虽然也是当局关注对象，在自家上课时虽然有职业学生记录言行，但人身相对自由；再加上久经沙场，不惧压力，于是应邀前往。到了门口，看守人员盘问老师身份。老师也不多费口舌，径自写下大名，说："讲了你也不知道。拿着这张去问你上级。"对方虽然不知道毓老师是何方神圣，但看架势也绝非常人，请示完后就让毓老师进去。

叶公曾经问过子路怎么看待孔子，子路不像子贡那么聪明，哑口无言。孔子知道这个事情以后，亲自下场指导，下次这样回答："其为人也，发愤忘食，乐以忘忧，不知老之将至云尔"（《论语·述而》）。毓老师也是元气盎然，似乎都不知道疲倦。年近九旬，捐资修缮爱新觉罗祖陵"清永陵"，并在当地擘画投资建设家乡。他的"御医"劝他多休息，他回：将来断气了，想休息多久就休息多久。年近百岁，晚上九点下课后，还能继续接见学生到午夜时分。一百多岁上课时曾说，以前不感觉自己老，直到上完课，坐在沙发才感觉到真老了。尽管承认老了，但还是要上课，直到103岁时，在医生要求下才勉为其难地停止上课，但接见学生时，仍总说："我没病，就是老了，是他们不让我上课。你们看我现在这样子，其实一天讲两个小时也没什么嘛。"

子夏曾经这样形容孔子说："望之俨然，即之也温，听其言也厉。"这里的厉，毓老师解释为勉励，而不是严厉。所以从子夏对孔子的形容来看，用今天话来说，孔子是位"暖男"。毓老师本身也是像一台发电机，不需要充电，反而是给别人动力。毓老师的能量从何而来？就是乾坤知行合一的精神汇聚，总能激励他人生发无比的信心与干劲。

早年有学长说，有些教徒每个礼拜都要去教堂。对有些学长而言，每周定期去书院上课，也就像做礼拜一样，充电再出发。

毓老师前半生驰骋疆场，终告失败，可能不无后悔；后半生总结教训，潜居陋巷，开坛讲学，藏道于民，就为了达到《春秋》的"以俟后圣"。他曾说，在台湾的六十年就守一爻"潜龙勿用"。

毓老师讲八子书，又皈依虚云。别人问："您老是什么学派？"他回答："我是问心学派，问心无愧。""内省不疚，不忧不惧"，这就是君子。这是他的自我定位。庄子说："有真人而后有真知"；孔子说："人能弘道，非道弘人。"中国文化生生不息的生命力，实际上就在始终有躬行实践的士君子。

毓老师曾经写过一副对联："达德光宇宙，生命壮自然"。充实智仁勇三达德，光曜宇宙，以此鼓荡后来者的丰沛盎然的生命力。所以有学长说过：有些人是在研究中国文化，而毓老师本身就是中国文化。

孟子说："登东山而小鲁，登泰山而小天下。"复圣颜渊曾赞叹孔子："仰之弥高，钻之弥坚"，这个"弥"字用得真精彩！实际上就体现了孔子的境界是随着颜渊的境界而水涨船高。以上和大家分享的内容，是我目前对毓老师的一部分认识，不能说就是毓老师的真实而全面的境界。

最后用毓老师写的一首诗来结束我的分享："拓荒除芜身先去，重整夏学待后生。"夏，大也；夏也者，中国之人也。以大人之学培养行中道的君子。"焉知来者之不如今也"。谢谢大家。

最后，在毓老师薨逝后，我们做了一个 13 分钟的纪念影片，在许多视频平台网站搜索"毓老追思纪念专辑"即可。在视频中大家看到毓老师写的"长白又一村"的宝墨。"长白又一村"的意思是，满族的发祥地是长白山，爱新觉罗家族从赫图阿拉城（今抚顺市新宾满族自治县永陵镇）发家，建立了王朝。毓老师的志业则是用中国文化化成天下。王国维先生在宫里教的是治国平天下的学问。所以毓老师说，在宫廷里面的帝王之学，和在民间的讲学，是两个系统。毓老师所讲的帝王学是"为政以德，譬如北辰，居其所而众星拱之"。道术兼备，并非阴谋诡诈之术。

邓秉元：其实我们儒家的学术本身就是帝王学，后来因为把他当成知识了之后，你即使是学这套东西，也跟这个没有关系了。所以其实它是修身养性的。

颜铨颖：所以毓老师收徒弟的时候，第一个考验的就是品德。"子以四教，文、行、忠、信"，"忠信所以进德"，忠信是德行的基础。毓门学生遍布海内外及政学工商界，我为什么能有幸如古代师徒般朝夕相处，其实是用命换来的。纪念影片里有一段说："我不敢慰苍，但是自从我生病之后，我为这两个字而奋斗。"毓老师在100岁的时候，生了一场大病，然后疑似肺结核。那时候几位学生轮班去医院照顾毓老师。我进去负压病房之后，就把口罩拿掉了。毓老师就问："这个病会死人的，你怎么不戴上口罩？"我说："老师，您都不怕，学生怕什么？而且学生相信吉人自有天相。"

在医院照护期间，毓老师随机应教，我最终算是通过考验。所以说这个是用命换来的。

刚才讲到"文行忠信"，"忠"，毓老师很喜欢朱子的解释，就是"尽己之谓忠"，尽自己的良知。因为在我刚进病房的当下反应，就是真诚，"见危致命"，我就觉得这样子才能够照顾好老师。

邓秉元：直心为德（悳）。像毓老这种，如果有幸能见到的，一定是幸运的人。

颜铨颖：在台湾，很多人听说过毓老师，但他非常低调，平常不发表文章，不接受采访，也不在外面演讲。所以除了学生之外，没多少人见过真容。

张树声：因为今天我们的这个主题是"学而时习之"和学以致用，我想我就简单汇报一下我个人的学习体会。首先我先从我个人的经历说起，对于我们刚才讲的学问方面，我是很粗浅的，我就只能讲我自己的一些经历。

我总结一下我的人生经历，我一直在学习，一直是在学法。什么意思？我大学的时候学的是法律，现在还是在学法，但学的不是法律，学的是正法，就是佛法。为什么我会从一个学法律的变成学佛法？我的经历大概是这样，我在大学的时候开始学法律，我们讲学以致用的学，在我看来学法律算是学知识的一部分，学概念的一部分，学逻辑推理的一部分。学了法律的知识后，我在大三的时候，就开始在法院实习，实习之后，我就发现，在大学所学的知识在实践当中是没有办法运用的，或者说应用得非常有限，可能只能用十分之一都不到。

我在大三的时候就开始创业了，因缘际会，我最终没有走法律的道路。所以从学习法律的角度来讲，我就没能学以致用。

踏上社会之后我就自己创业，我做的是什么行业呢？做的是互联网的软件开发。对我来讲是一个跨界的一个创业，需要大量的学习。我从1997年开始，每年都花很多时间去学习，一开始是学各种各样的技术，因为我是走的技术路线，后来公司慢慢做大了，我就学各种各样的管理，我学很多很多的课，包括读书，包括到国外上课。

我创业的17年里，大概可以划为两个阶段，前面从1997年到2008年，一直是很顺的，公司一直在做大。2008年后，开始出现了很多问题。

我自己的总结，在之前的阶段，虽然我也学了很多知识，但是整个企业的运作，我更多的是靠直觉在做，因为也不太懂，后来学了很多的知识，举个简单的例子，我学了很多心理学，就比如现在在中国企业用得比较多的，九型人格这一类的，西方的一些各种心理学测试的东西。我会把这些东西运用在哪里？运用在对员工的选拔和招聘上面。一开始看起来用得好像很好，好像很有效果，但是经过长时间的观察，我发现还真不是那么一回事。有好几次在应聘员工的时候，有两个面试者，一个我凭直觉觉得可以录用，而另外一个心理学测试的成绩非常好，我最终选择了后者。凡是我这样操作，这样选择，事后几乎百分之百证明我是错的。

所以我一直在反思，第一，我学的这些知识到底有没有用；第二，是不是我学得不对。公司做大之后，我后来发现，我自己太关注于事的层面，而忽略了人的层面。越来越多的事情应该怎么做，体系应该怎么建立，公司管理制度应该怎么建立，越来越多的焦点在这个层面的时候，反而人的层面出问题了。公司内部股东间的矛盾非常的大，所以慢慢觉得很不顺。

这时候也是因为一些因缘，我就开始去探索另外一条道路，到底有什么方法能够解决人的问题。以前学的管理理念和方法等知识，基本上是西方的偏多，慢慢就开始回归到我们中国的传统文化上面来。当然对于儒学这些我学得很肤浅，也没有碰到好的老师。后来因为一个因缘，在2014年的时候，我碰到了佛法的老师，他是个出家师父，第一次见面聊了15个小时，就让我茅塞顿开。

所以从 2014 年之后，我就跟杨老师一样，反省自己的人生，我以前在干什么？好像浪费了很多时间。所以我 2015 年做了一个决定，彻底退出自己的创业公司。本来我在上海，后面几年，我就把家从上海搬到苏州来，从 2014 年到今年是第九年，都一直在学习佛法，几乎别的事情都没干。很多身边的朋友就觉得我疯了，你这是干什么？什么事情都不干。还有些朋友说你财务自由了，就搞自己的兴趣爱好，我也没有去辩解。

但事实上并不是这样子，你会看到，身边的朋友会用一个概念把你框死，因为你现在的做法不符合常理，所以他们会有个解释，就是说你财务自由了，所以你可以这么做，我还没有财富自由，所以我不能这么做。但是在我看来，根本不是这个问题。如果要以他们的标准来衡量财富自由，我也没有财富自由，只是说我在这一刻，我觉得对我来讲，学习的这件事情，我要转一个方向。

什么叫转一个方向？自从我跟了我的老师学习佛法后，我慢慢地有一些体会。我第一次碰到老师，我就问他：什么是开悟？开悟这类课程我去学过很多，包括印度的体系，我还专门跑到美国去学开悟课程。美国有个开悟的课程，在全球很有名，叫阿凡达。但是学了那么长时间，也没搞清楚啥是开悟。所以我就问老师：什么是开悟？他用一句话告诉我：开悟就是超越能所对立的执着。我就问：什么是能所对立？后来我才知道，能所对立，就是我们一般讲的二元对立，但是它为什么叫能所？这个能，其实就是我们讲的心；所，就是心所面对的对象，我们可以把它看作物。

我们今天讲的，《原学》对"学"的定义，说学是修身之学、智慧之学、心性之学，而不是说我们现在仅仅是求知。从能所的角度来讲，我的理解，就是智慧之学、心性之学、修身之学，它更多的是侧重在能边的，就是我们心的这一边。而我们讲的向外的学，这种所谓的求知、求各种方法，术的层面，更多的是在所的层面，也就是对象的层面去做的。过去我做过的很多事，包括创业，很多的时候，我的焦点都在所边。在所边之后，虽然看似获得了一些还可以的效果，但是其实在我自己感觉，创业十几年以后，大概 2008 年以后，我就觉得内心越来越躁动，或者说越来越虚，或者是空，不是那种佛家讲的空，是那种没有着落，觉得好像每天都很忙，但是内心总是不安定的感觉。接触了佛法之后，我才明白，注意力过多地放在了所边。而我们的修身之学，我们《原学》讲的这个学，其实首先要把注意力拉回到能边，回到自心上面，来突破自心的障碍。

突破的是什么？因为我现在在禅修，禅修主要讲有三个要素，第一个是发心，第二个是正见，第三个是禅定。发心的话，其实刚才我在看毓老师的视频的时候，就特别感动，毓老师他的这个发心是非常宏大的发心。圣人或者说先贤，他们都是有很宏大的发心，他那个发心绝对不是为了自己，所以发心特别重要。第二个佛法所谓的正见，我们一般说是一种认知。这个认知是来指导你的行的，就是王阳明讲的知行合一，就我的理解，这个知行合一就是在正见的层面。第三个，禅定，其实是训练一种把心安置下来的能力，我们也可以把它简单理解为一种专注力的训练。

我在终南山禅修，我师父有一次突然问我：你会用心吗？我被他一问，愣住了，我没回答，我不敢回答。因为我心里想，你说我不会用心，好像也不太对；如果我说我会，你要是接着问怎么会的，我就回答不出来了。后来慢慢地体会到，我过去的学习，大多是在思维概念层面、逻辑推理层面的学习，而忽视了感觉、直觉层面的学习，而感觉、直觉层面，就是我们讲的用心的层面的学习。专注力的训练就是指这个层面。

禅定首先要做什么？是要修止，它止的是什么？止的就是我们头脑里的所谓的妄念，或者说所谓的概念逻辑推理层面的东西，慢慢地让它回到感受的层面。因为感受是更深细的，而概念是从我们的眼、耳、鼻、舌、身所感受到的这些东西里面抽象出来的、提炼出来的。刚才吴老师讲的，我觉得特别有感觉，怎么样能够去超越表象的概念层面，体会到下面的东西，这个就是禅定第一步要做到的事情。

具体的，从修行的方法上来讲，就是戒定慧三个部分，这些都是学以致用的途径。戒定慧，其实就是贯穿了学以致用，在我看来，学和用是没有办法分开的，它是贯穿了整个的学。

比如说从戒定慧的慧的角度来讲，像佛法里面有讲到，慧有三个层次，第一个是闻所成慧，第二个是思所成慧，第三个是修所成慧。它是什么意思？是说我们在学的时候，比如我们在读《论语》的时候，我们能读懂它，本身已经是增长了一点智慧，但是如果仅仅停留在闻所成慧的这个层面上，也就是说你只是了解到了《论语》的字面的含义，甚至只是字面的肤浅的表达，你还没有认识到它的背后的东西。而思所成慧，是通过你的思考，经文的一句表达叫作"能善意趣"，就是说你能认识到这个文字背后，它的指向是什么，而不是仅仅停留在文字概念的层面，这个就是它讲的思所成慧。佛法因为最终是要实修实证，所以它有一个修所成慧，修所成慧，就是要去结合我们的禅定，来突破所谓的能所对立的执着，或者说我们二元对立的执着。

举个简单的例子，刚才吴老师一直在讲，我们看到一个什么东西，我们一定会被概念所障碍，或者说被它所绑架，这个好像很难突破。我自己的体会，比如我在家里打坐，坐得很在状态的时候，如果外面有施工队在施工，对我没影响；如果有人在外面读英语念诗歌，对我也没什么影响，因为我英语不够好；但是如果有人在外面用中文讲话，那不对了，我就会发现，我的内心很难不粘到文字的内容上面去，我就跑去听他在讲什么东西了，这个快到我自己反应不过来。所以我们在修定的过程当中，一般的修法，心要安止在所缘境上，就是你的心所专注的对象上，而不能跑掉，不能被其他东西带跑。但是在这个过程当中，我就会发现心很容易被带跑。

这个在佛法里面讲起来，就是一种执着，我已经太习惯对概念、语言文字的执着。而我们从修行的角度来讲，往往会强调一个重点，叫作要始终关注正确的动作，而不要去关注动作的内容，这是我们在修行的时候老师非常强调的一点。动作的内容往往就是那些概念、文字这些东西，但是动作本身是什么？它是在强调，动作本身就是内心的动作，就是我们前面讲的能，而动作的内容就是所，禅宗修定的过程中，往往就是让你不要去关注内容，也就是所边，专业的说法叫作"脱所"。

怎么样去突破它？靠的就是正见。佛法在实修上有个专业的概念叫毗婆舍那，就是观，我们叫修止观，就是那个观，通过观察你的心运作的方式，通过这种观察，并运用正见来矫正和突破它，看到它原来不是真实的，不是我们以为的真实。这个是我自己在学习的过程当中对学以致用的一些体会，就分享这些，谢谢各位老师。

王殿军：非常感谢各位老师的精彩分享，大家在这里做了深入的交流，让我们与会者在其中也收获良多，非常感谢！今天这个交流活动就到这里。

经典新读

以工夫的眼光重看经典 [1]

刘海滨

　　时至今日，伴随外部环境的大动荡，时代精神正发生转折；风气的变化随处可见，比如电影和文学，从现实主义占主流到科幻、奇幻、仙幻之类持续风行。"由实转虚"所表征的其实是由外转内，不满足于物质的平面的生活，转而寻求立体的生命体验，寻求超越的精神之路。"举头望明月，低头思故乡"，我们周围弥漫的复古风，来自对古人生活的好奇和向往，更根本的原因则是对于曾经的立体丰富的生命生活的追怀。它在每个人内心涌动，起初并不自觉，更进一步，就有了追究生命精神来源的需求，这是我们今天重读经典的根本动力。

一、经典的本义

　　文化的核心是经典，因为经典蕴含着文化的根本精神和核心内容。此当无疑义。但什么是根本，什么是核心，每个人的认识可能不同，因此，各个时代对经典的认识（也就是那个时代的主流认知）也可能不同，有时候还会差异很大。在此意义上说，学问确

1　本文原为"新编儒林典要"丛书序，丛书由上海古籍出版社从 2023 年 1 月开始陆续出版。

有古今之别。换言之，古今学问变异的原因不在于学科的分类或使用工具的变化，而来自对经典的认识不同。

具体说来，不同时代对于经典的认知不同，有两种情况：一是对哪些书属于经典的认定有差别；比如儒家经典从"五经"到"四书五经"再到"十三经"，是经典范围的扩大。二是对经典的解释的差异，比如对于权威注疏的认定发生改变；举一个典型的例子，朱熹《四书章句集注》在成书的年代连同作者一起被排挤打击，后来地位逐步上升，到了明代则被定为官方意识形态的标准解释。

从古今之别的视野来看，首先是第一种情况，经典的范围明显扩大了，主要是将自然科学和社会科学的重要著作划入经典，同时人文经典的数量也有所扩充。而传统意义上的经典，虽然受重视的程度有所下降或起伏摇摆，但依然不可替代。这里透露出的信息是人类生活空间的扩张，以及重心的转移，其与第二种情况的古今变化紧密相连，而不若后者之深切着明，此不赘论。

就第二种情况的古今之别而言，20世纪以来对经典的解释发生了巨大的变化。近人程树德曾说："今人以求知识为学，古人则以修身为学。"这句话见于程先生撰于1940年代的《论语集释》，概括了古今对经典的不同理解，推扩一层，实则是古今之学的本质性差异。

以下就以《论语》为例，来看看经典解释的古今变异。朱熹的《论语集注》的权威地位，伴随着科举考试教科书的身份一直延续到清末；1905年废除科举之后，随同读经在教育系统中的弱化乃至取消，该书地位则持续走低乃至被彻底抛弃。及至今日，朱注重新被学界重视，但是以它为代表的经典解释并未回到原先的主流地位。当今在读书界影响最大的《论语》解读，以杨伯峻《论语译注》和李零《丧家狗》为代表；前者以其浅显易懂，译文流畅，在普通爱好者中流行数十年，且被作为文科学生的入门书，后者主要受到相对高阶的知识阶层的青睐。两本书写作形式和读者群体不同，对经典的认识理路却如出一辙。

就如这个书名，《丧家狗》说得直白，就是要去神圣化，还孔子"知识分子"的本来面目。杨著《论语译注》比较温和，因形式所限也没有直接阐发自己的见解，但是通过其译注，描画出的孔子也是一个具有人文主义精神的"知识人"形象。不消说，杨李心目中的孔子都是以他们这一两代知识分子的形象为蓝本的。不能说孔子身上没有这些因素，但以这个整体形象比附孔子，则不啻天壤。这背后的根源是现代性的问题，彻底追溯分析不是本文的任务，简言之，现代人是扁平化的生命，生命应有的丰富层次和可能达到的高度被"二维化"了，物质性生活和头脑性知识是此扁平化人生的表征；现代知识人超出普通人的主要是"量"的增加（知识、专业技能或逻辑思维能力的增加），而非"质"的变化（生命的净化提纯）或"性"的改变（生命层次的提升）。古代文化人（不论中西）以追求精神境界的提升为人生目的，其间或许有层次的差别，比如立足人间的君子贤圣，立足出世的得道证果，其共同点是生命的净化和高度层级的提升，而此质和性的跃升需要付出持续的努力乃至毕生的精力。

或许有人会说："所谓精神追求我们不是一直都在提倡吗？现代人并未抛弃精神、道德呀。"是的，这些词我们还在用，但是已经偷换了概念。精神、道德的提高，本义是向上的质的提升，而现代人却是在平面上使用这些词，说一个人道德高尚，只不过是说他遵守伦理规范，做事有原则，有正义感等；说一个人有精神追求，不过是说他文化生活丰富，艺术品位较高等。不错，古人的精神、道德也离不开这些内容，但这些内容最多只是提升自我的起点或方式。究其根源，之所以有这种偷换且不自知，是因为截断了这些词背后的天人连接。在人类各民族的上古神话里，都有天人往来交通的描述，后来"绝地天通"，天人之间断绝了直观形象意义上直接往来，但是精神的连通始终保持，作为人类文化的共同根基，并且成为文化基因灌注在每个词语之中。而现代化以来，这种精神的连接逐渐中断了，词语也成了无根漂浮之物。且以"道德"一词为例，略作讨论。

现代语境下的"道德"与古典的道德，并非一回事。就本义而言，"道"是宇宙万物的本体，"德"是道在具体事物中的呈现。道下落到每个事物中，事物各自以其特有的方式呈现道，称为德。因此德一方面与道连通，一方面又是某一事物之为此事物的根据。如果没有德，某一事物就不成为它自己了，因此一个人如果没有德，就不成其为一个人。德对于人来说，是保证他是一个人的根本，并且是由此上通于道的依据（所以孔子说"志于道，据于德"；由德上通于道则需要"修"，称为修身或修道，所以接着说"依于仁，游于艺"，就是修身的方法），因此是人的第一需要。后来把这两个字组成一个词，表达的正是道的根源性和彼此的关联性，所谓天人之际，所谓万物一体，俱在其中。因此，"道德"在传统话语中是最高序列的词，代表人类精神领域的源头，具有神圣性。

现代语境中"道德"的含义，大致对应古代汉语的"德"字的层面，但道的意义已经被弱化甚至切断了，因此"德"也就不是原来意义的德。现代语境中的道德，一般是指为了使人与人和谐相处，或者维系社会秩序而对个人的伦理要求，进而固化为社会行为规范。这里的德不再与道相连，因此也失去了其为人之根本和第一需要的意义，成为一个附加在自然人身上的，因应社会需要而后起的东西；因此，通过个人的道德修养而上通天道、与道合一的途径也湮灭不彰，此之谓"天地闭，贤人隐"。由此可见，现代一般所谓的道德，是实用主义的产物，与古典的道德相比，成了无源之水。

如是，"道德""精神""性命""心灵""修身"这些词的本义都连通着天道，是故孔子说"下学而上达"，抽离了"天"之维度，亦不成"人文"；如此"天人合一"的人文，才可以"化成天下"（见《易经·贲》象辞），此之谓"文化"。现代性的弊病在于将立体的上出的精神维度拉低到平面的"量化"的物质和知识层面，从而取消了人通过自我修炼成为"超人"以自我实现这一向度。因此，古今人的特质不妨分别用"知识人"和"文化人"[1]来指称。站在古人的立场上，如果历史定格于此，那就不仅是"三千年未有之大变局"，而是"人将不人"。幸好，对于现代性弊端的认识伴随着现代化进程而逐渐深入，由知识人再到文化人的转折已经悄然来临，而且携着科学这件利器的回归，某种意义上可能是更高层面的回归。就如历史上常见的情况，根本性的变化往往先从边缘地带发生，逐渐渗透到主流文化形成风气，再带动底层民众的转变。当今之际，边缘向主流渗透之势已成，但主流仍旧唱着老调，因此这些话虽然也已不新鲜，还是得一说再说。[2]

传统的经典，不论中外，都是以精神提升为核心的。经典的类型不同，情况亦有所差别。宗教类经典以出世为目标，当然是以精神提升为主的。世间经典，比如儒家类，

1　美籍罗马尼亚裔学者伊利亚德（1907—1986）曾创设"宗教人"概念，用以与知识化的现代人相区别，宗教人所指的内涵略同于本文说的"文化人"，都指向精神的丰富和提升；中国传统"文化"观念所涵甚深广，可以包含一般理解的宗教。伊利亚德有很多宗教文化学、神话学的著作，对此问题多有精辟的分析和洞见，可以参阅。

2　笔者深知，这样的论述很难使自居现代知识人者信服，所谓"只缘身在此山中"，道理不难懂也不难验证，问题是障蔽已深，自以为是，正坐孟子"自暴"之病，所谓"自以为是，而不可与人尧舜之道"。本丛书的目标读者是对于传统修身之学心向往之，至少是保持开放的心态，愿意倾听内心的声音的人，固步自封者不足与论。

则精神提升与世俗生活兼顾，即"内圣外王之道"，但仍然是以自我的精神提升为主导，以精神生活贯通物质、社会生活，此之谓"吾道一以贯之"，"壹是皆以修身为本"。具体说来，就是需要按照一定的修养方法，经过积累淬炼而发生质变，达至某种超越凡俗的精神境界。推己及人，又可以分为自我提升、帮助他人两个方面，即学习与教化，自觉和觉他。

仍旧以《论语》为例。《论语》有两个核心关键词，一个是"学"，就是自我精神提升的过程，用宋儒的话说：学是为了"变化气质"，"读《论语》，未读时是此等人，读了后又只是此等人，便是不曾读"（朱熹《论语集注》引程颐语）。另一个词是"君子"，即学的目标：达到一定的精神高度，成为一个真正的人。君子只是一系列境界坐标中的一个，往上还有贤、圣等。"学不可以已"，学习是无止境的，人生就是不断攀升的过程，孔子现身说法，用自己的一生诠释这个过程："吾十有五而有志于学，三十而立，四十而不惑，五十而知天命，六十而耳顺，七十而从心所欲不逾矩。"孔子孜孜以学，精进不已，以差不多十年一个台阶的速度将生命提升至极高的地位，生动而明确地示现了学习是精神的提升，是质的飞跃，乃至性的改造。但是如果换成现代的知识化的眼光，则会作出另一种解读。

就如《论语》开篇第一章：

> 子曰："学而时习之，不亦说乎？有朋自远方来，不亦乐乎？人不知而不愠，不亦君子乎？"

字面意思很简单，但是如何理解其真实含义，对于现代人却是一个考验。比如第一句，"学而时习之"，很容易想当然地把这里的"学"等同于现代教育的"学习知识"，那么"习"就成了"复习功课"的意思，全句就理解为学习了新知识、新课程，要经常复习它——直到现在，通行的《论语》译注包括中学课本，基本还是这么解释的。但是，我们每天复习功课，真的会快乐吗？

其实这里发生了根本性的理解偏差。古人学习的目的跟现代教育不一样，其根本目的是培养一个人的德行，成就一个人格完满、生命充盈的人，所以《论语》通篇都在讲"学"，却主要不是传授知识，而是在讲做人的道理、成就君子的方法。学习了这些道理和方法，不是为了记忆和考试，而是为了在生活实践中去运用、在运用时去体验，体验到了、内化为生命的一部分才是真正的获得，真正的"得"即生命的充盈，这样才能开显出智慧，才能在生活中运用无穷（所以孟子说：学贵"自得"，自得才能"居之安""资之深"，才能"取之左右逢其源"）。如此这般的"学习"，即是走出一条提升道德和生命境界的道路，达到一定生命境界的人就称之为君子、圣贤。养成这样的生命境界，是一切学问和事业的根本（因此《大学》说"自天子以至于庶人，壹是皆以修身为本"），这样的修身之学也就是中国文化的根本。

所以，"学而时习之"的"习"，是实践、实习的意思，这句话是说，通过跟从老师或读经典，懂得了做人的道理、成为君子的方法，就要在生活实践中不断（时时）运用和体会，这样不断地实践就会使生命逐渐充实，由于生命的充实，自然会由内心生发喜悦，这种喜悦是生命本身产生的，不是外部给予的，因此说"不亦说（悦）乎"。

接下来，"有朋自远方来，不亦乐乎"，是指志同道合的朋友在一起共学，互相交流切磋，生命的喜悦会因生命间的互动和感应，得到加强并洋溢于外，称之为"乐"。

如果明白了学习是为了完满生命、自我成长，那么自然就明白了为什么会"人不知而不愠"。因为学习并不是为了获得好成绩、找到好工作，或者得到别人的夸奖；由生命本身生发的快乐既然不是外部给予的，当然也是别人夺不走的，那么别人不理解你、不知道你，不会影响到你的快乐，自然也就不会感到郁闷了。

以上的说法并非新创，从南朝皇侃的《论语义疏》到朱熹的《论语集注》，这种解释一直是主流。今天之所以很多人会误解这三句话，是由于对传统文化修身为本的宗旨不了解，先入为主，自觉或不自觉地用了现代观念去"曲解"古人。

二、工夫路径

经典的本义既是如此，那么其内容组成，除了社会层面的推扩应用之外，重点自然是精神提升的路径、方法，实践过程中的经验总结，以及效果境界、勘验的标准等，所有这些，传统上称为"工夫"（或"功夫"）。

能够写成文字的只是工夫的总结和讨论，可称为"工夫论"，对于工夫本身来说，已落入"第二义"。由此可知，工夫论应该以实际的工夫为准的，实际工夫来自个人的亲身体验。经典中的工夫，既然是用来指导后来者的实操指南，那么此工夫就应来自公认的成就者，即被大家和后人认同的具有极高精神境界的人，中国文化称为圣贤。所以对工夫可靠性的认定，来自对成就者境界的认定，而境界的认定又来自于其人展现出的"效验"和"气象"。

或许有人会问，既然精神境界无形无相，古时候那些圣贤是凭什么认定的？对于普通人而言，对于圣贤的认定需要通过间接、逐次的方法和长期的过程。按照精神高度的差别，人可以分成不同的层级，圣人好比在九层楼，贤人在七层，君子在五层，我们普通人在一层。如果在一层的人想要知道某人是否在九层，一个可行的办法是先认定一些在二三层的人，再通过二三层间接认定更高层的人。二三层人看到的景观虽然与一层有所不同，但是比较接近和类似，比如不远处一所房子还是一所房子，只是小一点；二三层还可以看到更远处一些景物，一层人虽然看不清但也能看到大致的轮廓；因此可以依据一层的经验判断这些人所描述的景象是否真实可信，以此来认定他们是否真的在二三层。待到多认定一些二三层的人，会发现这些二三层的人会共同认定某些五层的人，在一层的人就可以基本相信那些人是君子；君子虽然高出一层人很多，所描述的在五层楼上看到的景观，有些一层人根本不曾见过，但是既然我们认定的二三层人都说那是真的，那么我们也就愿意相信是那样的。同样道理，我们可以逐级向上，通过君子来认定贤人，通过贤人来认定圣人。如此，被很多同代人认定的圣贤，记录了他们的实践经验的著作会流传下去，后面一代代人则主要通过这些著作再来认定（其实认定的途径不限于此，超时空的感应乃至神通在精神实践层面也是重要的方式，此暂不论），这样经历代反复确认过的人就被公认为此文化传统中的圣贤，他们的著作则被确认为经典。地位确立之后，后来的人们也就会以经典，也就是圣贤的言说当作行为和自我提升的指南，佛教中称为"圣言量"。但是从根本上说，圣言量也只是间接经验，对于我们的本心本性而言，还是外在的参考标准，只是我们目前无法获得直接经验，所以需要先"相信"经典。

如果我们只是作为一个凡人生活一生，并不作自我"升级"之想，那么这些经典确实可以在宽泛的意义上指导我们，使我们维持住现有的水平，不至于堕坑落堑，想要达到这个最低目标，需要对经典和往圣先贤有敬畏之心；如果希望自我提升，走君子圣贤的超越之路，那么这些经典记载的圣贤经验更可以给我们指明方向，引领扶持，这同样需要对经典和圣贤有恭敬心和信心。但是，对于后者，对经典和圣贤的"信"就不是一个固定值，而是一个过程，需要在实修过程中逐步验证落实"信"。回到那个比喻，普通人从一层起步攀登之初，就需要树立顶层的目标，同时对于二层乃至顶层的风景有一种想象和向往——此为起初的"信"，来自圣言量，可称为"虚信"——这非常重要，不仅是确立前进的方向，还是攀登的动力。当来到二三层时，一方面原先对二三层的揣测就落实为亲证，一方面对于四五层的风景也有了更进一步的认识，同时信心也就更落实。等我们到达第五层，就实证了君子境界，并且对贤圣境界有了更亲切的体会、更明确的认识；或许终于有一天，登上了第九层，会完全确证经典上的话。——就是这样，一步一步，以自己的体验逐步印证圣贤的经验，将圣贤的经验化为自己的体验；与此同时，也由最初的"虚信"逐步落实到亲证的"实信"，此为"证量"（与"圣言量"相对）。假如不是这样走亲证的道路，只是站在原地凭借头脑意识或想象、或推断，则始终不脱空想窠臼，现代学者多坐此病，佛家谓之"戏论"。当年大程子批评王荆公只如对塔说相轮，不免捕风捉影，而自己则"直入塔中，上寻相轮，辛勤登攀，逦迤而上"，终有亲见相轮之时（《河南程氏遗书》卷一），可谓切肤入髓，惜乎今人多不察也。

圣贤留下不同的经典，路径和方法有别，体现了各人特性、处境的差异，传统称为"根器""机缘"。修证的第一阶段，需要确定适合自己的路径和导师，过此方可称"入门"。就儒门而言，孔子身后，儒分为八，表征了学问路径的分化；论其大端，向有"传经之儒"和"传心之儒"之分。所谓传心之儒，并非不传经，而是以修身为本，这样在解经传经之时，以工夫体验作为理解和诠释经典依据，如果修证有方，则虽不中亦不远矣。所谓传经之儒，乃以传经为务，其释经亦以理论推导、文字互释为主，传经者如果缺少实证经验（没有自觉用工夫或工夫境界太低），很可能转说转远。如汉儒说经动辄万言，政府立"五经博士"，解经传经成为学官专业；"传心"式微，转为边缘暗流，可以想见。与此同时，经学乃至儒家本身的衰落也就蕴含其中了。如前所述，文化和经典的根本在于个人身心的实践，亦即须有可操作的修持方法，还要有一代代的成就者保证这些方法的效果和传承。因此传经之儒保证不了经典的鲜活性，当传心一脉中断，工夫路径湮没，经典变异成历史资料集之时（喊出"六经皆史"的，必然是儒学衰微的时代——清代主流自称"汉学"自有其学术依据，亦与汉儒同坐其罪），作为学派的儒家即失去了其根基，很容易沦为统治工具。时代精英亦自然汇聚到佛、道门中，所以有"儒门淡泊，收拾不住"的感慨。

这正是宋儒所要解决的问题。汉宋之变，其实质就是回到"传心"的路径上。曾子、子思、孟子一脉，被宋儒拈出，特为表彰，与《大学》《中庸》《孟子》经典地位的确立一道，成为孔门正宗。其背后的原因，前人多有考论，如果从工夫的角度来看则昭然若揭。支撑宋儒的，并非当今哲学史家看重的一套"性命理气"的理论系统的建立，而是找出清晰的工夫路径和可操作的修身方法，其心、性、理、道等名词概念主要是为了说明工夫原理和实践经验[1]，这里当然有佛、道二教的刺激，但宗教间的竞争根本上不是理论的争辩，为了生存，必须找到自己的修行成圣的路径和方法，如果要竞争，也只能从这里竞争，看谁的方法有实效有保证。并且对抗往往先从内部开始，所以有"道统"论的建立。韩愈发其先声，谓"轲之死，不得其传焉"，宋儒接着说，其后千有余年，乃有周、程诸子出，直接孔孟之传，其表征的正是"传心"对于"传经"之儒的拨乱反正。

类似情形在佛教内部亦有发生，不妨参照。唐朝初年玄奘法师载誉归来，翻译大量经典，并开创了中国唯识宗，国主僧俗崇信，一时无两。然而二三传之后，唯识宗即迅速衰落，取而代之的，则是密宗（这里指的是从"开元三大士"入唐开始，从玄宗到德宗皇帝尊崇的唐密）和禅宗。唯识宗不论在印度还是中国，其特长在于理论系统的完备深密，与之相应，其修持方法也以深入细密辨析心相为主，高度依赖于学识和思辨力，难于落实到一般人的修持操作上，因而一个直观的结果就是，如玄奘大师这样的成就者太少，后继乏人。修行路上，普通人要付出艰苦长期的努力；其间的动力，除了获得可以感知的"法效"之外，还需要榜样的力量支撑。相较而言，之后的唐密则不仅有完整的修持仪轨可以凭依，几代祖师所显示的功效和神通令皇室心折，数朝奉为国师；禅宗的修证虽以不落文字著称，但其修持路径和方法是清晰的，对于相应的根器而言，依然

---

[1] 这里当然也涉及现代所谓"宇宙生成论"问题，但并非来自理论的兴趣。"天""道"既是生命的来处，也是工夫的源头，《中庸》首章说得明白："天命之谓性，率性之谓道，修道之谓教。""率""修"已进入工夫领域，下面紧接着就是工夫的具体展开："道也者，不可须臾离也，可离非道也。是故君子戒慎乎其所不睹，恐惧乎其所不闻。……"此外，"天""道"还是修行的目标或人之归宿。儒道二家于此大体一致，只是着眼点不同：儒家重起点和此生，故以人道合天道；道教重目标和去处，故多天界神仙之谈。

有章可循便于操作，且其代代相传，皆有明心见性的宗师作为保证。后来密禅二宗亦相继衰落，其根本原因也是在修证方面的后继乏人，传承中断，[1] 可见宗教（此取其传统和宽泛意义）的根本在修持，修持须有可行的方法和切实的效果。

三、从浑融到精微

宋儒的使命，是从秦汉以来榛芜已久的荒野之中辟出一条路，由凡至圣之路。

说开辟，毋宁说是恢复。因为由凡至圣的途径，至迟在孔子那里，已然清晰呈现了。如前所述，"学"，就是孔子开辟的这条路的宣言——孔子自己示现了从凡夫（"吾少也贱"）自励修学（"吾十有五而有志于学"，"十室之邑，必有忠信如丘者焉，不如丘之好学也"），逐步提升直至贤圣（三十、四十、五十、六十、七十，十年一个台阶，一个新的生命境界）的全过程。孔子自居于"学者"，即终生学习的人，且只问耕耘不问收获："若圣与仁，则吾岂敢？抑为之不厌，诲人不倦，则可谓云尔已矣。""为之不厌"，学也，即自觉；"诲人不倦"，教也，即觉他；更深入一层，所谓教学相长，学也是教，教也是学：均是过程中事，不自居于已成。这里既是表示自我态度，也是为后儒立法，效法天道，永远在"学"的过程中，"天行健，君子以自强不息"，是以《易》终于"未济"。

当然这并不妨碍，或许更使得学生及后人推崇孔子为圣。到了汉代，更是由圣而神（倒也并非无据，孟子说"大而化之之谓圣，圣而不可知之之谓神"），被赋予了很多神通异能；更重大的变化是，孔子被认为是天降圣人，不学而能，其使命乃是为后世立法。因此汉儒说经，重经世而轻心性；演绎神异，乃有谶纬。如此一来，孔子示现的成圣之路既不得信重，《论》《孟》、五经里的工夫路径亦湮没不彰。

究实而论，汉儒那里未始没有工夫。高推圣境，敬天祭神，背后是一种虔敬之情，这是从神话时代延续下来的宝贵资源，其本身也可以成为工夫，但是汉儒对此缺乏自觉

---

1 唐密衰败之由，主要是外部环境压迫造成的传承中断，其经唐武宗毁佛教、朱元璋禁习密，遂于汉地中绝，所幸唐德宗时传于日本，兴盛千年，民国年间乃得反哺中国，流传至今。禅宗的逐渐衰落，则主要因为随着时代更替学人根器跟不上了，这也是宋明之后禅净合流，乃至净土独盛的内在原因。

的意识，则其自我提升的效用亦微矣（类似于宗教中的善信之众与"修士"之别）。与此对照，相信凡人可以成圣，自觉运用工夫以提升自我，这是孔子提炼出来的中国文化中至为宝贵者，这种自信自觉在汉儒那里重归晦昧，是非常可惜的。在此意义上，儒学在汉代是一个曲折。

接下来的魏晋南北朝至唐、五代，对于儒学而言确乎漫长而晦暗，与之对照的是佛、道二教的蓬勃发展。其间正是二教工夫体系的成熟期，唐代佛教各宗相继而兴，大德高僧灿若群星；道教丹道修炼也逐渐系统化，形成自己的特色。宋儒的异军突起，正是在这样的环境里产生的；所谓"礼失求诸野"，一面是自身传统的失落千年引其奋发，一面是二教工夫修炼的丰沃土壤足资滋养。回看宋儒的道统说，以周程直接孟子，体现的既是传心之儒的认祖归宗，更是身心修养工夫的回归以及贤圣可期的自信自强。"问渠哪得清如许，为有源头活水来"，只有在此意义上，儒学才是真正的活的学问。

宋儒重建的工夫系统，立足于对孔颜曾思孟工夫的回溯和整理，同时融入了时代特色。概括言之，先秦道术皆脱胎于上古之巫[1]，巫术可谓一切工夫的源头。经过孔子提炼的工夫，乃以人的活动为基，在生活中自觉地以人合天；巫的本质是"降神"，即神灵来合人（当然有高级的"神显"和低级的"附体"之分，此不深论），工夫则是人通过自觉的精神修炼以上合天道。但是孔门工夫中，天人、人神的联系仍然紧密，礼、乐、《诗》、《易》中在在可见。礼乐来源于祭祀，而祭祀则是巫的重要领域。作为孔门工夫的"礼"，保留和强调了其中的虔敬之情，比如"祭如在，祭神如神在"[2]。《乐经》虽不传，乐的精神在《诗经》里尚可想见；乐，就是情感的和乐状态，需要在人之"常情"

---

[1] 此"巫"请勿误解，巫字从字形上看其义显豁，乃是沟通天地人的媒介。远古时代，天人往来畅通，后来"绝地天通"（首见于《尚书·吕刑》），天人的沟通就成为一种专职，由具有灵性能力和专门技术的少数人掌握，这个特殊群体称为"巫"，大巫不仅掌握通灵之能和术，也是文化的传承者和氏族王朝的首领。这种情况，在伏羲女娲等远古传说，《山海经》的各种神异记载，乃至《史记》开篇的《五帝本纪》中，仍然可以窥其大略。

[2] 这句话现代人往往简单当做比喻而轻忽，孔子的"如"，只是区别于生人肉体的存在，不妨其为具体生动的鬼神之"在"。《中庸》引孔子的话说"鬼神之为德，其盛矣乎；视之而弗见，听之而弗闻，体物而不可遗"，是说鬼神确乎存在，但不能用肉眼见，不能以耳朵听。如何感知呢？"使天下之人，齐明盛服，以承祭祀；洋洋乎，如在其上，如在其左右。"人以诚敬感格鬼（这里是指祖先）神，切实感受其降临身边，此为精神的感通，其工夫的关键是用心用情。下面的一段描写更具体形象：

　　齐（斋）之日：思其居处，思其笑语，思其志意，思其所乐，思其所嗜。齐（斋）三日，乃见其所为齐（斋）者。祭之日：入室，僾然必有见乎其位；周还出户，肃然必有闻乎其容声；出户而听，忾然必有闻乎其叹息之声。（《礼记·祭义》）
"思其居处，思其笑语，思其志意，思其所乐，思其所嗜"，此为工夫。这里的"思"是思念，不是思考，思考用脑，排除情感；思念用心，有情，用回忆不断加强情感的浓度。"见乎其位""闻乎其容声""闻乎其叹息之声"，此为效验。此处的见闻，也不是肉眼、耳朵所得，而是心的感通。

中体验，比如经孔子删述的《诗》三百，以《关雎》的男女之情开始，以"颂"的敬天娱神结束，合乎《中庸》所言"君子之道，造端乎夫妇，及其至也，察乎天地"之序，亦为"情"之工夫次第。[1] 孔子韦编三绝，作《十翼》，《易》在孔门工夫中之地位可知，而《易》道幽微，处处皆寓天人感应，为下学上达的高阶教程。一言以蔽之，孔门工夫是天人连通、情理交融的，其形态特征是浑融的。

宋儒的工夫特色，也要从其历史环境变化，及其所处的实际生活状态中理解。相较于先秦，中古时期天人关系进一步疏远，日常生活中具体可感的乃是世间鬼神（民间所说的"三界"中，天界高高在上，与人关系紧密的是人间和冥界的鬼神仙灵）。在宋儒那里，一方面对于祖先以外的世间鬼神持一种疏离或排斥的态度，另一方面"天"高悬为遥望的近乎抽象的存在，这既是时代原因造成的天人远离，也体现了宋儒阐发的"理"的特征。这一转化可称为"以理代天"。

上古时代天人的紧密关系，可以从遗典中窥见，经过孔子删述的五经，依然保留了这样的底色。彼时天人之间通过巫而上达下传，通过祭祀卜筮等建立联系，经孔子转化为礼、乐、《诗》《书》《易》的工夫，增加了自觉的修身意识，但其工夫注重感应和情，与上古的巫文化仍是血脉相连。感应的基础是"情"，情既是人的自然需求，又可以作为工夫和教化的重要方式，因此有学者依此精神将诗教礼教称为"情教"。宋儒继承了诗、礼的教化传统，但是其中情感的作用明显减弱了，比如朱子解《诗经》，始终有意识地将人情导归于中正平和之理，可说是"以理化情"。

例如，朱子解释《关雎》，延续汉儒之说，认为此诗主旨乃表"后妃之德"。《关雎》所表达的浓郁的男女情爱，因而转变为以德相配的"理性"态度。"求之不得，寤寐思服，悠哉悠哉，辗转反侧"，其心念相继、情思绵绵之态，朱子解释为："盖此人此德，世不常有，求之不得，则无以配君子而成其内治之美，故其忧思之深，不能自已，至于

---

1 《史记·孔子世家》中生动记载了孔子学琴的经过：

孔子学鼓琴师襄子，十日不进。师襄子曰："可以益矣。"孔子曰："丘已习其曲矣，未得其数也。"有间，曰："已习其数，可以益矣。"孔子曰："丘未得其志也。"有间，曰："已习其志，可以益矣。"孔子曰："丘未得其为人也。"有间，有所穆然深思焉，有所怡然高望而远志焉。曰："丘得其为人，黯然而黑，几然而长，眼如望羊，如王四国，非文王其谁能为此也！"师襄子辟席再拜，曰："师盖云《文王操》也。"

以工夫的眼光看，此是通过操琴，逐步澄明自心的过程，"志于道，据于德，依于仁，游于艺"乃孔门工夫论之总纲，此则生动展示了"游于艺"，即由技入道的工夫路径。同时艺乐不离神人之交感，最后文王之相赫然呈现，亦即"以乐通神"的境界。

如此也。"把春草般自然之情思，加了一个曲折，变成了因寻思其德之稀有难得而求配的"忧思"，此"忧思"无疑含有理性成分（甚至有功利的衡量："配君子而成其内治之美"），与直接发自身心的"情思"已非同一层次（用佛家言，情思属"现量"，忧思则属"比量"）。从朱子的角度来看，《关雎》表达的世俗之情、男女之爱，须拉到后妃之德上去才能符合"经"的地位。然而，《关雎》乃《诗经》开篇第一首，对照于《论语》首章的开宗明义，地位不可不为隆重，以汉儒、朱子的解释，显然不能相应（"后妃之德"乃毛诗序之言，郑玄则走得更远，乃至于有后妃另求淑女为妾以配君子之说）。这里表征了不同时代儒家工夫中，情的地位和作用的差异。在孔子那里，作为天人相应的基础的"情"，并非无源之水，其发端恰在于男女之爱情，就如孝亲之"孝"本是"私情"，却为"仁之本"（《论语·学而》："有子曰：孝弟也者，其为仁之本与！"）。再如《易经》上经讲天道，下经论人道，并有对应关系；上经以乾坤二卦、下经以咸恒二卦开始，即以男女之情对应乾坤之合。抛开男女之情，不惟不近人情，难于实行，恰恰失去了体会天人相应的良机；真切体会男女相爱慕的自然直接，彼此情思的绵绵不绝，将之延伸到慕天爱神，思念相继，这就成为工夫，而且是根本的直接的工夫。就如印度瑜伽修炼的分类，按照《薄伽梵歌》所示，"敬爱瑜伽"直接与神连接，乃是最简易直截的工夫，礼乐《诗》《易》的工夫庶几类之；宋明理学则类似于"智识瑜伽"，其修持工夫是依据"自力"、偏重"理性"（此处借用理性一词，包含了心性和后天意识）的，其形态特征是精微的。

回顾工夫的发展历程，上古巫术的阶段，巫的身份基本是"天选"的，其天生具有通灵的特质，在某个特殊机缘或经过一定的训练，获得"降神"和"出神"的技能[1]，起到沟通天人、人神的作用。孔门工夫的意义，则是将少数特别人掌握的特殊技能转化为具有普遍意义的，普通人可以学习的，用于提升精神高度的方法。其与巫术的连接在于，一面保留和提炼礼乐仪式及其内涵的情感作为重要工夫手段，一面不刻意追求但也不排斥天、神（灵）在中间的强化作用——与此类超时空存在保持不即不离的态度——

---

[1] 此类工夫和技能并未消失，而是不同程度和不同形态地保存在儒释道三家和民间宗教中，前者除了与感应、加持有内在联系之外，主要体现在民间扶乩等方术以及巫女神汉的那里，演变成仙灵附体，与上古沟通天人的巫已不可同日而语；后者则成为重要的宗教修炼术，比如道教内丹、佛教密宗等都不乏这样的记载，甚至儒家例如王阳明的传记里也有类似的传说。究实而言，出神或神游乃是修炼到某种境界时的自然效用，不是某家某派专有的，区别只在于是否将此作为自觉的工夫或追求的境界。

不追求，是因为没有特殊机缘的普通人难以获得，反而容易产生副作用；不排斥，是因为此类作用真实存在，且往往会产生奇妙的效果。汉儒则在此意义上有所倒退，即回到了以天和神为中心的，将孔子视为天选和沟通天地的大巫，从而弱化了儒学的工夫内涵，使得孔子开出的"下学而上达"工夫路径晦昧不明。宋儒重新清理出这条以人为本的工夫路径，且在孔子的基础上进一步强调了人人可以学而至圣；因为强化以普通人为基础的路径，则弱化了天和神在工夫意义上的"加持"之力；工夫转移到对心性的高度自觉的精细磨炼（黄宗羲《明儒学案发凡》所谓"牛毛茧丝，无不辨晰"），同时削弱了作为工夫的"情"的地位和作用，以及与天连通的"礼乐"之本义，使得礼成为心性磨炼的辅助手段——所谓"内外夹持"工夫之"外"的一面——或者作为社会规范和"戒律"意义上的外在约束。

宋明儒学内部又有理学、心学的分化。相对而言，从大程子到陆象山到王阳明这一路，更注重"心"的感应、灵明作用，因此被称为"心学"。相对于小程子、朱子一路的更理性化、更重礼的外在规范作用，心学则对于诗的情感特性更有感觉，比如大程说《诗》注重"吟咏情性"，"浑不曾章解句释，但优游玩味，吟哦上下，便使人有得处"（《近思录》3.43，3.44），因此其个人气象更接近孔孟浑融和乐，令学人"如沐春风"，与小程之"程门立雪"恰成对照。这里不当只看作个人气质之别，亦体现出工夫路径的差异。

陆王一路可以看成是在宋明范围之内的"传心之儒"，相对而言，程朱一路则更偏于"传经之儒"。如果借用佛家自称"内学"的含义，用内、外来标识学问与心性工夫的紧密程度，"传心之儒"为内，"传经之儒"为外，同时两派之内又可再分内外，图示如下：

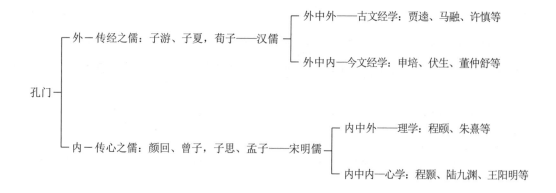

心学在一定程度上对理学起到了平衡中和的作用，使其不至于产生大的流弊。但是理学的工夫路数也是时代背景下大多数人"心理状况"的反映，随着天人远离，心灵能力普遍退化，或者说灵性充足的人变得稀少，人们越来越习惯于运用脑力（理智）。因此心学兴起的内在动因，即是不满于理学之偏于理性和知识（理学可说是心脑参半，在心学看来则是主次不分），将工夫全部收归当下之"心"，虽则其简易直截大受欢迎，但是当心学普及推广时，其困难也就显现了——普通人难以直接切入灵性层面，容易流于意识的模拟想象，其流弊至于认欲为理，猖狂恣肆。这也是阳明后学分歧的根本原因。理学、心学的差异当然与个人气质特点相关，每个人需要找到适合自己的路径，也就决定了会有偏于理或偏于心的选择；同时，在心上用功也需要找到适合自己的抓手，或当下直入，或迂回而进，或寻求辅助，这又在心学内部造成差异和分化。

到了明末清初，心学困境、流弊加上时代风气的外力影响，使得儒学主流逐渐向理学复归，及至清中后期又进一步成为"礼学"；此时的礼教已经基本丧失了孔门工夫中的情和感通的一面，也就失去了"礼意"，而专成为外在约束的、僵化的教条，从而堕落为统治工具，所以才有"五四"时期"吃人的礼教"这样的控诉。这是礼乐精神一步步失落和变异的过程。与此同时，则有清代"汉学"的兴起，认祖归宗于汉代传经之儒（主要是古文经学），此为儒学的知识化。遭此内外夹击的儒家又一次进入低谷。谁承想，清末以来又遭遇全球现代化的大潮，以内圣工夫为性命的儒学，连同同气连枝的佛道二教一起，被卷入了前所未有的深渊。此为"三千年未有之大变局"之本质[1]。

以熊十力、马一浮、梁漱溟为代表的现代新儒家，以及佛教复兴运动，均属文化"返本开新"思潮的一部分，都应看作对此"大变局"的自觉反应。而现代新儒学需要面对的，表面的一层是中国文化怎样应对现代化的冲击，这是容易看到的层面，而且儒家作为传统文化的代表冲在前面。更深一层的问题，则如同上一次新儒学（海外学者习称宋明儒学为"新儒学"）创立之时所面对的，是工夫路径的湮没和人才的旁落，这一层则容易被忽略。现代新儒家因此产生分化，而大部分人包括后来成为主流的熊牟师弟

---

1 清代儒学虽肌体逐渐衰弱，其能维持生命保持一口真气，仍是靠的宋明儒学的延续，不绝如缕。所谓同治中兴，其根骨乃是曾国藩师友团体以讲学修身相砥砺，带动振刷朝野风气的结果。无奈时代大环境，就心性实践之学而言，已然踏入一个循环中的"坏、空"之相。作为曾门弟子的李鸿章，无疑是对于儒家运命、现代风潮有双重刻骨感受的人，能说出这句直透骨髓的话实在情理之中。这一时段的相关论述，可以参阅拙文《常道与常识：重估梁启超之路》（载《原学》第一辑，复旦大学出版社 2021 年版）。

将主要精力放在了儒学哲学化的理论建设，即应对第一层冲击，对自身加以转化，此固有其时代意义，但如果脱离了工夫（修身）之根本，难免陷入当年唯识宗的困境。[1]

四、我们今天怎样用工夫

回到自身，处于这样一个天翻地覆的大环境，怎样学习经典的工夫，改造自我的生命，这是我们的时代命运，必须自己解决。就工夫路径而言，所谓"法无高下，对机则宜"，法门无量，而每个"机"都具有特殊性，需要找出适合自己的那一条路。"机"有两个层面，一是个人的根机（根器），二是外在的机缘；"对机"，意谓修行方法既要适合修行者本人的特点，还要适应当下的时空环境，便于实行。基于此，又可将问题分为两步：第一，弄清楚经典提供的不同路径各自的"对机"；第二，认识今天我们自己的"机"，选择相应的道路，并在修行过程中根据具体情况加以调适。

经典和古人所提供的路径是一些个案，我们读书时需要时刻有这个意识，在还原"当机"（所对之"机"）的前提下理解这些工夫路径，也就是孟子说的"知人论世"：知人，即认识此人的根机；论世，即了解他所处的环境。在此前提下，才能充分把握其路径的本质，才能明白此个案对于自己的参考作用；如其不然，就像拿着别人的药方生搬硬套用到自己身上，不得其利反受其害。

于此有一典型事例且对于我们今天用工夫影响甚大者，不能不有所论列，即如何理解宋明儒之"辟佛老"。

此问题的由来，主要关乎在特殊时代环境中建宗立派。如前所述，宋儒怀抱复兴儒学的强烈愿望，又需要在继承中走出一条新路。彼时儒学虽然表面上还占据国家意识形态的地位，内在已然空虚，面对释道两家精神充足、人才辈出的局面，宋儒的心态是峻

---

[1] 现实情况也是如此，熊牟一系新儒家辗转港台之际，声名远播，然而两三传之后，完全学院化，与一般儒学研究者无异。当年余英时与新儒家意见不合，曾有"游魂说"，认为儒家学说是建立在宗族和政治制度之上的，制度不存，魂无所寄；依本文观点，则儒家精神在修身，工夫不存，其病在"失魂"也。关于现代新儒家的分歧和演变，请参阅拙文《熊十力与马一浮——试论现代儒家的两种取向》（载《马一浮研究》，上海古籍出版社 2008 年版）。

急的。因为自身发展停滞了，而别家正在鼎盛期，汲取资源，有所借鉴，所谓"礼失求诸野"，是再自然不过的。此为文化发展和交流的常态，本不必讳言，宋儒采取的严分彼我，乃至非难排斥的态度，实际是体现了在夹缝中求生存，须撑开双脚、扩大领地的宗派意识，对此不妨予以同情之理解。立派之初，或自感危亡之时往往而然；历史上佛教内部各宗之论争，例如印度本土的小乘、大乘之争，空、有二宗之争，唐代的天台、华严之争，后来的禅、净之争，性质与此相同。但究实而论，这种情况类似于当今习见的立场先行，其出发点和论辩内容不是、至少不全是来自学理。

如果不涉及宗派势力的考虑，即使辨明两家学问的立足点和目标有别，工夫和境界层面仍然可以互相借鉴资取，最自然的态度是大方承认，公开交流，或者各行其是也未尝不可，本不必大加攻讦。正是有了压制对方、张大己势的需求，特别是宋儒有拿回失去的地盘的心态，才会有峻急乃至极端的言论，比如援引孔子诛少正卯、孟子辟杨墨，极言佛老之危害有如洪水猛兽。孔子曰"听其言观其行"，从最早严厉辟佛的韩愈到朱子，其私下仍多与释子道士相往还，试想如果佛老真的是邪道，韩朱何可如此言行不一；若说拒斥的只是佛老末流，等于说佛老之流弊是人弊而非法弊，且只要是在世间实行，法法皆有流弊，宋明儒自身的流弊，明末清初之士至于痛心疾首。（至于宋儒所非议佛老的种种观点，有的切中时弊，足可为借镜，有的则实属有意无意的曲解，具体分析留待各书"导读"，读者自行判断可矣。）

这种历史境遇造成的立场先行的情况，亦可由宋明儒态度的变化大略考察。如单就工夫路径而论，理学、心学与佛老的远近关系是有差异的（可参考上面的"内外关系图"，心学既然是"内中内"，自然与佛老"内学"关系更近），大体而言，心学的工夫较为浑沦虚灵，包容性较强，对于佛道也有更多的吸取借鉴，理学的工夫形态距离佛禅较远（有一种说法，理学近道，心学近禅；从工夫的角度看，心学确实与禅宗颇多相通和借鉴之处，而理学对于道教的兴趣多见于理论层面，比如朱子注《参同契》《阴符经》而隐讳本名），实际上程朱一系也多持更为严厉的"辟佛"态度。但在两宋期间，心学一系的从大程到象山，即使在工夫上颇多借用，在立场上仍然与理学保持一致，对于佛老"不假辞色"。这种在立场上的一致，恰恰说明了宋儒的"辟佛老"更多是出于开宗立派的需要。

到了明代中期，三家的地位发生了重大变化。儒学一方面经过近五百年的努力重新从工夫层面立定根基，另一方面随着理学成为科举考试的规定内容，确立了作为官方意识形态的地位，佛道二家转而向儒家靠拢，寻求自身的"合法"地位。举一个象征性的例子，万历年间意大利传教士利玛窦来华，先是穿僧服传教，但是很快发现在中国儒家地位远比二家尊贵，就改易儒服，并确立了"补儒易（取代）佛"的传教策略。随着势力的彼消此长，明儒在此问题上的态度也发生了很大的变化。王阳明虽然仍表达过区分儒佛乃至贬低二氏的说法，但与宋儒相比，已经缓和多了，更像是不便于公开违反此前数百年的习惯，象征性表示一下。[1] 阳明有一个著名的"三间屋子"的比喻，最能表明他的真实态度。有学生问，世间、出世间学问，儒释道是否各占一块。阳明先生说非也，儒学本是贯通世出世间的，只是后儒不肖，把自己限定在世间法，把儒学弄得狭窄和浅薄了，就好比主动割让了左边一间、右边一间给佛道二氏，其实三间屋子都是圣学本有的。这里是个包容性的说法，只是说你们有的我也有，我可以包含你们的优势，与当初宋儒的口径不可同日而语。并且说："圣人与天地民物同体，儒、佛、老、庄皆吾之用，是之谓大道。"（见钱德洪编《王阳明年谱·嘉靖二年十一月》）此以儒佛老庄并列，同为大道之用，直与《庄子·天下篇》同调矣[2]。不妨将此视作三教关系转折的一个标志，此后尽管严守三教门户的声音仍时有发生，三教合流作为明清以来中国文化的主要趋势是没有疑义的。

实则这也是中国文化精神的体现，冯友兰用儒家的语言将之概括为"极高明而道中庸"（参见冯氏《中国哲学简史》），用佛教的话说，"畅佛本怀"之究竟指归，其特质是"即世间而出世间"，世俗生活和超世精神圆融为一，称为"一乘"，为佛教究竟圆融的意旨，佛教的发展可以看作是此宗旨不断开显的过程（此即《法华经》所开演的"会三归一"之旨）。就儒释道各自的发展而言，三家通过互相激发借鉴，在各自内部不断趋近之或完善表现之；就文化整体而言，至少从唐宋以来，三家融合成为中国文化发展的大趋

---

1 比如他说佛氏逃了君臣、父子、夫妇的人伦关系，是"着相"，儒者不逃避，反而是不着相，这不但是引用了佛家的观念——着相——而且此说法指向的只是佛教徒出家的形式，仅是延续二程的一个观点："敢道此（指禅宗《传灯录》）千七百人无一人达者。果有一人见圣人'朝闻道夕死可矣'与曾子易箦之理，临死须寻一尺布帛裹头而死，必不肯削去胡服而终"（《二程遗书》卷一）。此仅为二程辟佛言论之皮相者，不难反驳。因为对于佛教修行，出家并非必须的，唐宋以来很多有成就的大居士，且不乏身居高位颇有政绩者，并且，若出家是为了获得相对清静的修行环境，作为一种方便手段虽有其合理性（类似于宋明儒提倡静坐），但并非出家的本义，照大乘的说法，出家乃表明"荷担如来家业"的志愿，以及为了弘法的需要而取得一个"专业"的身份。

2 《庄子·天下篇》："是故内圣外王之道，暗而不明，郁而不发，天下之人各为其所欲焉以自为方。悲夫！百家往而不反，必不合矣。后世之学者，不幸不见天地之纯，古人之大体，道术将为天下裂。"

势（不管是否承认，这样的融合是实际发生的），其内在理路即是不断趋近此真精神。王阳明的"致良知"教法，从儒家内部发展来说相当于儒家的一乘教，就中国文化而言，则可看作三家融合的成果。阳明诗云"不离日用常行外，直造先天未画前"，其特点是每个人就各自职业和身份的方便，在日常生活中随时随地用工夫修炼；佛、道两家的近现代趋势也是在家居士逐渐成为主流乃至起到中流砥柱的作用，都是这种文化精神的体现。

但是融合并不必然取消各自的独立性，三家可以在保持自己宗旨的前提下吸收融合他教因素，同时承认别家的价值和存在意义。这就涉及"判教"。这个词起源于佛教，随着历史发展，佛教内部宗派林立，互争短长，乃至存在分裂的危险，此时就有人出来，将各宗各派放在同一个系统之中，分别判定其所处位置，理顺彼此的关系，衡量各派的特点及优劣。判教者往往是一派之宗师，以本派为立足点，对本派和他派分别给予定位和评价，而其他派别的宗师也会站在各自的基点上作出不同的判教。诸如历史上发生的天台与华严的判教，彼此争竞，但是站在第三者的立场上看，他们虽然判教不同，在各自的立足点上可以分别成立，不相妨碍，就像密宗之曼荼罗（意译为坛场，表示在功境中观见的诸佛菩萨金刚的空间排列，可铸成立体的土坛，亦可画成圆或方形的图画，以助修行），每一尊都可作为一个中心（本尊），其余诸尊层层围绕，成立一个曼荼罗；无数的曼荼罗各自成立，不相妨碍。

判教的前提是承认其他宗派也有其价值和意义，大家在大方向上是一致的；通过确立彼此的位置关系，可以更好地认识各自的特点，从而扬长避短，利于发展完善。在佛教历史上，判教也正是发挥了这样的正面作用，虽然从表面上看，各派的判教争论激烈，但这是体系内部的竞争，而非你死我活的正邪之争，并且促进了各自的发展和相互的融合。上述阳明"三间屋子"的说法，其实是基于儒的三教之间的"判教"，这样的态度与宋儒特别是理学一系比较，性质已经改变了——由正邪之争变成了高低、偏圆的中国文化内部之争。现代以来，立足于世界文化作出更大范围的新的"判教"尝试的不乏其人，比如太虚、牟宗三就分别以佛、儒立场判教，皆有较大影响。这是因应时代需要，在政教分离、信仰自由、文化交流密切的大环境下——这是现代化带来的便利——求生存意义上的对立争斗已经不是宗教间的主要问题，相反，各宗教、各文化传统在超拔人的精神、丰富人类精神生活这个大方向上是一致的，需要联合起来共同面对时代的困境——现代性的弊病带来的精神的扁平化、环境的恶化等。因此，世界文化范围内的判教是必要的和有效的方法，需要后来者继续拓展和深化。

修行者有各自的选择，可以融合多家，也可以持守单一的法门，但不妨多了解一下别家别派，才能了解自家所处的位置，掌握其特点，扬长避短；如果不顾现实环境，重弹排斥异端的老调，则难免胶柱鼓瑟，害人害己。当今常见的现象，自认为佛教徒的，往往以儒、道为不究竟而轻慢之，佛门修持之精微对治工夫既未学到手（这也与时代有关，精细分析起观的唯识等法门衰落不行，净、禅之门又容易产生粗略简慢之流弊），如能借鉴宋明儒学之反身体察工夫本可大有补益，却因门户之见，不仅不得其益，反助长自身傲慢。以"醇儒"自命者，拾人牙慧以为"吾道自足"，甚者重启理学、心学之衅，狭小其心胸，自绝"上达"之路，终身落于阳明所贬斥的"世儒""俗儒"（实即孔子所斥之"小人儒"）而不觉。

今天所面对的问题，与宋儒当时相似，需要将失落的修身"旧路径"找出来，在新环境下接着走。这就要求，首先知人论世地了解宋儒的工夫路径，在此基础之上，继承其精神，借鉴其经验，走出适应时代、符合自身特性的新路。与古时相比，今天外部环境的变化可谓天翻地覆，人类文化的融合、科学的发达和思想资源之丰富，是前所未有的，同时人类文明危机、自然环境恶化之深重，也是空前的。与前贤相较，我们须具备更广阔的视野，置身于更完备的坐标系中，找到属于自己的那一条路。换言之，只有胸怀全局，参照他者，才能找准自己的位置；只有准确定位，了解自己，才能广泛借鉴，发生新的融合。

意犹未尽，再多说一句。上古以来，人类的历史似乎是天人逐代远离的过程，与此相应，精神修炼的工夫也由重他力转向重自力，从浑沦到精微，从天人相应到内观心性。所谓物极必反，当科技走上顶峰，环境急剧恶化，内心危机感极度飙升之际，天人关系或许会再度拉近，此时或有某种消息来临——倾听内心的声音，参照远古的神话，注重情意的浑沦工夫，乃至借助科技的幻化功能，或许可以熔为一炉，迎来千年未有的机缘……

五、丛书缘起

十几年前我入职出版社不久，注意到马一浮先生于 1940 年代主持复性书院期间刊印的"儒林典要"丛书，心有戚戚焉。

其时笔者正经历读书求学的转折期。负笈上海读博，专业从文学转到历史，还旁听了些哲学系的课，脑袋里塞了不少知识概念观点，但是对于中国文化总觉不得其门而入，另外内心深处一直藏着的那个动力——寻求一条精神超越之路——始终在鼓荡。因作博士论文的需要，一边细读阳明和门弟子相关语录，同时读到牟宗三《从陆象山到刘蕺山》，恍然有悟，认识到《传习录》等书本来就是修行工夫手册，正是士君子的上出之路，里面的师徒问答，无非是讨论走在这条路上的经验、疑难和风光。我的困惑迎刃而解，也找到了自己苦苦寻觅的人生方向。按此思路，将四书到宋明儒诸典寻绎一过，无不若合符节，种种疑难涣然冰释。同时从牟宗三上溯熊十力、梁漱溟、马一浮诸家，无不亲切有味。回顾现代新儒家四先生于我之帮助，牟、熊引领我切入儒佛义理系统；梁、马义理阐发各有精到之外，注重工夫实践，更能引发我的共鸣。

有此前缘，当看到马先生"儒林典要"诸书时，萌发一念：与我有类似困惑者当不在少数，推己及人，何不将这套书完整出版，一则为有缘人趋入传统学问提供便利，二则亦可实现马先生未完成的计划。

甫一着手，便发现两个障碍。首先需要确定书目。马先生1939年主持复性书院之初即有刻印群籍的计划，"儒林典要"为其中之一，当时正值战乱，典籍不备，计划也不断有所变化，需要在理解马先生思路的基础上根据当今现实需要加以调整。再者，需要为每本书寻找合适的导读者。这套书除了系统地推出宋明儒学著作之外，更重要的是帮助读者回到原典本义，读懂理出工夫理路、方法，并能在生活中实地运用验证，为此需要在书前各增加一个详细的导读，这是本丛书区别于其他整理本的主要特征。然而，以我当时的阅历范围，举目四顾，能当此任者实难其人。只好暂时搁置，自己求师访友之余，此念未尝或离。所谓念念不忘必有回响，多年以后，同道师友圈子却也逐步扩大，亦渐渐颇有愿意襄助此举者。现在终于可以逐步落实此事。

据马一浮先生《复性书院拟先刻诸书简目》（下称《拟目》），列入"儒林典要"初步计划的共有近40种（此外另有传记、年谱类六种列入"外编"），其中除少量文集外，大多是宋至清儒代表性的专书（包括语录）。此后马先生还约请与宋明儒学渊源甚深的钟泰先生（钟先生乃号称最后的儒家学派"太谷学派"之重要传人）整理了一份《儒林典要拟收明代诸儒书目》（下称《续拟目》）；据钟先生《日录》"1945年10月7日"条，言将此"交湛翁酌定",应为未定稿),共 60 余种,大多为文集。经查考,复性书院当年陆续刻印了"儒林典要"13 种,均为宋明儒自着或经后儒辑注的专书,如周敦颐撰、明儒曹端编注的《太极图说述解》,罗近溪《盱坛直诠》等。寻绎马先生的辑编思路,当以能够代表著者的学问、体现其工夫的专书为主,文集之列入拟目者,盖因缺少该著者现成的专著,或文集本身篇幅不大,取其辑刻方便耳。[1] 钟泰《续拟目》中,亦言明"文集虽存,而既有专著,求其学不必定于其文者",则收专著不收文集(钟泰《续拟目》及《日录》见于上海古籍出版社 2021 年版《钟泰著作集》第 5,第 2 册)。

加之诸儒文集、全集如今多已有整理本出版,现在重新出版这套书,当淡化保存典籍资料之意,更为突出"工夫"之旨,故而本丛书仅取专书,并在确定书目上颇费斟酌:首先在复性书院已刻和拟刻书目中选取专书,又从正、续《拟目》所列文集中抽出重要的语录或专著,并参考马一浮《复性书院讲录》中所列必读书目,综合去取整理而成,名之为"新编儒林典要",以示继承先贤遗志之意。

如前所说,丛书"导读"的首要任务是引导读者回到工夫本身,兼以自身实践经验加以解说以供参考。为此,与每一位参加导读工作的师友"约法三章":

(一)除了作者经历、学问渊源和成书背景等内容之外,适当介绍圣贤气象,使读者兴起向往之心和亲切之感。

(二)紧紧围绕实践工夫,从实地用功的角度提示具体的路径、方法。必要的话阐释基本义理,但也是为了说明工夫的原理,不能脱离工夫谈义理。

(三)语言上须"去学术化",不要写成"论文体",尽量用日常语言,辅以通俗易懂的传统话语,不用或尽可能少用现代学术术语。

导读是重中之重,人选亦难乎其难,每书尽量做到导读与原典对应,在大旨无违的前提下尊重导读者各自的立场和风格。"君子和而不同",导读者既为各自独立的修学者,经历、师承不同,其志趣、路径亦有差别;"弱水三千,各取一瓢饮",导读者以自家眼光读解,读者各取所需可也。因笔者眼界所限,导读者队伍仍显单薄,随着丛书陆续出版,期待有缘者不断加入。因各书情况多有差异,丛书体例虽大致统一,亦不强求一

---

[1] 其中宗师大家则另出全集,而不列入"儒林典要"。马先生在《拟目》中说:周、二程、张、朱诸家全集"拟合为宋五子书别出,象山、阳明全集亦拟别出,以此七家并为巨子。其中以朱子书卷帙尤多,俱应用铅字摆板印行,不列入'典要'目中"。钟先生《续拟目》中多收明儒文集,或另有保存典籍的意思。

律，总以符合读者需求、整理方便为量。

　　以上记其本末，不觉缕缕。世间事物的成立，不出感应之理，不外乎因缘二字；有一内在的起因，亦须有众缘和合。众缘的具备固自有其时节，不可勉强；所谓发心，本身亦有其感应因缘在，其理无穷。忽忽十数载，书终于面世，感喟何如！此后其与读者之因缘感应，亦无穷也，留待诸君各自品味。

2022 年 11 月 21 日，于海上毋画斋

猩猩说禅 [1]

圆　镜

自序

　　人的困境是什么？受限。假如一只猕猴，出生后有能懂得审视自己的刹那，它一定困惑于自己这长毛的身体。长毛也就算了，它发现自己能做的事只有不断地靠攀缘树枝为生；靠攀缘为生也认了，最终它发现攀缘的猕猴多了，"树枝们"都变得娇脆易折……仰天是雁，俯首是鱼……自己既不会飞也不会游，猕猴平生第一次真正触到靠聪明思维解决不了的困境！恰在这懵然的刹那——心死道生：仿佛有一种莫名之力被锁在了体内，而另一种对抗之力正穿过毛孔奔涌而出！

　　猕猴东奔西突的一生，终得相见来解救自己的猩猩：禅——自由的力量！

　　以下六个公案、六个关键词正是以禅者视角呈现了生命从受限到解脱的道路。

（一）困境

　　芭蕉和尚示众云："如人正在行路，忽遇前面万丈深坑，背后野火来逼，两畔荆

1　作者本名王倩倩，为自由学者。本文选自其拟出版专著。

棘丛林。若向前进一步则掉进深渊，若向后退一步则野火烧身，若侧身则被荆棘刺碍。就在那一刹那，你如何脱身？若得脱身，算你有出身之路；若不得脱身，必死无疑。"

何为困境？境即外部元素如此这般因缘交集而呈现出来的一个境相；境相的观者是"我"，当"我"无法从"我所观"的境相穿越过去时，"我"即被"我所观"的境相困住了。因受困而痛苦！

禅宗真正要解决的，正是如何应对这种困境！翻阅禅宗证悟祖师们留下的无数则公案，你会发现贯穿其中的终极提问都是：当你身陷绝境，凭借任何内在常识经验，以及外在权贵财富都无法解决时，你会怎么办？

明心见性！人人皆可通过实证而开启超越常识之智。

（二）卡顿

陆亘大夫问南泉禅师："古人在瓶子中养了一只鹅，鹅在瓶子中渐渐长大，后来鹅在瓶子里出不来了。如今既不许破坏瓶子，又不许伤到鹅，请问和尚您怎么样才能让鹅出来？"

泉召唤："大夫！"陆立刻应诺。

泉曰："出来了。"

生活处处都是谜题，"我"作为这道谜题的思考者，在绞尽脑汁仍无解时，便常常陷入卡顿。"我"以为自己是在瓶子以外观察鹅，却不觉自己正是瓶中鹅。

当思维陷入卡顿，如流水固化成寒冰。万流都在奔腾入海时，"我"却掉进了雨后的牛迹里。

禅者的时空观，是解构一切困住自己的局，回归自己的本来面目。唯有本来的自己，是最有力量的！

明心见性！人人皆可通过实证而跳出卡顿，如鸟出笼。

(三) 逃离

> 颖桥安禅师与钟司徒坐火炉旁。
>
> 钟忽然问:"三界劫火焚烧时,如何能逃得出?"
>
> 师以香匙拨开火。
>
> 钟拟议,师曰:"司徒司徒。"
>
> 钟忽有省悟。

从困境中逃离,打败痛苦。这是"我"的惯性思维,"我"试图以这样的惯性思维幸免一生的苦难,却又常常避无可避地被苦难偷袭。

证悟者和我们一样凡身肉胎,但所不同的是不被惯性所胁迫。进攻或逃跑,这是我们祖先最基本的生存模式,而证悟者发现了进攻或逃跑背后,还有一个如如不动的本体。

明心见性!人人皆可通过实证而超越恐惧。

(四) 主宰

> 仰山问洪恩禅师:"如何得见佛性义?"
>
> 师曰:"我和你说个譬喻,譬如一室有六窗,室内有一猕猴。外面来了一只猕猴,从东边窗对着室内喊:'猩猩!猩猩!'那只猕猴就马上答应。就这样,窗外的那只猕猴,从六面窗对着里面喊'猩猩',里面的猕猴都马上答应。"
>
> 仰山礼谢后起身说:"适蒙和尚譬喻,无不了知。不过我还有一问,如果室内那只猕猴睡着了,窗外的猕猴想要与猩猩相见。又会如何呢?"
>
> 师下绳床,拉起仰山的手作舞曰:"猩猩与你相见也。"

猕猴透过六个窗口应答外面的世界,如同打印机从早到晚不停地打印数据。"我"一直以自己的眼耳鼻舌身意六识,建立"我"心中世界的模型,离开这些信息的支撑,

"我"顿感空虚、支离破碎。

然而，"我"终究要睡觉，睡着之后的"我"在何处？若非猕猴躁动的心短暂地睡着，"我"可能一生不会与猩猩相遇。

猕猴依赖六个窗口维系生存，猩猩理都不理那六个窗口，因为虚空在猩猩心内如片云点太清里，况诸世界在虚空耶？这并非是猩猩自我想象的壮志豪情，而是那就是猩猩真实的日常！

平常心最有力量！

明心见性！人人皆可通过实证而看见最有力量的猩猩，同时猕猴喜欢忙就由它忙。

（五）灵活

> 学人问赵州禅师："如何是定？"
>
> 师云："不定。"
>
> 学人又问："为什么不定？"
>
> 师云："活物、活物。"

定不是佛法，不定亦非佛法。佛法超越定与不定。此一公案中，若反过来会是这样：

学人问："如何是不定？"

师云："定。"

学人又问："为什么定？"

师云："活物、活物。"

何物最活？即南岳怀让禅师所会"说似一物即不中"的那个。证悟者能透过物相见其空性，依于空性而见物相。如同禅宗证悟祖师手中的拄杖子，凡夫叫它拄杖子，禅师也叫它拄杖子，但就这一根木棍，禅师用它击地一下，便能开示出乾坤之理。

同处一境，有人为境所困，有人当机化境。

明心见性！人人皆可通过实证而解除心上的机关枷锁，回归本心，当机化境。

(六) 应变

> 赵州禅师上堂云："此事如明珠在掌，胡来胡现、汉来汉现。老僧把一枝草作丈六金身用，把丈六金身作一枝草用。佛即是烦恼，烦恼即是佛。"
>
> 问："佛与谁人为烦恼？"
>
> 师云："与一切人为烦恼。"
>
> 云："如何免得？"
>
> 师云："用免作么？"

人是智识的存在：识如猕猴，通过六窗认识世界；智如猩猩，于虚空之镜中照见世界。认识与照见，是两种不同的视野。

证悟者之所证悟的，正是透得过意识的围墙，发现原地即是跳出三界。如推倒僵立的雪人，发现这堆雪的本来面目可以自由幻化。

佛有丈六金身，不过一枝草。一枝草亦可作丈六金身用。达摩大师如何能以一苇渡江？彼等圣人的境界，为凡夫呈现了：于平凡生命中超越的无限可能性！

佛与一切人为烦恼，如风令孩子借着自己的力飘扬着彩泡！若唯见彩泡，瞬间破灭；若唯见风，日子单调。证悟者行于中道，中道不在中间，执着中间亦是在两边。中道是动态中的不动，寂静中的喧嚣。

烦恼无须免，正因要免才起烦恼。

明心见性！人人皆可通过实证而令此生不空过。

祈愿众生明心见性，透得过纷飞凌乱的世间，看得清那凌乱中秩序井然的脉络！

好好活着！

选篇一：禅客相逢只弹指

妄想对众生的蛊惑，一如渴鹿奔向阳焰……

[楔子]

猕猴：我一出生就在这座石山峭壁旁，我每日的生活就是不断地攀爬，从这里到那里，从那里再回到这里。最近这片树林里发生了一场大火，所有的树木光秃秃一片，仅有几棵参天大树上剩下的几颗果子，在空中摇摇欲坠，我只能仰望却够不到。我的兄弟姐妹都离散四处，而我实在厌倦了从这里到那里，再从那里终究回到这里，却始终跳不出这片森林的生活。我已经坐在这棵树下几天没吃东西了……懒得动！

猩猩：你被自己意识的锁链锁在了这里。此刻你眼里所看见的"光秃秃一片"，是意识立的一个"相"，亦是一个"名"，基于这个光秃秃一片的相与名，你所展开的是了无生机的想象……试着这样思维："我的每一步行走不只是为了觅食，还有求道；我的每一次攀爬不只是为了果腹，还有朝圣。"当你够不到那些空中之果时，那些果同样也够不到你。来！起身、行走……我陪你在举足下足间经行。

《大唐西域记》卷六记载：

> 菩萨生已，不扶而行，于四方各七步，而自言曰："天上天下，唯我独尊。今兹而往，生分已尽。"

《五灯会元》卷一记载：

> 佛初生刹利王家，放大智光明，照十方世界，地涌金莲华，自然捧双足，东西及南北各行于七步，分手指天地，作师子吼声："上下及四维，无能尊我者。"

如果对于大约2500年前的人间，有如上所描述之生命初生的情形，难以信受，亦可暂且先将这样的描述，当作一个隐喻。在无限虚空的有限视野内，种种形态的生命，如幻般出现，又如幻般消逝，其间每一步行履，如鸟飞行千万岁，前后虚空等无别。他们真的来过吗？他们真的走了吗？这如幻般的来去，又何尝不是一个隐喻！

佛陀于天地间示现的那一指禅机，正是指向了这如幻般生灭现象的背后——那永恒的不来不去！然而，"天上天下，唯我独尊"——这指月之指，2500年来，曾被多少世人误解？即使是在当时，佛陀以生动的形态，就坐在众生的面前说法，然而，佛陀所直指的那个"天上天下，唯我独尊"的实相，无缘众生仍是看不见！那股莫名的积习之力，不断地驱使着众生，在名、相、妄想的纠缠中，编织着世间的诋毁与诽谤。

一如今天类似的情形：众生本然的存在，被妄想异化为名相中的"张三"，一众叫"张三"的幻人，在名相中金戈铁马，以幻杀幻。

这正是有情自我混浊的五蕴世间：一个人的战场，扬起漫天的黄沙。意识依于大象的相，立一个"大象"的名，再依此名相，生出种种妄想：忽而把大象立为尊贵，忽而又把大象杀死……这一系列炽然地生成，有时从头到尾，都不需要大象本尊在场。妄想对众生的蛊惑，一如渴鹿奔向阳焰……似乎无人更关心实相，因为实相与妄想相比，总是显得过于清冷。

是故，当世尊一手指天、一手指地，说"天上天下，唯我独尊"时，少有人能以平常心，于世尊直指中见道，虽然实相就在那里。

世尊在《金刚经》中再再告诫众生，要超越一切名相，方能得见如来。如果你在世尊一手指天、一手指地的手指上，看见了傲慢，那是因为：你的意识虚妄心，为你执取了一个身相，再为那个特定的角度，立个名："傲慢"。如果你在世尊"天上天下，唯我独尊"的言语中，听见了狂妄，那是因为：你的意识虚妄心，为你执取了一个声相，再为那个特定的角度，立个名："狂妄"。众生的痛苦轮回正是始于名相，名相钩锁着妄想，妄想钩锁着情绪……当贪嗔痴慢疑等尘沙，被境风刮起时，一个清净本然的自己，即被妄想放逐到了旷野。

世尊说种种法，正是为了令众生从这被钩锁的束缚中，超脱出来。于《楞伽阿跋多罗宝经》卷四中，世尊完整地宣说了这条钩锁从束缚到解脱的五法，即：名、相、妄想、正智、如如。由此可见：这条轮回钩锁的解脱环节为正智、如如。何为正智？即能正确了知实相的智慧：澈见凡所有相皆是虚妄。为什么虚妄？因为凡所有相，都是意识心如相机取景一般摄取进来的局部，真实的全景在相机之外。所不同的是：摄影师取景时，相对可以自主选择，而意识心摄取名相，往往来不及选择，就已经落入了名相的连环钩锁。若非自己选择，那究竟是什么在驱动着这条钩锁的程序？业力。即习气种子的力量！

世尊在《大般涅盘经》北本卷三十一中，深刻地开示了改变业力的可能性：

一切圣人之所以修道，就是为了破坏定业，令得轻报故；破坏不定之业，令无果报故。为什么修行能改变业力呢？因为一切业不定得果故。如果一切业定得果的话，那就没必要再修习圣道了，而事实是：人能通过修习圣道获得解脱，若有人说远离修习圣道，也能获得解脱的话，这样的见解是没有可取之处的。

（此处大意。）

是故，名、相、妄想，这条隐形的钩锁背后，是一个深须敬畏的法界实相：即如来藏心忠实地收藏着由身口意所造下的业种。

而这业种始于名相的萌芽、生长，而后落谢成种。

世尊于《金刚经》中说："若以色见我，以音声求我，是人行邪道，不能见如来。"意即："若以身相见我，或以声相求我，这样的人是在行邪道，你所见所闻都不是我。"佛即觉者，一位究竟的觉者，心如虚空，又何来傲慢与狂妄？傲慢与狂妄是名相妄想钩锁的产物。众生凡所见闻嗅尝觉知，全体都是自心所现。

如何是正智？即宗门开悟明心时，所证之般若空性智。且看开悟祖师如何向学人直指：

云门文偃禅师

世尊初生时，一手指天，一手指地，周行七步，目顾四方云："天上天下，唯我独尊。"

师曰："如果我当时在场看见，准保一棒子打杀了喂狗吃。贵图个天下太平！"

（《五灯会元》卷十五）

若有人又掉在文偃禅师这句话的文字相里，则禅师之语简直惊世骇俗！太狂妄了！出家人怎么能说出这么不慈悲的话语？然若世尊听见，必淡然微笑："此真是我弟子！"若人听见世尊这么说，又掉进世尊的文字相里，以为可以效仿文偃禅师，动辄口出狂言以为境界，则所造口业因果不可不怖畏。

投子山大同禅师

学人问："天上天下，唯我独尊。如何是我？"

师曰："推倒这老胡，有什么罪过？"

（《五灯会元》卷五）

若能懂得世尊那一指，便能懂得文偃禅师那一棒，以及大同禅师这一推。

"天上天下，唯我独尊"，这句话，觉者说了是实相，不觉者说了即是虚诳。究竟哪个是实相？

禅客相逢只弹指，此心能有几人知！

如何不掉进弹指相里？

弹指。不会吗？

［相见］

猕猴：哈哈！推倒这老胡。

猩猩：老胡就是你自己。当你厌倦时，不是因为攀爬本身，而是因为那些重复着的上蹿下跳的攀爬方式。躁动不安时静下心来，心如死灰时起身而行，不执着动亦不执着静，如此即是在推倒老胡的同时立起全体。

着相是意识制造痛苦、混乱与无力感的第一步陷阱。通过五步解脱钩索训练，避免自己掉进自我意识的陷阱，同时避免掉进他者意识的陷阱。例如：当你看见一张不友善的面孔——

第一步，解开相钩索：

反观眼前这个"不友善面孔"之画像从何处生成，如果说这个"不友善面孔"就是对面这个人，那么当 TA 下一个刹那嘴角露出微笑时，这个人又是哪个人？既然这个在我眼中"不友善的面孔"只是 TA 动态中的一个被我捕捉并解读的刹那，就说明我可以主动去选择另外一个视角，或同一视角以不同方式解读，或者不选择、不解读。如同一幅动态画儿，我领悟这幅画带给我的直观信息，因应这些信息反馈，刹那不停地调整、前行，而不落入相的陷阱。

第二步，解开名钩索：

当第一步相钩索解开后，后面"名"钩索自然断裂。例如，当我能以动态观千面万物之时，我融入生命之流奔腾不息，无有闲暇站在岸上命名"这是友善的面孔""这是不友善的面孔"。因为名字不是实相，实相是你身在激流之中，那不可言说之实相会令你生起超越名相之智慧。

第三步，解开妄想钩索：

当我看见一个"那样那样的面孔"之相，我给这个面孔命"不友善的面孔"之名，然后我就开始想："我究竟哪里得罪了TA？"或者"TA凭什么看不起我"，等等，这些并非如理思维，即是妄想。因妄想而产生种种情绪，因情绪而生起一连串的愤恨懊恼……每一心念生起积累一种习性，真心因习性而不断被捆绑。如此反复轮回，被捆绑即变成命运！

第四步，正智：

正智即是正确了知，不被意识制造的混乱而迷惑。如何能正确了知？若能真正解除前面三个钩索，正智即自动显现，如拨云见日。

第五步，如如：

依正智而透过万千动态回归如如不动，让万物如其所是：动中即禅，即禅而动。

动如脱兔！弹指顷。

选篇二：不与万法为侣者

似乎有某种不可言说的洞见，于是默默地在狂欢的队伍中疏离……

[楔子]

猕猴：我常常觉得自己很孤独，即使在森林里的这场大火未发生以前，身边同族及各种动物在追逐狂欢时，我就和现在一样显得不合群。唯一不同是：那时我在一群猕猴中孤独，现在是独自于树下孤独。我觉得自己快分裂了，在这个娱乐至死的森林里，我一直在努力藏起那该死的孤独，可那生来忧郁的气质却总是会泄露我的深情。我甚至曾经为自己的脉脉深情感到羞耻，我尽量锻炼自己与群体在一起时，多表达目标少流露真情……然而我真的很难做到。所以，这次我决定独自坐在这里，即使死在这棵树下，也不想再装合群了。

猩猩：你确定所有人真如你所见，生来合群吗？当你说"该死的孤独"时，是说我该死吗？当你熟睡时，最孤独的是我，若无孤独的我，你一觉睡去不会再醒来。我是孤独的本身，既然是孤独的本身，如何以孤独去思考孤独，正如长夜里的孤月照着夜行人……当你为自己的脉脉深情感到羞耻时，你是说我让你感到羞耻吗？若无深情，你如何去认识尖酸与刻薄，若无有对尖酸刻薄的相对认识，你如何体验你的人生？

当你觉得自己孤独时，你是将寂静的大海当作了自己，当你厌倦喧嚣时，你是将风浪当作了自己。实相中的你大于寂静与喧嚣，你无需非得在寂静或喧嚣中寻找立足之地，举足下足何处不是你？

孤独而不孤傲，深情而不依赖。真正的不与万法为侣者，恰恰是无不为侣。

马祖道一禅师

庞蕴居士问："不与万法为侣者是什么人？"

师曰："等你一口吸尽西江水时，再向你说。"

（《五灯全书》卷五）

既然是不与万法为侣者，如何能道呢？如同你独自在孤岛上，对面空无一人，谁是能道者，谁又是所道者呢？又或者你就是那座孤岛的本身，根本开不了口，连一丝道的缝隙都没有，正如让你一口吸进西江水时，一点可能都没有。

可能不可能，是因人而立；但西江水的实相，就在那里。

如何能以言语道出那言语道断之处呢？即使道得出，又如何能以意识心听懂那意识边界以外的声音呢？

世尊曾经告诉诸比丘他刚成道时内心的顾虑：

我成正等觉[1]之后，一个人在多演林中独自坐了很久……我在深入禅定，观察世间众生的根性之后，这样想：我实证到的这个实相无相之法，实在是太深奥、太微妙、太寂静、太难见、太难懂了！应该如何向众生宣说呢？因为这个实相无相之心，根本就是无法用众生的意识分别心去"想"明白的，除了过去所有同样通过实证，而悟入了这个境界的诸佛之间，彼此才会懂。

此实相无相之境界，是超过众生所执着的五蕴，而入法界第一义[2]的无境界之境界。如此"第一义"：你既找不到它的处所，同时它本身又不动不摇、无来无去；它的体性清净、一尘不染；它完全没有众生我的执着，因此它从不做主、从不作任何取舍；众生虽然无法通过意识心觉知到它的存在，但它的确有真实的体性，即：亘古以来寂而常照。此"第一义"是现象界万法背后的本源！

众生无量劫以来，只能看见现象界中生死之有相，却看不见生死有相之背后，那不生不灭之无相实相。

如今我虽自内证得了这个无相之实相境界，然而却没办法用任何众生所习惯的方式去显示它。如果它是可以被眼见、被耳闻、被鼻嗅、被舌尝、被身触、被意知的话，那么我就以这些方式说给众生，或许众生还可以相信它的存在！可事实上，这个实相无相之心是究竟无为的，完全超出了众生能以见闻嗅尝觉知习性所接收到的范围。

此实相无相之心，如虚空一般无有一丝挂碍，凡夫无法以意识思维认识事物的习性去认识它，因为它从来不在意识心所能觉知到的范围之内。

众生连梦中都要看、要说……醒着的时候更是一刻不停地向外攀缘。而这个实相无相之心，是在一个意识完全攀缘不到的绝对究竟之处。这个究竟处之所以究竟，是因为它无有方所，亦不在时间限阈，它本质上是空性但不是无。

对于空性而言，谈不上任何得或不得，凡落在二元对立中，就绝对触不到它；凡是众生意识所能思维到的，就绝不是它；即使一念不生，什么都不想，还不是它，但又非不是它！这样寂静的境界，是本来就自性清净涅盘。"本来自性清净涅盘"并非是说"它先是出生了，后来又死了；它先是污浊的，后来又清净了……"因此才获得了涅盘，而是它本来就不生不灭、自性清净、究竟涅盘。

1　正等觉：称诸佛无上之正智而曰正等觉。觉者觉知诸法之智也。其智无邪曰正、无偏曰等。（见丁福保编《佛学大辞典》）
2　第一义：以名究竟之真理。是为最上故云第一，深有理由故云义。圣智之自觉也。（见丁福保编《佛学大辞典》）

我自内证得了宇宙生命实相，证得了法界体性圆满的智慧，并依此智慧超越了生死苦厄。众生若能依我这条实证的道路去实践，同样也能证得如此不生不灭的境界。众生本自皆有如来圆满智慧，只因被烦恼尘垢染污，而令众生自己遮蔽了智慧之眼，因此不能发挥那个实相无相之心的无量妙用，这就像穷人不知自家里有宝藏，而在生死旷野中流浪一样。

可是我该怎么告诉众生这个实相呢？即使说了，众生也没办法了知。因为久远劫来，众生以意识虚妄编织的一切为实有，依此坚固执着的习性不舍六尘。而实证实相无相之心的道路，却恰恰是要反过来，必须先超越自己我执的习性，方可渐次证得究竟圆满的实相无相之境界。

我深入观察：以现前世间众生的根性，即使我如实告诉他们这个无相之实相，也不会有人相信；既然不信，就根本不可能按照我说的道路去实践；既然不去实践，就不可能实际证得实相。所以我想：既然我说了也无法利益众生，不如我还是保持沉默不说了！

（此处大意。《方广大庄严经》卷十）

"不如我还是保持沉默不说了！"众生心底亦曾出现过这句佛的声音！即使是在五浊世间，众生心中也都曾在某一刹那有一束光闪过，似乎有某种不可言说的洞见，于是默默地在狂欢的队伍中疏离。而你该如何告诉其他正在狂欢着的人群"我隐约觉得这样娱乐至死地狂欢，似乎有些不妥，仿佛有某种寒光正如影随形"呢？既然说了也不会有人相信，不如我还是保持沉默不说了！

舍利弗与目犍连，当年正是在村子里连续几日的狂欢中，刹那间闪过了一念醒觉，而从此踏上追寻光明之路。然而正如舍利弗与目犍连的"那一念醒觉"无法言喻，阿那律以天眼独见虚空鸟迹，该说给谁听？

花药英禅师

师示众，蓦然拈起拄杖子云：

"我今日为你们保任此事终不虚。大觉世尊是真语者、实语者、如语者、不诳语者、不异语者，不诳汝诸人。还信得及么？"

说完喝一喝云："上无攀仰，下绝己躬。虚空大地，咸出心中。万里八九月，一身西北风。"

说完又用拄杖子击地一下。

（《正法眼藏》卷二）

老和尚蓦然拈起拄杖子，保证此事真实不虚。眼见为实！若还不信，老和尚再拍胸脯向你保证！

［相见］

猕猴：原来圣人也孤独啊！

猩猩：圣人成为孤独的本身，但不觉得孤独。感觉孤独是意识的感受，如同虚空雁群中落单的孤雁。以孤雁的视角看待世界："我想有人看见我、读懂我、理解我、支持我。"

孤独的本身是实相的触及，如同雁群身后的虚空背景。孤独的本身是一张虚空画布，雁群只是于画布前流动的雁影。人过留下一个名、雁过留下一个声，但那画布本质无名无声。

感觉孤独时凄婉，孤独本身即是超然。清晰照见这两种状态，一个是镜子，一个是镜中人。那个照见者是谁？真正照见时，即非凄婉亦非超然，又非不凄婉非不超然。

猕猴：晕！不知这是何种状态？

猩猩：道不属知，拍拍手，去洗把脸。

选篇三：好雪片片落何处

唯一有真实存在感的，是眼前自己正在扑腾着的这段浊流……

[楔子]

猕猴：我的内心常涌动着一种想干点事的不甘与激情，可是面对现实又常感寸步难行！既不甘又难行。这种撕裂的感受，令我沮丧而愤怒。

猩猩：当种子破土而出时，是种子撕裂了土地，还是土地撕裂了种子？不甘、激情、沮丧、愤怒……这些种子之力和合激荡，此刻你所受的苦，不正是难行能行的一部分吗？

世尊自初成正觉那天起，整整七天，坐在菩提树下，眼睛盯着菩提树王一刻未离；七天中不起于座，以禅悦为食，完全没有对其他食物的念想；乃至过了第一个七日、第二个七日、第三个七日、第四个七日……世尊一直沉默着，独自经行，不曾正式开口宣说他所证得的法。彼时有诸天子来赞叹献花儿；亦有魔王在世尊成道的过程中，就一直没停止过制造种种扰乱，此刻，眼见世尊已成正觉，为阻止世尊救脱众生离欲界之苦，故又来恼怒地催促世尊快入涅盘。

多么生动的写照！任何一种成功，都是如此：有天子献花儿，有魔王恶恼。而往日那个出生于刹帝力家，深陷于乱世之混战中的悉达多，在出城目睹了生老病死、种种人间无常之后，隐约触及了那繁华表相背后的衰败本质，却受困于当时内心无解的挣扎……在决绝出离历经六年苦修之后，此刻的悉达多还是悉达多，亦非悉达多；是佛陀，亦非佛陀……无论你叫他什么，都只是一个空的名相而已，世尊已达致圆满的解脱。

此刻世尊面对赞叹不喜，面对损毁亦不忧。一位全然的觉者，已彻底转依于法界体性的大悲理体：大地承载却从不起念："我在承载"；日月照耀却从不起念："我在照耀"；草木、山川、河流、飞鸟……若有所想必为众生。故此刻面对大梵天王来请求世尊转法轮时，世尊唯一思虑的是：以彼时众生的根器，恐难以理解这个深奥的法界实相。

于是世尊对大梵天王说：

> 我所实证的这条道路，是一条逆流而上的道路。在逆流而上的究竟处，我所悟

入的那个实相：甚深极甚深、难见极难见。而众生随波逐流，沉溺于对财色名食睡世间欲望的追逐中，对于清净的实相，如盲人不能看见光明一样，即使我说了，众生也看不见，所以我还是不说了。

（此处大意。《方广大庄严经》卷十）

世尊深知，随波逐流是众生无量劫来的习性。众生一出生就被抛在下游，在无尽的轮回中，既看不清来时路，又望不到尽头。在生的惶惑与死的惊恐之间，众生来不及思索生的以前是什么？死了以后又如何？唯一有真实存在感的，是眼前自己正在扑腾着的这股浊流。

大梵天王再次向世尊深切地表达：当下邪见当道，有渴求真谛的众生因无缘听到正法，而迷失在种种心外求法之道的盲从追逐中。请求世尊不要再沉默了！为哀悯众生故，请世尊转起法轮，以令众生在清净法流中超越苦厄，证得解脱！

于是世尊再次以佛眼观诸众生的根性，譬如有人在极清净的水池边，见水池中所有草木，如镜现像般清晰：那些草木或有的还未长高出水面；或已经长高至与水面等齐；或有的已经长高出水面了。

世尊如是观诸众生上中下根性，亦如镜现像般清澈透明，就像看见那水中的三种草木与水的因缘一般。

看清这些因缘之后，世尊这样思维：

不管我说不说法，那些邪性众生都不会了知；不管我说不说法，那些正性众生迟早都会了知；可是想到第三种众生[1]时，世尊无尽大悲顿时流露："我无量劫来苦苦修行，这一世示现于人间成佛，正是为了要帮助这些犹豫彷徨、飘零不定、迷茫无助的众生啊！"

于是笃定地告诉大梵天王：

"好吧！为了那些净信有缘众生，我转起法轮！"

（此处大意。《方广大庄严经》卷十）

---

1 三聚：以三聚该收一切众生也。一、正定聚：必定证悟者。二、邪定聚：毕竟不证悟者。三、不定聚：在二者中间，有缘证悟；无缘不证悟也。（见丁福保编《佛学大辞典》）

佛陀尊为三千大千世界无量众生之人天导师，在决定转起法轮后，最初是孤独一人，行了很远的路走到鹿野苑，从五个比丘开始度起；四十九年中，佛陀赤脚托钵走遍恒河两岸；最终示现于僻陋的双娑罗树间入大般涅盘前，度化了最后一位弟子须拔陀。四十九年中，世尊一直在找、一直在等，直至入大般涅盘前还在等，须拔陀是世尊那一世示现人间，最后一次等到的弟子！

正如佛陀在犹豫是否要转起法轮时所作的那三个观察："不管我说不说法，那些邪性众生都不会了知；不管我说不说法，那些正性众生迟早都会了知……"想到第三种彷徨不定的众生时，世尊方蓦然笃定：转起法轮！

众生皆有利他之善根，于世间任何一件平常事上，都在转自己的法轮。然而，在尚未觉悟之前，无法如佛的智慧一般：善观众生根器、善知因缘时节，故常常在一个决定作出之前诚惶诚恐。内心最大的干扰，是魔王对你说："这件事做了有意义吗？无论怎么做，那些邪性众生都会骂你！这件事做了有意义吗？无论怎么做，那些正性众生都不需要你！"而佛想到了第三种众生，不只是想到，且笃定！一个决定即使只为一个可能性，若有善念大愿的支撑，亦能令这唯一的可能性辗转而成！

> 如来初孤独求索，而后在孤独求索中亲证实相，继而将这条从孤独求索到亲证实相的完整道路，依顿悟之理体及渐除之事行次第开示出来，即佛法。菩萨只需要顺如来所开示之涅盘流而行，终将与如来所证得的圆满觉性智慧交汇，如万千河流汇于大海！

（此处大意。《楞严经》卷八）

庞蕴居士

庞蕴辞别药山禅师，药山命十禅客相送至门首。路上庞蕴指着空中正在飘落的雪花曰："好雪片片，不落别处。"

有全禅客曰："落在什么处？"

庞蕴即给了全禅客一掌。

全曰："不得这么草率。"

庞蕴曰："你怎么就自称禅客，真是阎罗老子都不会放过你。"

全曰："那居士以为如何呢？"

庞蕴又给了全禅客一掌曰："眼见如盲，口说如哑。"

（《五灯全书》卷六）

庞居士真是尽力，全禅客真是禁打。既然庞居士只是左一掌右一掌的，而不直接回答问题，全禅客不如索性也抓起一把雪扔到庞居士脸上，反问庞居士："好雪片片，不落别处。你说落在什么处？"

[相见]

猕猴：我望漫天好雪片片，仿佛都与我无缘。

猩猩：即使是佛陀利生大业，也只是从五位比丘开始。你全体都在雪中，何处不是雪？有缘无缘只在时节。

<h1 align="center">选篇四：莲花未出水时</h1>

你能握紧一朵莲花吗？从出水前的淤泥、到茎上的小刺……

[楔子]

猕猴：总有一种什么也抓不住的不安与恐惧感。心里总是慌慌的！

猩猩：想抓住什么的欲望，正是恐惧的原因。一粒花籽，从破土而出之芽，到嫩叶卷舒，直到开花结果，在果实饱满成熟之前每一刹那都是无常，因无常而有成长。你想抓住哪一个刹那？

人的有形之身即色蕴，就像一个食器；感受即受蕴，就像食器中盛装的饮食；想蕴，就像搅拌在饮食中的助味；行蕴，即身、口、意行，就像卖力的厨师，不断花样翻新地煎炒烹炸；识蕴，就像食客品尝五味杂陈。

（此处大意。《阿毗达磨俱舍论》卷一）

天地间这场盛宴！众生共同搅拌着善恶，独自品尝着苦乐。

人生就仅仅是一团烟火吗？

赵州禅师

镇府大王问："请问禅师您老尊年？还剩几个牙齿在呀？"

师曰："只剩一个牙了。"

大王惊讶地问："就剩这一个牙了，那怎么吃东西啊？"

师曰："别看就这一个牙，下下咬得着。"

（《赵州和尚语录》卷二）

老和尚真就只剩一个牙了吗？圣人已将世间百态消解在这一颗牙里，以这一牙之力咬断乾坤。万法归一，一归何所？

咬！

咬个什么？是什么在咬？

《大般涅盘经》北本卷三：

世尊复告迦叶：

"善男子！如来身者，是常住身、不可坏身、金刚之身、非杂食身，即是法身。"

于五蕴杂食身中，有个不食人间烟火之身。禅宗证悟祖师在开悟明心时，澈见了自己身中那个非杂食之身。依此超越人间烟火之我，重看人间烟火时：恍如梦幻。因不执五蕴杂食身为我，故能合于法界无我之贤善，依道共戒[1]超然物外、任运而行。

佛陀示现人间，为一大事因缘：就是为令众生看见这烟火中的超越性，并依此开显出一条完整的超越之路。世尊自初转法轮始至化缘圆满，一直隐说显说的，就是这个法身，也即佛性。

《杂阿含经》卷五：

世尊问仙尼："以你观察：这有形之身，是恒常不变、还是无常呢？"

仙尼回答："是无常。"

世尊又问："仙尼啊！若是无常、转瞬即逝的事物，是苦吗？"

仙尼回答说："是苦。"

世尊又问仙尼："如果是无常、是苦、是变易的事物，我多闻的圣弟子们啊！你们会在一个无常、苦、转瞬即逝的事物上去执着：它是我？它不是我？它在我之中？我在它之中吗？"

仙尼回答："不会的，世尊！"

世尊又说："同样啊！也不应在那无常变化的感受、想知、身心迁流，乃至意识了别中去执着：这些是我？不是我？我在这些受想行识之中？受想行识在我之中？"

世尊又问："这是什么原因呢？仙尼！此刻这个被称作'如来'的我，就在你的面前，你认为你肉眼所看见的这个有形之身就是如来吗？"

仙尼回答："不是的，世尊！"

世尊又问："那么如来之感受、如来之所想、如来之所行、如来之所了别，这些是如来吗？"

仙尼回答："不是的，世尊！"

世尊又问："仙尼啊！那以你观察：离开这个有形之身，能找得见如来吗？离开那些感受、想知、身心迁流、了别之外，能找得见如来吗？"

仙尼回答："找不见，世尊！"

1　道共戒：谓于见道、修道位中，不作意持，自然不犯，戒与道俱发，是名道共戒。此戒既是初果、二果、三果所得，即是无漏戒也。（见道即初果，修道即二果、三果也。无漏者，不漏落三界生死也。）（见《三藏法数》）

世尊又问："仙尼啊！你再观察：在你对面的这个有形之身中，能找见如来吗？依于这个有形之身所产生的感受、想知、身心迁流、了别之中，能找得见如来吗？"

仙尼回答："找不见，世尊！"

世尊又问："仙尼啊！你再深入观察：在这个被称作'如来'的如来之中，能找得见'如来'的有形之身吗？在这个被称作'如来'的如来之中，能找得见'如来'的那些感受、想知、身心迁流及了别的真实存在吗？"

仙尼回答："找不见，世尊！"

世尊又问："仙尼啊！前面观察：在有形之身、感受、想知、了别中，都找不见如来；那么反过来：在非有形之身、非感受、非想知、非身心迁流、非了别中能找得见如来吗？"

仙尼回答："找不见，世尊！"

（此处大意。）

世尊带仙尼通过不同角度如理观察，去探索那个非杂食身、常住身之真我！众生一直坚固执着为我的是五蕴之身，即：我的身体、我的感受、我的想知、我的行止、我的了别。世尊引领仙尼以如理作意之正智深观，最后发现：五蕴是无常生灭的，如何能托付于一个忽而生、忽而灭的事物为真我呢？

我之真义究竟为何？《成唯识论》云：

> 我谓主宰。

若这个五蕴之身下一分钟是苦是乐、是生是死都无法主宰，又如何称其为我呢？虽然五蕴之身刹那在迁流，然而离开这个五蕴之身，又什么都抓不住，还去哪里找所谓真我呢……如此观察：五蕴的每一蕴都不是我，但离此五蕴又无别我，我不在五蕴之中，五蕴也不在我之中……

> 彼一切如实知非我、非异我、不相在。

（《杂阿含经》卷五）

依于五蕴逐一深入观察，去除以五蕴为我的"我见"，从而证得解脱，这是世尊教导声闻弟子的修学方法。在世尊二转法轮，向菩萨根性的弟子宣说般若时，便是依般若智直接照见五蕴皆空。故《心经》中观自在菩萨在世尊加持中，向舍利子宣说的空性便是：直接照见，当体即空。而不是如世尊引领仙尼从五蕴的每一蕴逐一观察。

既然五蕴之身并非真我，那么哪一个才是真正的我呢？

《大般涅盘经》北本卷七：

> 佛告迦叶菩萨：
>
> "善男子！真正的'我'即是如来藏之义。一切众生悉有佛性，佛性即是真正具有主宰性之'我'义。如是真我之义，从本已来，因为常为无量烦恼所遮覆，是故众生看不见。"

真正能主宰自己命运的我，是人人皆有、然而在未开悟之前却是人人都找不见的那个真我！此真我是众生皆有的如来智慧宝藏——如来藏，亦称佛性、空性，也即众生能依此而超越现象界的超越性！

智门禅师

僧问："莲花未出水时如何？"

师云："莲花。"

僧问："出水后如何？"

师云："荷叶。"

荷叶亦是莲花！你能握紧一朵莲花吗？从出水前的淤泥、到茎上的小刺，从荷叶的边缘、到舒展的花瓣，从莲子成种、到复归于泥……以及和风晨露、疾风骤雨……你握紧的哪一处是莲花？哪一处又不是莲花？若如来就站在你的面前，你看见的是哪个如来？哪个又不是如来？

猕猴：真想停留在童年！

猩猩：那是因为你有长大后的对比。假如你一生中只重复在一个刹那，你又会为那一成不变而感到窒息。

猕猴：至少我希望抓住爱情。

猩猩：你能抓住自己吗？

猕猴：呃……

猩猩：你可以抓起一件衣服洗得干干净净，你可以抓起一本书读得目不转睛，你可以抓起一个风筝随它奔跑……你可以照见这整个过程，了然于胸。

选篇五：盛夏的原野

鹿儿眼中的那些水，只是原野、炎日、尘埃等互动而成的外境，在鹿儿心中引起的关于水的想象……

[楔子]

猕猴：有时觉得自己情绪跌落到了谷底，快撑不下去了！

猩猩：后来呢？

猕猴：后来还是熬过来了！

猩猩：诸行无常就是这个道理。

有一次，佛陀与弟子们在渡河时，看见河水中积集的大聚沫，正随着河流而流。

于是佛陀随机说法，对弟子们说：

比丘们啊！你们现见大聚沫正随水而流，若如理省察，就能如实了知：此大聚沫只是积集而成，本质上并非实有"聚沫"可得，因此是虚幻而无实有性的，很快又会在水流的冲击之下而消散，终归于尽。为什么会这样呢？因为聚沫内在并没有强固不坏之性。

同样的道理，一切色尘，包括内五根即眼耳鼻舌身根、外六尘即色声香味触法，当如理省察，知其就像水上大聚沫一样，是四大种即地水火风、及由四大种即地水火风积集所造，内在并没有真实的"我"性。色阴刹那变迁无常，无常即是苦，苦即为空相，无常苦空即非真我，终归要消逝。为什么呢？因为色阴本质上并没有强固不坏之性。

再比如：下雨时雨滴落地，此处溅起一个水泡，刹那即灭；彼处又溅起一个水泡，刹那即灭……如此溅起又灭，灭了又起。若如理省察，就能如实了知：这些水泡刹那溅起又灭去，本质上并非实有"水泡"可得，因此是虚幻而无实有性的，很快又会随着雨停风吹而彻底消散，终归于尽。为什么会这样呢？因为水泡内在并没有强固不坏之性。

同样的道理，一切所受之痛等感受，当如理省察，知其就像那些雨滴落地溅起的水泡一样，内在并没有真实的"我"性。受阴刹那变迁无常，无常即是苦，苦即为空相，无常苦空即非真我，终归要消逝。为什么呢？因为受阴本质上并没有强固不坏之性。

再比如：盛夏的原野，炎炎烈日映在那如野马般跳动的尘埃上，反射出粼粼光影，饥渴的鹿儿远远看见这样的景象，以为是水。若如理省察，就能如实了知：鹿儿眼中的那些水，只是原野、炎日、尘埃等互动而成的外境在鹿儿心中生起的关于水的想象……本质上并非实有"水"可得，因此是虚幻而无实有性的，很快就会随着落日而消散，终归于尽。为什么会这样呢？因为阳炎内在并没有强固不坏之性。

同样道理，心中浮现任何想象时，当如理省察，知其就像鹿儿将阳炎想象成"水"一样，内在并没有真实的"我"性。想阴刹那变迁无常，无常即是苦，苦即为空相，无常苦空即非真我，终归要消逝。为什么呢？因为想阴本质上并没有强固不坏之性。

再比如：有人想求一根好木材，于是扛着斧子进入林中，看见了一棵大芭蕉树壮实而笔直，于是就砍断这棵芭蕉树根，斩掉芭蕉树上面枝末，再劈开芭蕉树身……如此分解到最中心，发现中间居然是空心的。若如理省察，就能如实了知：透过表相层层的积集，本质上并非实有"芭蕉树"可得，因此是虚幻而无实有性的，很快又会随着时节辗转而败坏，终归于尽。为什么会这样呢？因为芭蕉树内在并没有强固不坏之性。

同样的道理，一切所行包括念念迁流，当如理省察，知其就像一层层劈开后空心的芭蕉树一样，内在并没有真实的"我"性。行阴刹那变迁无常，无常即是苦，苦即为空相，无常苦空即非真我，终归要消逝。为什么呢？因为行阴本质上并没有强固不坏之性。

再比如：幻术师与其弟子们在四通八达的大路上，对着男女老少一众众人变现若干幻术，幻化出一群象、马及车乘、步从。若如理省察，就能如实了知：那些看似逼真的象马、车乘、步从，都是由幻术师和弟子们幻现出来的，本质上并非实有"象马""车乘""步从"可得，因此是虚幻而无实有性的，很快又会随着幻师及弟子们停止幻术而消散，终归于尽。为什么会这样呢？因为幻相内在并没有强固不坏之性。

同样的道理，一切意识所了别的，当如理省察，知其就像那幻师所幻化而出的幻相一般，内在并没有真实的"我"性。识阴刹那变迁无常，无常即是苦，苦即为空相，无常苦空即非真我，终归要消逝。为什么呢？因为识阴本质上并没有强固不坏之性。

（此处大意。《五阴譬喻经》）

色如聚沫、受如水泡、想如阳炎、行如芭蕉、识如幻相。佛陀引领弟子们观察五蕴无常、苦、空、无我之后，真正要令弟子们看见的究竟是什么呢？

《楞伽阿跋多罗宝经》卷四：

佛告大慧：

"心为工伎儿，意如和伎者，

五识为伴侣，妄想观伎众。"

心就像幻术师，然此幻术师自己并不显现亦不做主，一切幻相皆由弟子意根及意识之应和及主导而幻有，眼耳鼻舌身前五识同时配合意根与意识就像亲密的伴侣一样默契……因心奇妙之幻术力，经由意根、意识及前五识庞大的阵容导演并出演，于是一场奇幻的声光电聚合之相逼真显现。观众是谁？妄想。若台前一切呈现皆为幻相，真正的幻术师隐于何处？

松隐茂禅师
师参谒古林茂于保宁。
茂问："来作什么？"
师曰："生死事大，特求出离。"
茂曰："明知四大五蕴是生死根本，何缘入这皮囊？"
师拟对，茂便打。师豁然悟入。

(《续指月录》卷七)

原来，皮囊里还有个打不着的！
真正的幻术师就隐于幻相之中，
无相之相即为真我。

[相见]

猕猴：真正的幻术师究竟隐于何处？
猩猩：我从来无隐。
猕猴：你？
猩猩：当你看万象时，万象迷眼。当你看我时，我唯是一。所以，当你情绪跌落谷底时，我正在谷底托着你。

选篇六：争似春风处处闲

　　那些感受、想象、以及与这些受想一直共舞着的秒秒行进、刹那迁流的来
时处……

[楔子]

　　猕猴：好想有一个安稳的家！

　　猩猩：你如何界定安稳呢？房屋依于土地，人依于屋檐下……所有相对的事物都无
法靠一己之力恒常把握。

赵州禅师

　　学人问："白云自在时如何？"

　　师云："争似春风处处闲。"

（《赵州和尚语录》）

　　一有如何，即不自在。白云自在就是白云自在，哪里需要如何如何呢！

　　众生自己就是一个流动的家！这个家有五种元素积集而成：一个有形之身支撑起一
个屋宅[1]即色蕴；依于这个色蕴屋宅：里面住着种种感受即受蕴、种种想象即想蕴、种种
身行与心行即行蕴，最终这个家所过的日子的种种滋味儿由识来领受：如人饮水、冷暖
自知即识蕴。

　　《心经》说"照见五蕴皆空"。怎么就把这个众生赖以生存的家照空了呢？空了之后

1　五蕴宅：五蕴假和合而成人之心身譬之家宅。最胜王经四曰："了五蕴宅悉皆空，求证菩提真实处。"（见丁福保编《佛学大
辞典》）

呢？众生当以何为家？

若未实证般若智，是照不空的。即使这个"屋宅"历经种种巨大的动荡与无情的拆解，众生亦想放却放不下。痛苦皆因智慧不够锋利，如钝刀斩不断乱麻。实证般若智，只如在一场欲罢不能的爱恨大戏中，突然回头：发现了那个隐蔽的放映室，以及那里投射出来积集在荧幕上的光束。顿时明白了：那些感受、想象以及与这些受想一直共舞着的秒秒行进、刹那迁流的来时处。识如观众：迷时看剧情、悟时见光影、究竟醒来时非看剧情、非见光影、亦非愤然离场，因为实相无相：无场可离，无处可去。

看清这个屋宅如光影积集的海市蜃楼，不偏执它有，亦非偏执它无。不落有无即是空之真义！

一时，世尊在施鹿林中为五位比丘说法：

世尊言："你们要正确了知：有形之身并非真我，如果这个有形之身就是真我的话，它应该可以由我的意志主宰而不要生病、不要苦恼。比如按照我自己的主宰'我想要一个这样的身体，我不想要一个这样的身体'。但事实上我无法主宰它，我完全没有选择，更不能随自己的心意去主宰它。'我'这个字的内涵本质就是主宰性，对于一个完全没有主宰性的事物，那就绝对不具有'我'性。所以由此知道有形之身不是真我！

同样地，那些悲伤的感受，我很想它不要发生，然而当悲伤莫名出现时，我完全无法主宰，我只能承受着那些悲伤来了又去。而我一直渴望的快乐却从不按照我的预想如期而至，我只能无尽等待，那些快乐偶尔来过又转瞬离去。同样地，那些想法、那些身心行履、那些念念生灭的觉知……都无从主宰。哪个都抓不住，哪个都不是我。

复次，诸比丘！你们认为色蕴是常还是无常呢？"

比丘答言："大德！色蕴是无常。"

世尊言："既然色蕴是无常变迁的，无常就是苦啊！或者这苦本身就是苦、苦的全体都是苦，这是苦苦；或者先以为发生的乐事终不久留、很快又散坏了，这是坏苦；或者万物都在生了、长了、变质了、到最后必然彻底消逝了，这生住异灭的行进规律不可更改，这是行苦。

苦苦、坏苦、行苦，既然色蕴全体都是苦，我声闻多闻弟子们！你们会在一个无常变迁、全体是苦的色蕴上生起：'色蕴是否有我？或色蕴即是我、我拥有色蕴、色蕴属于我、我在色蕴中'这些执念吗？"

比丘答言："不会的！世尊！"

世尊言："应知受想行识，常与无常，亦复如是。凡所有色，若过去未来现在，内外粗细，若胜若劣、若远若近，悉皆无我。若我声闻圣弟子们，依正智[1]观此五取蕴[2]，知无有我及以我所，如是观已，即知世间无能取所取，由此胜解自悟而证有余涅盘[3]。故言：'我生已尽，梵行已立，所作已办，不受后有。'"

（此处大意。《佛说五蕴皆空经》）

这是世尊教导声闻弟子众依正智观察五蕴，从而断除"我见"[4]、解脱生死的方法；而《心经》中"照见五蕴皆空"，是观自在菩萨在世尊加持下，向具菩萨根性的大乘弟子众开示的断我见的方法。照见五蕴皆空之照用，是在找到自己本觉真心而明心开悟生起般若空性智后，依般若空性智照五蕴："譬如一灯，入于暗室，百千年暗悉能破尽。"如灯照物，照见五蕴当体即空。

譬如一个看见"雪人"害怕的孩子，有的孩子你只要告诉他：这个雪人不是真的，它是由一堆雪堆积起来的"人的样子"，实际上就是一堆雪。这堆雪不只能堆成人的样子，还能堆成雪兔、雪狗的样子……这个孩子听懂了大人的话，再看那个雪人的时候，同时亦看见了雪的本来面目，以及依于雪的本来面目而变幻的雪兔、雪狗等。由此，孩子的心从对雪人的恐惧中超脱出来，回归至孩子天真的游戏之心。但有的孩子无法当下就能透得过这有形的"雪人"之身相而看见那堆雪。于是大人要一点一点引导他消除恐惧：这个雪人不会说话，所以是假的；你看它的眼睛不会眨，所以是假的；它的手一碰就掉，所以是假的；对着它的鼻子吹热气就会化，所以是假的……从局部观察到整体，最终才确定这个雪人全体都非"真人"，方才解脱。

---

1 正智：大乘义章三曰："言正智者，了法缘起无有自性，离妄分别契如照真，名为正智。"（见丁福保编《佛学大辞典》）

2 五取蕴：谓有漏之五蕴也。取者取着之义。（见丁福保编《佛学大辞典》）

3 有余涅盘：谓见、思烦恼已断，尚余现受色身未灭，是名有余涅槃。（见、思烦恼，即见、思惑，于意识起诸分别，曰见惑；于尘境起诸贪爱，曰思惑。）（见《三藏法数》）

4 我见：谓不知此身五蕴所成，虚假不实，妄计为身，强立主宰，恒执为我，是为我见。（见《三藏法数》）

照见五蕴皆空即看破雪人之相，雪人之相因何而成？雪。故看破雪人之相即为空相，看见雪人未成雪人之前那些自由的雪，即为空性。

众生本觉空性智慧无限广大，此空性智慧唯有在解构了五蕴屋宅的遮蔽与局限之后，方得显现。真心本无所住，恰因无所住而无处不是家！法界智慧本然如此，这是佛陀的实证。

玄沙师备禅师

僧问："承和尚有言：'尽十方世界是一颗明珠。'学人如何得会？"

师曰："'尽十方世界是一颗明珠'用会作么？"

师来日却问其僧："'尽十方世界是一颗明珠。'汝作么生会？"

对曰："'尽十方世界是一颗明珠'用会作么？"

师曰："知汝向山鬼窟里作活计。"

玄觉云："一般怎么道。为什么却成山鬼窟去？"

（《景德传灯录》卷十八）

同样一颗珠，不幸入鬼窟。

拆掉鬼窟宅，鬼即那颗珠。

［相见］

猕猴：难道找不到一处安稳之地吗？

猩猩：岸上观者看海浪咆哮，会恐惧颤栗。海浪本身看腾跃与落下，那只是自己身体的延展拉伸。尽十方世界皆是你自己一颗明珠，何处不安稳？一切聚散离合都只是这颗明珠所映现出的影像。你可以这样修习：于日常行住坐卧、一颦一笑中……如明珠"见"映现己身之上的动态影像，如同于梦境中，你明明闭眼眠熟，却同时"看见"梦中种种景象，而身体未曾离开床铺半步。明珠与明珠所映现出的影像同时同处，但观影像嘈杂喧嚷，随它去，而明珠本体之你自不凌乱。

　　猕猴：不能让明珠不显现嘈杂的影像吗？

　　猩猩：可以。那就是睡眠无梦、昏迷、死亡，或禅定的两个证境。如此了无生机！

　　猕猴：我既想要生机又不想嘈杂！

　　猩猩：你若以明珠为己，便不会为映现其上的影像所困扰。如此便是安稳中的生机，生机中的安稳。这不是一个理论，你需要按照我说的方法去实证。

义理探讨

生命之生与生命之命

邵逝夫[1]

> 这里是刀锯鼎镬底学问。
>
> ——陆九渊

我大概属于早熟的一类人，早在少年时期，便已生发出这样的一个困惑：人的一生到底应该怎样活，才算是没有白来这人世间一遭？这个困惑陪伴了我近二十年，在那期间，我尝试着用种种方式来证明自身的价值，可每一次所谓的"成功"所带来的都只是更深的困惑。直到十多年前，我终于决定不再外求，开始返观内在，于是渐渐走出了一条与以往截然不同的人生之路。而随着探究与体验的不断深入，对于生命以及生命的意义，似乎也有了一些认知，或许这些认知尚且浅薄，并不能够给大家带来少许的启悟。然而，它们却凝结着一个生命个体十多年来的学思。现在，我将它们记录下来，呈奉给诸位，心中不敢有所妄想，只求能够起到一个抛砖引玉的作用。倘若能够因此而使得一二读者开始去关注生命、探究生命的意义，自是莫大的幸事！

1　作者为自由学者。

上篇　生命之生

当人们谈论生命时，往往是就生命的表征而言的，例如呼吸、心跳等。呼吸未止、心跳尚存的人，那就还是生人——有生命迹象的人，反之，则是死人——丧失生命迹象的人。事实上，这些表征只是一个人拥有生命的表象，却远不是他（她）所拥有的生命本身。举凡是生命体，都会有这样的种种表征。表征只能表示某个生命体尚且存活于世间，而并不意味着他（她）已经活出了生命，更不能够证明他（她）已经成就了生命的意义。恰恰相反，很多拥有生命表征的人，从不曾去探究过何为生命，根本就不知道生命为何，又谈何活出生命？谈何成就生命的意义？"有的人活着，他已经死了"，作为一句诗，这句话也许过于平淡，可是，它所陈述的却是一个不争的事实。并且，其中的"有的人"完全可以换成"许多人"。

那么，如何才算是活出了生命？要回答这一个问题，首先需要明晓生命之生。生命之所以为生命，在于有生，无生，便无有生命可言。而活出生命，正在于充分实现生命之生。所以说，探究生命之生，是期望活出生命所必须的第一步。

一、生命本源

探究生命之生，理应从生命的本源谈起。所谓生命的本源，也即宇宙万物的诞生之源，哲学界通常将之称作宇宙本体。关乎宇宙本体，东方哲学尤其是中国哲学从来就没有停止过探究和思考。从伏羲、神农、黄帝到尧、舜，从文王、周公到孔子、子思子，再从周子（敦颐）、邵子（雍）、张子（载）、二程子（程颢、程颐）到刘蕺山（宗周）、王船山（夫之）……关乎生命的本源——宇宙本体，往圣先贤们原本有着清晰、究竟的体认。可是，时至今日，却又变得混沌不明。概言之，而今学界对于宇宙本体的主流认知，不外乎理本论、气本论两大类。理本论，又称作为理一元论，即认为宇宙的本体是理，宇宙间的一切万象都是本源于理；气本论，也称作为气一元论，即认为宇宙的本体是气，宇宙间的万物都是由气所凝聚而成的。理本论与气本论各有信奉者，他们各执己见，相互批评，相互排斥，而为了论证自身所执持的观点，往往又会曲解往圣先贤们的学说，如以程朱（程颐、朱熹）之学为理本论，以张王（张载、王夫之）之学为气本论等。其实，无论是理本论，还是气本论，都是不完备的，都是有失偏颇的。而程朱、张王之学，也绝不是简单的理本论与气本论。

本节文字的任务，便是要讲清楚生命的本源——宇宙本体。关乎生命的本源——宇宙本体，往圣先贤们有着诸多的表述，例如天、道、无极、太极、太虚，等等。之所以会有如此众多的名目，乃是因为各人有各人的表述语境。然而，一旦我们细细地去分析、去探究，自然就会发现他们所说的并无二致。为了方便理解，笔者拟采用周子的说法——"无极而太极"来陈述宇宙本体。"无极而太极"这一说法，出自周子的《太极图说》。"无极"与"太极"，二者是一不是二，只是从两个不同的角度表述了生命的本源——宇宙本体。前面说过，理本论与气本论都是不完备的，原因很简单：单纯的理，或是单纯的气，是无法化生万物的。有理无气，理就只是空理，而丧失了载体，又如何能够化生万物呢？反之，有气无理，气就是一团死气，混沌无序，自然也是无从化生。——宇宙本体既不是单纯的理，也不是单纯的气，而是即理即气、理气不二的。所以，在先儒们那里，理与气从来都是合一的，不相分离的，如朱子（熹）有云："天下未有无理之气，亦未有无气之理。"又云："既有理，便有气；既有气，则理又在乎气之中"（《朱子语类》）。其门人度正则说："天地之间，理与气而已，理中有气，气中有理，固不可离而为二也"（《书萍乡大全集后》）。又如明人叶向高说："要之，天地间，理气二者，原不相离，理乘乎气，气之流行，即理之着见"（《正蒙释序》）。"无极而太极"所讲的正是宇宙本体即理即气、理气不二。"无极"与"太极"各有侧重，"无极"偏重于理而言，"太极"则偏重于气而言。理无形象、无声气、无方所，不可以见闻觉知，所以为"无极"。"无极"的"无"，不是空无的无，而是隐微的无，其实还是有，只不过是不可以见闻觉知的有。气迈越时空，遍布宇宙，随机化生万物，可以说是至大至广，所以为"太极"。"太极"的"太"，即大而无以复加的意思。当然，这样分开来说，也只是为了便于理解。究其实，则无论是"无极"，还是"太极"，都是对即理即气、理气不二的宇宙本体的描述。"无极"与"太极",乃是一体而二名,所以,周子说:"太极,本无极也。"之所以并举"无极"与"太极",而不是单举"无极"或"太极",周子的用意,也许正是为了避免世人将宇宙本体误解为单纯的理或是单纯的气。

关于"无极而太极",还曾有过一种误解,很是迷惑人。便是将"无极而太极"解读为由"无极"而生"太极",进而将"无极而太极"等同于老氏所说的"无名,天地之始;有名,万物之母",而体认为从无中生出有来。很显然,这是有悖于周子之意的。其一,"无极"与"太极"并无先后之别,不是先有"无极",而后再生"太极"。"无极"与"太极",乃是一体而二名,"无极"即"太极","太极"即"无极"。其二,"无极"之"无",并不是空无的无,而是似无而实有,又何来无中生有之说?况且,无是生不出有来的。

"无极而太极"讲述了生命的本源——宇宙本体,宇宙本体乃是即理即气、理气不二的。有人或许又会将此命名为"理气二元论",殊不知理气本来不二,分理分气,全都只是方便。在儒学体系中,分理与气,分形而上与形而下,分道与器,全都是为了便于理解。究其实,则理与气、形而上与形而下、道与器本来为一。关于这一点,明道先生(程颢)说得尤为清晰:

> 形而上为道,形而下为器,须着如此说,器亦道,道亦器,但得道在,不系今与后,己与人。(《河南程氏遗书》)

二、生生之理

生命的本源——宇宙本体乃是即理即气、理气不二的。有气,理便可以发用;有理,气就成为活气。理气之间,又是以理为主导、气为配合的。也可以说,理是气运行的法则,气遵循着理而随机聚合化生万物。——万物之所以能够生成,是因为有理有气,而理又是根本。没有理,气就不可能聚合而化生万物;没有万物,也就没有生命可言。理是一切生命的根本。故而,理解生命,首要在于体究宇宙本体所涵有的理。可是,理无形象、无声气、无方所，不可以见闻觉知，又该如何去体究呢？对于常人而言，这似乎是一个无解的问题。可是往圣先贤们却智慧地解决了这一难题：理固然是不可以见闻觉知的，然而，理的发用却是可以感知得到的。理的发用体现在哪里？自然是体现在气上。气运转、聚合所呈现出来的一切景象，究其实，全都是本于理的发用。也即是说，宇宙间所呈现出来的一切现象全都本于理的发用。既然如此，要体究理，就应该从宇宙万象入手。

观象，便是往圣先贤们从宇宙万象入手，进而究明宇宙本体所涵有的理的重要途径。观象工夫起源很早，早至伏羲：

> 古者包牺氏之王天下也，仰则观象于天，俯则察法于地，观鸟兽之文与地之宜，近取诸身，远取诸物，于是始作八卦，以通神明之德，以类万物之情。（《易·系辞下》）

通过观——观天地万物之象，观四时变换之象，往圣先贤们体察到天地间存有一股源源不绝的创生之力，随着进一步抽丝剥茧式的辨析，最终，他们体究到宇宙本体所涵有的理为生生之理。正是因为有着这一生生之理，宇宙才能生生不息，四季方能循环往复，万物才会变化无穷。《易·系辞下》有云："天地之大德曰生。"正是往圣先贤们观宇宙万象之后所得出的结论。天地之德乃是天地之理的体现，天地之德为"生"，天地之理自然便为生生之理。

观象——观天地万物气象，观四时变换之象，是往圣先贤们体究宇宙造化之理的重要方法，也是历代大儒"穷理尽性，以至于命"的主要路径之一。观象并不是简单的"以目观之"，而是要透过表象看本质，这是一套系统而严密的工夫。邵子（雍）曾对"观象"工夫作过详尽的陈述：

> 夫所以谓之观物者，非以目观之也。非观之以目，而观之以心也；非观之以心，而观之以理也。天下之物，莫不有理焉，莫不有性焉，莫不有命焉。所以谓之理者，穷之而后可知也；所以谓之性者，尽之而后可知也；所以谓之命者，至之而后可知也。此三知者，天下之真知也。虽圣人无以过之也，而过之者非所以谓之圣人也。

夫鉴之所以能为明者，谓其能不隐万物之形也。虽然鉴之能不隐万物之形，未若水之能一万物之形也；虽然水之能一万物之形，又未若圣人之能一万物之情也。圣人之所以能一万物之情者，谓其圣人之能反观也。所以谓之反观者，不以我观物也。不以我观物者，以物观物之谓也。既能以物观物，又安有我于其间哉？是知我亦人也，人亦我也，我与人皆物也。（《观物内外篇》）

观象的归宗在于"反观"——"以物观物"，惟有"以物观物"，方才能够令物各归物而成物。观象工夫则在于"观之以理"，所谓"观之以理"，即"因其已知之理而益穷之，以求至乎其极"（朱熹《大学章句》），这是一个层层探究、逐步体认的过程。在这个过程之中，对万物的体认益发深刻，终而明了物我本来一体，而宇宙万象乃是生生之理的浑然呈现。

宇宙本体所涵有的理为生生之理，它主导着气去化生万物，是宇宙间一切生命产生的根由。如果说宇宙间存有终极法则，那么，生生便是这一个法则。由此也可知，宇宙是永生的。——只要宇宙本体不灭，生生之理便会持续不断地主导着气去化生。宇宙生生不息的奥秘正在于此。近年来，所谓的宇宙毁灭论甚嚣尘上，究其实，则为无知妄论。宇宙本体乃为生生之体，恒生不灭，宇宙又如何会消亡？况且能够被毁灭的，只会是有形的物象。宇宙本体无形无象，又如何能被毁灭？所以，笔者可以断言：纵然是宇宙间的一切万物悉皆被毁灭，不久之后，宇宙间也必将会诞生新的事物，因为宇宙本体不灭，生生之理不灭。当然，宇宙本体无穷无尽，宇宙自然无有边际，绝不存在宇宙万物同时被毁灭的可能性。纵然是有所谓的宇宙大毁灭，所毁灭的也只是宇宙中极其微小的一部分，真如沧海之一粟。

三、气之转换

生命的本源——宇宙本体即理即气、理气不二，其所涵有的理为生生之理。既为生生之理，就必定会主导着气去产生运行，气运行，则必定会有主次、有对待，于是分而为阴阳二气；阴阳二气继续运行，"阳变阴合，而生水、火、木、金、土"（周敦颐《太极图说》）；五行之气遍布宇宙，在生生之理的进一步主导下，随机聚合，化生万物。这就是万物生成的过程。

这其中，有一点需要指明：宇宙本体所涵有的理既为生生之理，那就意味着宇宙生生从未曾停息过。既然如此，气分而为阴阳二气，阴阳二气"阳变阴合"而生水、火、木、金、土五行之气，五行之气随机聚合而化生万物，便是时刻都在发生着的状态。而不是说宇宙原来只是即理即气、理气不二的本体，然后在生生之理的主导下，气开始运行而分出阴阳二气，而后"阳变阴合"又生出五行之气，进而再去化生万物。也即是说，宇宙并不存在着一个由静而动的过程，而是从来就未曾静止过。——生生是一个永恒不息的运动状态。这个状态既没有开端，也没有终点，宇宙就是如此生生而不息。伊川先生（程颐）有云："动静无端，阴阳无始。"说的正是这一层意思。更为幽微的是，气分而为阴阳二气，阴阳二气而生五行之气，乃是同一个过程。即气甫一运行便已即时分为阴阳二气，与此同时，五行之气也已随之生成。说分说生，其实都是当即呈现的意思，并不存在一个分与生的过程。

五行之气遍布于宇宙，在生生之理的主导下，自然就会随机聚合，化生万物。所以，宇宙间的万物层出不穷，生生不绝。这就是宇宙的真相——生生不息，而一切万物都是生生之理的体现。事实上，《易经》早已揭示了这一个生生不息的宇宙真相。《易经》之所以被称作为《易经》，根本在于"易"字。所谓"易"，即生生，"生生之谓易"（《易·系辞上》）。而一个"易"字，又含有三义：不易、变易和简易。《易纬乾凿度》中讲得很清楚："《易》一名而含三义，孔子曰：'易者，易也，变易也，不易也。'"三易所揭示的正是宇宙生生不息的真相：不易，说的是生生之理，生生之理无始无终，永恒不变，故为不易。变易，说的是宇宙万象，宇宙万象本于宇宙本体，宇宙本体生生不已，宇宙万象自然也是生生不已，变化万千，所以为变易。简易，是指五行之气化生万物的法则，五行之气化生万物，异常简单，一旦时空的机缘成熟，便会随即聚合成物。五行之气虽然分为五种，在化生万物时，则分为阴阳两大类，阳为主，阴为合，相激相荡，相聚相合，化生万物。近来，量子纠缠理论颇为引人关注，所谓量子纠缠，是指"一旦两个粒子发生纠缠，那么，不管它们处于何处，两个粒子之间都保持着强大的直接关联，利用这种关联可以实现看似不可能完成的任务"（布莱恩·克莱格《量子纠缠》）。量子纠缠现象看起来有悖于常理，以至于爱因斯坦都称它为"幽灵一般的"。其实并不难理解，只是因为西方科学家们从物象入手，层层解构，量子乃是他们对物象最小结构单元的定义，类似于佛典中所说的临虚尘——临界于虚空的尘粒，并没有超越于物质层面，所以量子纠缠看起来有些匪夷所思——两个不相干的细小的物质单元如何会产生纠缠呢？可是，倘若是他们明晓了宇宙本体乃是即理即气、理气不二的，自然就会明了构成物象的终极物质乃是气，量子也是由气聚合而成的。与此同时，也会明了所谓的量子纠缠，其实便是生生之理的作用。

当我们真的明晓生生不息这一宇宙的真相之后，就会明白：无论是生，还是死，其实全都是生，全都是生生之理的体现。正因为此，儒者不以死为念，因为死即是生，而"知死"首先在于"知生"：

> 季路问事鬼神，子曰："未能事人，焉能事鬼？"曰："敢问死？"曰："未知生，焉知死？"（《论语·先进第十一》）

宇宙生生不息，气自然就会聚散不止，气聚而成形而成万物，气散而万物复归于宇宙本体。个体所谓的生灭（生死），其实便是这一个过程。对此，张子（载）用水与冰的转换作了生动的描述：

> 气之聚散于太虚，犹冰凝释于水。（《正蒙》）

张子将宇宙本体称作为"太虚"，"太虚"即理即气、理气不二，所含之气聚而成物，就像水凝结而成冰；散而复归于"太虚"，就像冰融释而为水。"太虚"永在，气在其间有聚有散，万物便在其间有生有灭，对于"太虚"而言，万物就像"客形"一般：

> 太虚无形，气之本体，其聚其散，变化之客形尔。（同上）

万物的生灭，其实就是气的转换——气聚而生、气散而灭，悉皆为生生之理的体现。当然，气聚所生、气散所灭的只是万物之形。

另外，需要交代一下的是：五行之气化生出人与物之后，人与物有了身形，自此而后，人与物的繁衍便会就此而转为形生。所谓形生，便是有载体而生，如胎生、卵生等，皆为形生。形生便有了代代相续的意味。程子有云：

> 万物之始，皆气化；既形，然后以形相禅，有形化；形化长，则气化渐消。(《二程集》)

朱子（熹）也说：

> 人物之始，以气化而生者也。气聚成形，则形交气感，遂以形化，而人物生生，变化无穷矣。(《太极图说解》)

当然，单单以形生而言，是不够全面的，比如说一些湿生的动植物，其实还属于五行之气化生的状态，而不是代代相续的形生状态。

而今，西方存在着一种谬误的观点，他们执着于"万物皆来源于无"，并且认为"宇宙可以从真空中出现"（弗兰克·克洛斯《虚空：宇宙源起何处》)。事实上，宇宙从来就不曾空无过，自始至终，宇宙不但有生生之理，有气，有阴阳二气，有五行之气，还有万物。当然，就某种特定的物体而言，自然会存在着一个从无到有的状态，但这也绝不是无中生有，而是气随机聚合而有。——物的生成，其实是一个形态的转换，乃是从不可见闻觉知的"有"（无形无象的有）转换成可以见闻觉知的"有"（有形有象的有），这是一个由隐而显、自幽而明的过程。

气随机聚合，化生万物，然而，所生成的只是万物之形，还远远不能算是完整的生命体。

四、随形赋性

宇宙本体所涵有的气，分而为阴阳二气，阴阳二气"阳变阴合"而生五行之气，五行之气随机聚合而化生万物，这就是万物之形生成的过程。这只是一条气化路径，都是气的变化与聚合，乃是由隐而显、自幽而明的。相对而言，比较容易理解和接受。在这条路径的背后，还隐藏着另一条路径，那就是赋性。赋性的路径，自始至终都是隐幽的，这一路径，很多人往往无法理解，甚或会拒绝接受。所谓赋性，其实即是赋理，性即理也。事实上，赋性与气化是一个齐头并进的过程。在气运化而化生万物的过程中，宇宙本体所涵有的生生之理，会依次转化为阴阳二气之理、五行之气之理，以及万物之理。这也是必然。理是气具之理，气是载理之气，故而，气虽然有分有合，而理则恒随。生生之理在于万物，便是万物的性。这一个过程便是随形赋性。

就此则知，无论是阴阳二气之理、五行之气之理，还是万物之理，究其根本，全都本于生生之理。在宇宙本体层面而言，为生生之理；落实到阴阳二气、五行之气与万物上来讲，则为生生之性。这一个性，我们通常将之称作本性，目的是与禀性分别开来。很多人在谈论性时，往往会将本性与禀性混为一谈，这是有很大问题的。所谓禀性，乃是阴阳二气、五行之气以及万物所具有的气质特性，如阳气之性轻清而上浮，阴气之性浑浊而下降，而"水曰润下，火曰炎上，木曰曲直，金曰从革，土爱稼穑"（《尚书·洪范》）。之于万物的禀性，则是由聚合成形的五行之气所决定的。本性即是生生之性，宇宙间的万物乃是同一的，无有差别；禀性则各各有别，人与物各有各的气质特性。本性与禀性，一个是同，一个是异；一个是根本之性，一个是形具而后所有的气质之性。两者又如何能够混为一谈呢？儒家所说的性善之性，乃是根本之性。根本之性即是生生之性，既然生生，自然为善，不但为善，而且是至善。程子有云："天只是以生为道，继此生理者，即是善也。"正是此意。

谈到这里，便会明白为什么很多人会拒绝接受赋性这一路径了。原因很简单：一旦他们接受了赋性，那就必须要去履行生命的根本准则——生生之性，生生之性的发用便是生生之德，也就意味着他们要去做一个好生、利生、尊生、护生、守生的人，如此一来，也就不能够再继续去追逐私欲而为所欲为了。这与他们所信奉的人生信条——"人生得意须尽欢"显然是相违背的。正因为此，对于赋性，他们宁愿采取视而不见、听而不闻的态度，即便是明白了、理解了，也会拒绝接受。

在万物之形生成的过程中，生生之理随即转化为万物的生生之性。这一个过程，称作为随形赋性。形体与本性两者皆备，才算是完整的生命体。一个完整的生命体的诞生，有着两条路径：气化和赋性。对此，周子在《太极图说》中作了较为系统的陈述：

> 无极而太极。太极动而生阳，动极而静，静而生阴，静极复动。一动一静，互为其根；分阴分阳，两仪立焉。阳变阴合，而生水、火、木、金、土。五气顺布，四时行焉。五行，一阴阳也；阴阳，一太极也；太极，本无极也。五行之生也，各一其性。无极之真，二五之精，妙合而凝。"乾道成男，坤道成女"，二气交感，化生万物。万物生生，而变化无穷焉。

由太极（偏重于宇宙本体所涵有的气而言）而分阴阳二气，由阴阳二气而生五行之气，再由五行之气随缘聚合，化生万物，这是气化路径。需要说明的一点是：由太极到五行之气，乃是即时呈现的，并不存在着一个由静而动的过程，周子说动说静、说分说生，全都是为了便于理解。事实上，宇宙本体即理即气、理气不二，宇宙必然是生生不息，无始无终的。也即是说，就宇宙生生不息的状态而言，动即是静，静即是动。举例来说，比如电风扇，通电之后，一旦开始旋转，就必然会有顺逆两股风形成，顺者为阳，逆者为阴，而顺逆两股风又必然会有强弱之别，于是就会有顺者强逆者弱、逆者强顺者弱的两对状态，于是有了四象，四者中间又必然会有着一个中枢，加上这一个中枢形态，便成了五种形态，这就是五行之气的形成原理。在风扇刚刚开始旋转时，或许会有分为阴阳二气、生成五行之气的过程，当然是很迅速的，在刹那之间，便已经分、生。然而，这与宇宙运行有着一个本质的分别，那就是宇宙本体本自涵有生生之理，宇宙自始至终都是处于生生不息的运转状态之中。以电扇而言，就像是自始至终都是通着电的，都是在旋转的，那么，还会有由静而动，"动而生阳，动极而静，静而生阴"的过程吗？自然是没有。没有这个过程，自然也就谈不上动静之别，动亦静，静亦动。与此同时，也就谈不上什么"分阴分阳，两仪立焉。阳变阴合，而生水、火、木、金、土"了，因为无论是阴阳二气，还是五行之气，都是即时呈现的，并没有什么分、生的过程。与此同时，五行之气也在随机聚合而化生万物，由此可知，宇宙本体与宇宙万象乃是即体即用、即用即体的。宇宙间的万象刹那迁流，生生不息，全都是宇宙本体的即时呈现，真实不妄。——宇宙本体即宇宙万象，宇宙万象即宇宙本体。并不是说在宇宙万象之外，另有一个独立存在的宇宙本体。正因为此，周子回过头来强调说："五行，一阴阳也；阴阳，一太极也；太极，本无极也。"这段话极其关键，倘若缺少了这一段话，周子之学就是存在着缺憾的，就是不完满的。

"无极之真，二五之精，妙合而凝"，则讲述了赋性路径。"无极之真"，即生生之理。称之为"真"，是表示生生之理真实不妄、永存不灭。"二"，即阴阳二气。"五"，即五行之气。生生之理与阴阳二气"妙合"，则为阴阳二气之性；与五行之气"妙合"，则为水、火、木、金、土五气之性；与五行之气化生而成的万物"妙合"，则为万物之性。在生生之理与阴阳二气、五行之气以及万物"妙合"而成为生生之性的同时，阴阳二气、五行之气与万物也就成了生生之理的载体。从这一点来看，宇宙间的每一个物、每一个人都是生生之理的载体，都有责任去发扬生生之性。事实上，发扬生生之性，本是宇宙万物的天职。遗憾的是，万物之中，唯人最灵，故而，只有人类能够履行这一天职。

五、万物异禀

生命的本源——宇宙本体即理即气、理气不二，生生之理遍布宇宙，气也遍布宇宙，宇宙内的每一个空间都有生成万物的可能性。然而，某一物是否能够生成，还需要一个重要的条件，那就是因缘聚会。所谓因缘聚会，即决定某一物能够生成的所有时空条件都已经具足。因此，在宇宙间，有一物生成的机缘，便会生成一物；有二物生成的机缘，便会生成二物；有万物生成的机缘，便会生成万物。机缘不断，宇宙内的万物便会生生不绝。究其根本，所谓机缘，也缘于宇宙本体所涵有的生生之理与气，生生之理主导着气去运行，进而在宇宙间创造了适合于万物生成的种种机缘。——无论从哪一个角度而言，万物化生的根源，都是宇宙本体。

既然讲到了时空因缘，在此顺便交代一下时空的由来。西方一些科学家很是关心时空的由来，他们中的一些人甚至认为本来无所谓时空，之所以有时空，是由于人的意识分别出来的。这是偷换了概念。诚然，时空的定义本于人的意识分别，但这并不代表时空本身不存在。事实上，时空本自存在，不因为人的意识分别而有而无，它们就在那儿！简而言之，时空缘于差距，时间缘于先后的差距，空间缘于上下左右的差距。没有差距，便没有时空可言。而但有运行，就必然会产生差距。宇宙本体涵有生生之理，涵有气，生生之理主导着气，运行不止，故知，时空恒在，无始无终。事实上，宇宙正是对时空的命名。《尸子》有云："四方上下曰宇，往古来今曰宙。""四方上下"，空间是也，空间即是宇；"往古来今"，时间是也，时间即是宙。宇宙即是时空，时空即是宇宙。

万物的生成取决于时空机缘，就此便导致了万物的禀性各各不同。前文中，笔者曾经指出万物的禀性由所聚合的五行之气所决定。而聚合成万物的五行之气之所以会有差异，正是因为时空的情景不同。气尽管遍布宇宙，然而，在各个空间所遍布的五行之气并不是全然相同的。事实上，从来就没有任何两个时空下的五行之气是全然相同的，既然如此，各个时空下五行之气所聚合化生的万物就必然会有所不同。张子（载）曾将遍布在宇宙内的气称作为"游气"，并指出它们是"纷扰"的。"纷扰"的"游气"所聚合而成的物自然是不同的：

> 游气纷扰，合而成质者，生人物之万殊。(《正蒙》)

与此同时，物与物的禀性也就会各各不同。不仅异类之物的禀性不同，即便是同类物，也会因为生成时空的不一而导致禀性差异。俗语有云："世界上没有两片完全相同的树叶。"这句话可以很好地表达了禀性的差异性。禀性往往会决定人与物的性格，而性格又决定命运。旧时以五行的构成来论述一个人的命运，其实是蛮有道理的。五行论人，常常需要了解一个人的出生时间和地点，之所以这样做，正是为了掌握他（她）的出生时空，就此来考虑他（她）的五行构成。当然，五行论人，基点在于禀性，对于那些能够突破禀性束缚的人而言，也就不能够完全适用了。也就是说，人是拥有改变命运的可能性的。

许多人在论及禀性时，往往会将禀性视作为恶的，并且认为禀性是必须要克除的，这是不妥当的。固然，禀性有着一定的"攻取之性"：

> 湛一，气之本；攻取，气之欲，口腹于饮食，鼻舌于臭味，皆攻取之性也。(张载《正蒙》)

禀性本于五行之气，五行之气本于宇宙本体，乃是生生的载体，由它们所聚合而成的万物自然就会具有谋生之欲，既有谋生之欲，也就必然会向外索取而呈现为"攻取之性"。故知，这一"攻取之性"也是生生的体现，是每一个生命体所缺少不得的。船山先生（王夫之）有曰："性有之，不容绝也"（《张子正蒙注》）。若是刻意去克除这一"攻取之性"，则同样也是戕生，也是违背生生之理。

六、本性至善

气化与赋性，产生了生命的两个根本要素：身形与本性。二者为万物所共有，物物皆备。身形为生命的表象，本性是生命的本质。宇宙万物悉皆本源于宇宙本体，万物的身形各各不同，究其根本，则悉皆本于宇宙本体所涵有的气；万物的本性，又本源于宇宙本体所涵有的生生之理。就此则知，万物同本，万物同源。概言之，万物有着同一个本源。所谓"民胞物与"，正本于此：

> 乾称父，坤称母，予兹藐焉，乃混然中处。故天地之塞，吾其体；天地之帅，吾其性。民吾同胞，物吾与也。（张载《西铭》）

所谓"天地之塞"，即宇宙本体所涵有的气；所谓"天地之帅"，即宇宙本体所涵有的生生之理。气随机聚合而成万物的体（形），理则随形赋性而成万物的性。故知，宇宙间的一切人类都是我们的同胞，宇宙间的一切万物都与我们一样，都是宇宙本体的呈现，所以说"民吾同胞，物吾与也"。当我们真的能够体认到这一点，自然就会认识到万物本来平等不二，认识到自身与天地万物本来一体，进而生发出同体之仁，担负起宇宙内的生生之责。象山先生所说的"宇宙内事，乃己分内事；己分内事，乃宇宙内事"（《陆九渊集》），也就会成为理所当然。

缘于本性是生命的本质，此处便再对本性再作一些深入的阐述：

本性，即宇宙本体所涵有的生生之理体现在万物，乃为生生之性。万物的本性悉皆本源于生生之理，故而，张子有云：

性者，万物之一源，非有我之得私也。（《正蒙》）

所谓"一源"，亦即同源。万物之性，同出一源。既然同出一源，就必然有着两个特征：一、万物共有；所以，切不可认为我有而别人没有，也绝不可认为人类有而其他万物没有。二、万物同性。本性既然同出一源，理当无有差异。具言之，则万物的本性，无非是生生之性。认识到万物的本性悉皆本源于生生之理，还是体证本性的一个重要依据。往圣先贤们谈及本性时，悉皆以本性为至善，这自然不是假设，而是本于亲身体证与体究的结果。正因为此，他们的论述常常出于两条路径：

其一，亲身体证本性至善；例如孟子以情证性，他说："乃若其情，则可以为善矣，乃所谓善也"（《孟子·告子上》）。"若"，顺也。他的意思很显然：我之所以说性善，是因为顺着本性所发出的情是善的。性为体，情为用，体用不二，顺着本性所发出的情是善的，性自然也就是善的了。这就是孟子"道性善"的根由。围绕着以情证性，孟子指示出一套完备的察端扩充、尽心知性、事天立命的修身工夫，对后世儒者产生了巨大的影响。

其二，体究造化，体认本性源于生生之理，进而认识到本性至善。尽管通过由情证性，可以体认本性至善，然而，仅仅依靠这份体验，往往会被一些不明就里的人指责为经验主义，并没有能够从根源上解释本性何以为善。然而，一旦我们体认到本性源于宇宙本体所涵有的生生之理，乃为生生之性，对于本性至善，自然也就不会再有任何迷惑。故而，历代大儒都会强调体认造化的重要性，如张子明言："圣人之意，莫先要识造化，既识造化，然后其理可穷，彼惟不识造化，以为幻妄也"（《易说》）。

在这里，笔者用"至善"来界定本性，乃是因为性善之善是绝待的善，而不是与恶所相对待的善。正因为此，阳明先生才会称本性为"无善无恶"，所谓"无善无恶心之体"，"心之体"，即为本性。本性是超越于善恶的，不可以用善或恶来界定，所以为"无善无恶"，然而，顺性而为，则是纯然至善的。故而，对于"无善无恶"，又应该下一个转语："无善无恶，是为至善。"这也正是阳明先生自身的意思：

至善者，性也。性元无一毫之恶，故曰至善。(《传习录》)

七、生之为生

有了身形，有了本性，便有了生命。然而，拥有生命，并不等同于活出生命，更不等同于成就了生命的意义。在这里，首先要排除一个误解：许多人认为惟有人类、动物与植物才拥有生命。其实不然。万物皆有生命，只不过很多物的生命表征不甚明显，不易被觉察到。

万物皆拥有生命，但并不意味万物全都能够活出生命。这是一个值得玩味的问题，也是一个令人深感悲哀的事实。究其实，则拥有而不活出，本就是对生命的浪费和亵渎。

那么，如何才能够活出生命呢？这就需要明了生何以为生。生命有两大要素：身形与本性。身形是生命的载体，本性是生命的本质。生何以为生？答案自然是：活出生命的本质。未曾活出生命的本质，便是辜负了生，便是荒废了生！而活出生命的本质，又在于发扬本性；要发扬本性，就必须了解本性的发用。本性缘于生生之理，乃是生生之性。生生之性的发用，会体现为生命的两个层面：

其一，生生之意；所谓生生之意，即由身形所展现出来的生的形态（也即生命的种种表征）。一个人充满活力，意味着生生之意强盛；反之，一个人萎靡不振，则意味着生生之意薄弱。之所以称为生生之意，是因为这个生意也是持续的、不断的，一旦断绝，便是死亡。人们所谈论的生命，通常都是就这一个生生之意而言的。他们所关心的生老病死，其实便是生生之意的体现。所谓生，是指生生之意未曾断绝，还存有生命的表征；所谓死，便是中断了生生之意，丧失了生命的表征。而生生之意之所以会中断，则是因为身形丧失了承载生生之意的机能，人们所说的死亡总是从身体的某个部位的衰败开始的。生生之意乃是生命的表层，是生命的自然属性，只要身形的机能还不曾全然坏死，生生之意就必定会得到体现。然而，纵然是身形的机能完好无损，生生之意得以充分表现，呈现出勃勃的生机，那还依然只是活出了生命的一半，而且是属于表层的那一半。

其二，生生之德。所谓生生之德，便是遵循于生生之性而为的体现。生生之意与生生之德，全都是生生之性的发用，然而，两者之间却有着一个根本性的差别：生生之意是生生之性的自然发用，举凡是生命体，只要身形的机能未曾损坏，就必定会表现出生生之意，生生之德则不然。尽管万物也全都具备生生之德——只要有生生之性，就必然会具备生生之德。可是，要活出生生之德，是需要付出努力的——做到遵循于生生之性而为。简而言之，那就是人只要还活着，就必定会表现出生生之意，可是，却不一定能够展现出生生之德。生命有着两个层面：生生之意与生生之德。对于一个生命体而言，唯有两者全都能够得到展现，才算是拥有完整的生命。由此可见，活出生命，根本在于活出生生之德。

生生之意是生命的表层，生生之德才是生命的根本。生命之为生命，生之为生，根本在于活出生生之德。缘于生生之德本于生生之性，所以，通常又被称作性德。当然，生生之意乃是生命的基本保障，因此，我们既要活出生生之德，又要进行适当的养生——善待身形。善待身形，便是善护生生之意。

本着生命的两个层面——生生之意与生生之德，东方文化开出了两条主要学问路径：（1）生存之学；这一类学问往往将关注点集中在身形上，如传统医学、道教之学。佛学最初的关注点也在于此，最终却开出了一条超越于身形的心性之学，进而有了别样的境地。（2）性德之学。往圣先贤们通过观宇宙万物之象，观天地四时变化之象，就此洞察天人，体认性德，进而发扬性德。在此过程中，他们逐渐完备了一套系统而严密的性德之学。缘于性德之学以生生为本，故而，他们对宇宙、自然、人类有着更加深切的关怀，亦因为此，更为注重伦常与责任。

八、唯人最秀

生生之性，万物皆备；同样，生生之德，也是万物皆备。遗憾的是，万物之中，唯有人才能够活出生生之德。其他万物虽然也拥有生生之性，可是，因为缺乏相应的推求之力，而不能够体证到生生之性，活出生生之德。这一点，南轩先生（张栻）和朱子（熹）都有着清晰的陈述：

> 人与万物同乎天，其体一也，禀气赋形则有分焉。至若禽兽，亦为有情之类，然而隔于形气，而不能推也。人则能推矣。（张栻《孟子说》）
>
> 人、物之生，同得天地之理以为性，同得天地之气以为形。其不同者，独人于其间得形气之正，而能有以全其性，为少异耳。虽曰少异，然人、物之所以分，实在于此。（朱熹《四书章句集注》）

人与物，就身形而言，乃为一本；就本性而言，乃是同源。可是，因为"隔于形气"的缘故，物却"不能推"而无法"全其性"。所谓"推"，便是推求，也就是探究、思索。从这一点上来讲，宇宙万物之中，唯有人可以活出生命，成就生命的意义。在南轩与朱子之前，程子便曾有过类似的说法：

> 所以谓万物一体者，皆有此理，只为从那里来。"生生之谓易"，生则一时生，皆完此理。人则能推，物则气昏，推不得，不可道他物不与有也。（《河南程氏遗书》）

人与物之间的形气差异又是如何产生的？这个问题，前文已经作了解答，那就是人与物都是在时空的机缘下由五行之气所聚合化生而成的，时空机缘不同，化生人与物的五行之气也各各不同，就此导致了人与物的形气差异，也就是张子所说的"游气纷扰，合而成质者，生人、物之殊"。相较而言，聚合而化生人的五行之气则较为灵秀，周子说："惟人也，得其秀而最灵"（《太极图说》）。周子之说又本自于《礼记·礼运》篇：

> 故人者，其天地之德，阴阳之交，鬼神之会，五行之秀气也。

聚合而化生人的五行之气是秀气，于是，人便拥有了其他万物所不具备的推求之力，就此能够通过推求而体察生生之性，活出生生之德。

宇宙万物之中，唯人最秀，故而，生而为人，既是一份幸运，更是一份责任。人有身躯，禽兽也有身躯，全都本于宇宙本体所涵有的气，并无差别；人有本性，禽兽也有本性，全都本于宇宙本体所涵有的生生之理，同样没有差别。如果我们不能够发动推求之力，体证生生之德，并将之发扬出来，那就是辜负了生而为人，也就与禽兽别无两样了。孟子有云："人之所以异于禽兽者几希，庶民去之，君子存之"（《孟子·离娄下》）。人与禽兽之间的差别只有那么一点点，那一点点是什么呢？正是人可以通过推求体证生生之性，活出生生之德。如果我们自暴自弃，放弃推求，也就与禽兽没有什么分别了。曾文正公（国藩）有云："不为圣贤，便为禽兽。"说的也是这一层意思。所谓圣贤，便是活出生生之德的人。白沙先生（陈献章）更是有《禽兽说》一文，指出了人若是不能够体证生生之性，活出生生之德，"则命之曰禽兽可也"：

> 人具七尺之躯，除了此心此理，便无可贵，浑是一包脓血裹着一大块骨头。饥能食，渴能饮，能着衣服，能行淫欲。贫贱而思富贵，富贵而贪权势，忿而争，忧而悲，穷而滥，乐而淫。凡百所为，一信气血，老死而后已，则命之曰禽兽可也。（《陈献章集》）

生而为人，我们又怎么能够不奋力跃出，而摆脱"则命之曰禽兽可也"的状况呢？

下篇　生命之命

生是生命的根本，无生，便无生命可言。我们探究生，正是为了活出生命，成就生命的意义。上一部分已经对生作了一个相对充分的陈述：生本于生生之性，有着两个层面——生生之意与生生之德。生生之意是生的表象，生生之德才是生的本质，惟有活出生生之德，方才算是活出了生命。那么，究竟应该如何去活出生生之德呢？对于很多人而言，这是一个极其无趣的问题，他们觉得："我们来到这人世间，拥有自己的生命，顺着自己的想法纵情去活就好了，管那么多干什么呢？"当然，生命属于各人自己，是消耗，还是珍爱，是荒废，还是实现，他人自是无权干涉。然而，看在眼里，痛惜在心头，又怎么能够袖手旁观、置之不理呢？为此，这些年里，笔者作了诸多观察，也作了诸多调查，最终发现了一个极为糟糕的状况：很多人都不了解生命究竟为何物，既不明了生命何以为生，更不明白生命之命是需要去活出来的。笔者听到过的最多的说辞则是："我这样就挺好啊，难不成生命还有什么别的花样？"既然如此，生命沦为一件消费品，也就成了理所当然的事。

这一部分，我们来谈一谈生命之命。生命，生命，有生才有命，其实，所谓命，便是生的展现。例如，一个人丧失了生生之意，就会被界定为没命——死亡了。这是从生存层面而言的。从性德层面而言，一旦某个人背离了生生之德，也就是"与死无异"了，便是"心死"了：

> 学者有息时，一如木偶人，摔搐则动，舍之则息，一日而万生万死。学者有息时，亦与死无异，是心死也，身虽生，身亦物也。天下之物多矣，学者本以道为生，道息则死也，终是伪物，当以木偶人为譬以自戒。知息为大不善，因设恶譬如此，只欲不息。（张载《经学理窟》）

"以道为生"的"道"，即率性之道。一时"道息"，便是一时不能够率性而为；一时不能够率性而为，便是一时背离于生生之性，也就背离了生生之德。而在那一时，就是"心死"了，也就沦为"伪物"了。生命之哀，莫过于此。庄生有云："夫哀莫大于心死，而人死亦次之"（《庄子·田子方》）。所谓"人死"，就是身死，亦即身形丧失了生命的表征。所谓"心死"，即是性死。张子有"太和"四句，其中有云："合性与知觉，有心之名"（《正蒙》）。"性"，生生之理之在万物即为万物之性，乃是万物皆备的；"知觉"，即周子所说"形既生矣，神发知矣"（《太极图说》）之"知"，有形便会有"知"，"知觉"也是万物皆备的。"合性与知觉，有心之名"，"性"与"知觉"相合，便有了"心"这一个名目。由此可知，"心"与"知觉"的差别在于是否与"性"相合：与"性"相合，"觉知"便成了"心"；不与"性"相合，"觉知"就只是"觉知"。进而可知，"心死"其实即是"知觉"与"性"断绝了联接。就实质而言，"心死"便是性死——性得不到发用，便与死无别。死有身死（人死）与性死（心死），就此推断，可知命也有身命和性命。人们通常所说的生命，大多仅限于身命，而极少涉及性命。

人与其他万物的分界，正在于人能活出性命，而其他万物则不能。尽管其他万物也拥有"觉知"，也具备生生之性，然而，因为缺乏足够的推求之力，不能够"合性与觉知"；不能够"合性与觉知"，便连"心"都不会有。连"心"都不会有，又谈什么活出性命？当然，于人而言，活出性命也还只是一个开始，生命还存有更深层次的意义。

一、造化弄人

人虽然能够活出性命，然而，很多人却并没有发动自身的推求之力，去"合性与觉知"，而是停留在身命层面。与此同时，也就只能够活在命数之中。俗语有云："跳出三界外，不在五行中。"是说某个人修行深厚、超凡脱俗，已经摆脱了命数的束缚，进入了另一层生命境地。可是，这样的话大多只是说说而已，即便是孙悟空，一再号称自己已经"不在五行中"了，却终究还是跳不脱如来佛祖的手掌心，被压在五行山下。所以，那些口口声声宣称自己已经"跳出三界外，不在五行中"的人，往往正"身在三界中，不出五行外"。所谓"三界"，乃是佛家的说法，指欲界、色界、无色界。今且毋论，还是说说五行。

五行，自然便是指水、火、木、金、土。万物皆由五行之气聚合化生而成，全都秉承所聚合的五行之气的特性而有了禀性。对于万物而言，禀性乃是生来具备的，所以说万物皆在五行中。聚合成万物的五行之气各各不同，禀性自然也就各各不同。——禀性的不同，取决于五行的构成。就人而言，精于象数的术士往往会依据五行构成的偏重将人划分为五大类：水气偏多者，便为水性人；火气偏多者，便为火性人；木气偏多者，便为木性人；金气偏多者，便为金性人；土气偏多者，便为土性人。五性之人各有特征，水性人阴柔而智慧，火性人热情而循礼，木性人正直而仁爱，金性人刚健而仗义，土性人敦厚而守信。当然，这些只是大体，要论各人的具体禀性，还要看他（她）的五行构成细节。这就非常复杂了。正因为此，亿万个人便会有亿万个面孔，亿万个人便会有亿万种禀性。而因为禀性源于所构成的五行之气，所以，只要有形体在，往往就很难摆脱禀性的束缚。此所谓"江山易改，禀性难移"。

论禀性，总是就生命的个体而言的。万物的生成，首先会落实为各各独立的形体。"形既生矣，神发知矣"，万物之形一旦生成，便会有了"知觉"。"知觉"也是生生之性的发用，隶属于生生之意。"觉知"有着两个特点：（1）本于个体的独立性；（2）深受禀性的影响。五行之气悉皆本于宇宙本体，皆是生生的载体，生生自然就会进取，故而，五行之气全都拥有着一定的攻取性。如水、火有吞噬性，木有扩占性，土有覆盖性，金有克断性。当然，攻取性也是五行之气能够积极化生万物的源动力。在五行层面，攻取性即积极性。可是，一旦落实到万物身上来时，往往会产生异化：禀性本于所构成的五行之气，或多或少都会带有攻取性，在向外攻取的同时，"觉知"的个体意识就会得以逐渐加强，进而形成了自我意识。日常生活中，人们所反复强调的"我"，便是这一个自我意识。

禀性是驱使个体意识转化为自我意识的根由。于是，自我便有着两个特征：其一，因为本于个体意识，自我往往是自私的；所谓自私，便是关注一己的得失成败。其二，因为根源于禀性，自我往往会带有攻取性。除此之外，自我还有着另一个特征：自我不是固定的，而是在所处环境的影响下不断演变的。这一点，在人与一些高级动物身上，表现得尤为明显。来自外在环境的影响而形成的特性，通常被称作习性。另外，学习与经历也会形成习性。

现在，可以略微梳理一下了：禀性驱使个体意识转化成了自我。在学习、经历以及环境的影响下，又会形成种种习性，导致自我不断演变。细析之，则会发现习性的形成取决于两点：（1）禀性的主导；在禀性的支配下，自我往往只会接受与之相应的内容；例如，水性人阴柔，自然就会去接受沉静、冥思一类的生活形态。（2）外在环境的强力影响。虽然自我有主动性，可是一旦处于某个风气极盛的环境之中，也是会在不知不觉中受到影响的。例如，在唯利是图的大环境之下，大多数人都会形成金钱至上的观念。

自我，便是私意（本于个体意识）、禀性（源于所聚合的五行之气）与习性（缘于学习、经历以及所在环境的影响）三者的混合物。在往圣先贤们那里，这一个自我被称作为"己"——"克己复礼"的"己"，是需要去克除的，而常人则大多都活在这一个自我之中。私意、禀性、习性三者，又以私意为根本。一个人倘若能够克除私意，也就没有了个体意识，没有了个体意识，又何来的自我意识？究其实，则世间原本并没有恶，只是因为私，世间才会发生相互攫取、相互攻击的状况，就此戕害了生机而成了恶。一言以蔽之，私就是一切恶的根源。而只要活在自我之中，就必定会有私。有人或许会对此深感不满："依照这样的说法，常人便成了恶人了？"依理而论，确实如此。这一个说法，乍一看似乎骇人听闻，然而，细细思量，便会觉得事实本来如此。亦因为此，船山先生（王夫之）才会对"庶民"（即常人）深恶痛绝，认为"庶民之祸""烈于小人"：

> 　　不言"小人"，而言"庶民"，害不在小人，而在庶民也。小人之为禽兽，人得而诛之。庶民之为禽兽，不但不可胜诛，且无能知其为恶者；不但不知其为恶，且乐得而称之，相与崇尚而不敢逾越。……庶民者，流俗也；流俗者，禽兽也。明伦、察物、居仁、由义，四者，禽兽之所不得与。壁立千仞，止争一线，可弗惧哉？（《俟解》）

任何人都不愿意承认自己是一个恶人，可是如果我们不能够"合性与知觉"而摆脱自私，克除自我，我们就是个恶人！为了一己的得失成败而任意戕害生意，难道还不是恶人吗？这是一个不争的事实！回避是没有用的。所以，对于我们而言，正确的做法不是回避，而是沉下心来，细细思量，真切地认识到自己是一个恶人。果真如此，就会油然而生发出一股羞恶之心，"羞恶之心，义之端也"，再就此扩充开去，从此一跃跃出，不复活在自私之中，不复作恶人，生命就此呈现出别样的气象，何其乐哉！

私与无私，便是凡夫与圣贤的分界。圣贤至公无私，只要有一丝私意在，那就还是凡夫。所以，评价一个人是否活出生命，是否克除自我，有着一个根本准则，那就是看他（她）是私还是无私。当然，要从本质上来看，而不是从表象上来看。许多人的"公"，其实只是为了更好地追求一己之私。

自我由私意、禀性、习性三者构成，三者之中，私意乃是根本。然而，尽管私意为根本，它却无法改变禀性与习性。事实上，人们在谋求满足一己之私时，一举一动，一念一想，都是被禀性和习性所束缚着的。——活在自我层面的人，总是由禀性与习性所支配着的。古人常讲"造化弄人"，正是此意。所谓"造化"，其实就是禀性和习性，一个是先天的造化，一个是后天的造化，禀性源于化生时所聚合的五行之气，取决于先天的时空机缘；习性则取决于后天的学习、经历以及环境的影响，取决于后天的时空机缘。相较而言，禀性——先天的造化又是根本。所谓"弄人"，说的是人被束缚在其中，任由其主宰。"造化弄人"，讲的就是所谓的命数。命数下的人生，通常被称为命运。命运是一个很有魔力的词，在它面前，大多数人往往都会选择屈服。所以在生活中，我们动辄会听到"认命"这一个说法。其实，人们屈从于命运，就是在屈从于自身的禀性和习性。

举凡是活在自我中，便全都活在命数的束缚之下。当然，这其中也有被动与主动的分别。所谓被动，是指对自身的禀性和习性完全不了解，而任由禀性和习性支配。所谓主动，则是对自身的禀性和习性有着一定的认识，从而主动去发挥它们的特质，为一己之私服务。很多人认为这样就是掌握了命运，其实不然，因为他们依旧活在禀性和习性之下，依旧活在命数之中。被动与主动，两者的分别仅在于：一个是被动的接受命运，一个则是主动的去拥抱命运。概言之，活在自我之中，终究是无法逃脱命运的束缚的。要真正摆脱命运的束缚，惟有活出性命。

二、活出性命

活在自我之中，与禽兽差别不大。"庶民者，流俗也；流俗者，禽兽也"，船山先生的话自然不是为了辱骂我们，而是旨在激发我们奋力跃出流俗，脱离禽兽之列，就此摆脱命运的束缚，活出别样的生命。事实上，这本就是生而为人的我们所应当去做的。

"有的人活着，他已经死了"，现在再回过头来看这句话，或许会有更深的体悟："活着"，是说还有着生命的表征；"死了"，是说心已经死了，也就是性死。活在自我之中的人，其实都是与性相隔绝的，都是"心死"了的。从这一个角度而言，活在自我之中的人，其实就是"活着的死人"。而生而为人，人人都具备生生之性，都拥有率性立德的可能性，故而，孟子才会强调"人皆可以为尧、舜"。那么，我们又应该如何克除自我，而由"活着的死人"成为尧、舜一般的圣者呢？

首要便在于活出性命，也就是"合性与觉知"而拥有"心"。人人都拥有觉知，也都拥有本性。觉知即觉察、思考和探究的能力，本无善恶可言。然而，活在自我之中时，觉知常常为私意所把持，是满足私意的工具。私意主宰下的觉知，整日计较、揣度，所关注的无非是一己的得失成败。得则喜，失则忧，活在自我之中的人，完全像是木偶，被得失成败牵引着。而人生不如意者，十之八九，所以，焦虑、烦恼、痛苦，时常会伴随着他们。所谓"苦才是人生"，说的正是这一个层面。本性即生生之性，因宇宙本体所赋予而拥有，乃生生之理的体现。"合性与知觉"，则生生之性与"知觉"相合，自此，一切觉察、思考和探究全都本于生生之性，这时的"觉知"便称作为"心"。与此同时，也就意味着活出了性命。

活出性命与活在自我之中，两者的根本差异在于"觉知"背后的主体不同，一个是生生之性，一个则是私意。私意缘于万物生成之后的个体意识，生生之性则本源于宇宙本体所涵有的生生之理。生生之性与私意，一个是先天之所本有的，一个则是后天方才具有的；一个是人人共通的，一个则是个体的。孰为本，孰为末，可谓一目了然。而活出生命，便是要活出根本；活出性命，便是活出生命的根本。

"觉知"与生生之性相合，就必然会与私意断绝。对于"觉知"而言，生生之性与私意，二者非此即彼。"觉知"一时与生生之性相合，则一时与私意隔绝；反之，"觉知"一时由私意所主导，则一时与生生之性相隔绝。而常人的"觉知"总是由私意所主导的，要将"觉知"从私意的主导下解脱出来，转而与生生之性相合，是需要狠下"推求"工夫的，绝非空说。至于如何"推求"，下文中会有专门论述，此不赘言。此处且谈一谈"心"：

"觉知"与生生之性相合，便成了"心"。这一个"心"，即是本心。而人们常说的心——私意主导下的"觉知"，乃是私心，以自我为主体，充满了诸多的"我以为""我觉得""我相信"。相对于私意主导下的"觉知"——私心而言，与生生之性相合的"觉知"——本心有着三个主要特点：

（1）至公无私；私意本于个体意识，私意主导下的"觉知"自然是围绕着个体所展开的，那就必然是狭隘的、有限的。而生生之性本于生生之理，生生之理遍布宇宙，迈越时空，就此可知，生生之性无有任何范围的限制，凡是生意流行之处，皆我责任所在，所以至公无私。象山先生所说的"宇宙内事，乃己分内事；己分内事，乃宇宙内事"，正是对本心至公无私的陈述。

（2）平等不二；私意整日围绕着一己的得失成败展开计较、揣度，自然是有分别、执着的，而生生之性则惟以生生为准则，不论高低贵贱，一律平等。这种平等才是真正意义上的平等，而不是一种观念上的平等。观念上的平等是经不住考验的，一旦涉及利益得失，很快就会被抛弃了。

（3）活泼泼的。私意主导下的"觉知"，总是局限于一己的得失成败，是收缩的，僵化的，而与生生之性相合的"心"，因为无限，因为至公，也因为无所分别，无所执着，所以是鲜活的、生动的，无拘无束，随时都是生生之理的流淌与发用。

"觉知"与生生之性相合之后，便成了"心"。与此同时，生生之性便成了"心"具之理，成了"心"的准则。"心"以生生之性为准则，应事应物，呈现的全都是生生之德。之所以称为德，正是因为由"心"而发。德，《说文》："外得于人，内得于己也。从直心。""从直心"三字，既是德的定义，也是古时的德的字形，古时的德写作为"悳"——上面一个直，下面一个心，直于心便是德。朱子有云："德之为言得也，得于心而不失也"（《四书章句集注》）。所谓"得于心"，也就是直于心。生生之性为"心"具之理，由"心"发出来之后，则为生生之德。故知，性为体，德为用，亦因为此，德才被称作为性德。

需要强调一点的是，此处所说的"德"，绝非外在的准则。德本于性，是人人之所本有的，不假外求。若是到外面去求德，那就成了缘木求鱼，终无所得。对德最为常见的误解，便是将之视作人际关系下的产物。儒家注重五伦关系，一些学者便想当然地认为德本源于人际关系。却不知儒家注重五伦，根本正在于生生之德，"父子有亲、君臣有义、夫妇有别、长幼有序、朋友有信"，无一不是性德的体现。放弃了五伦，便是背弃了生生之德，也就是背离了生生之理。德的根源在于生生之理。——生生之理之在人，即为生生之性，生生之性发用出来便是德。人人皆有性，人人亦皆有德。然而，尽管人人都具备性德，却并不是人人都可以将之发用出来的。因为首先需要去"合性与觉知"。"合性与知觉"，根本在于"合"，"合"是工夫，不笃实的去"合"，就不可能有"心"，"心"若没有，德也就无从发扬。所以，有德并不代表能够立德。有德却不能够立德，那就是对本有的德的荒弃，这样的人生着实可悲！

所谓立德，即是率性而为，将性德发扬出来。德是生生之德，所谓生生，即生而又生，永恒不息。生生之德呈现出来的一个重要特征便是好生。这一点，人人都能够体会得到：每当我们见到某个生命体遭受到伤害时，便会油然而生发出一股恻隐之心。这一个恻隐之心，正是好生之德的体现。往圣先贤们将这一个好生之德称作仁。仁，本指果核中的种子部分，如桃仁、李仁等，本便含有生的意味。尽管德的表现有多种，可是，论根本之德，则非仁莫属。伊川先生（程颐）有云：

> 五常之仁，如四德之元。偏言之，则主一事；专言之，则包四者。（《二程集》）

马一浮先生则说：

> 从来说性德者，举一全该则曰仁，开而为二则曰仁智、为仁义，开而为三则为智、仁、勇，开而为四则为仁、义、礼、智，开而为五则加信而为五常，开而为六则并知、仁、圣、义、中、和为六德。（《马一浮全集》第一册）

如果我们顺着马先生的话继续开下去，就会发现忠、孝、悌诸德，无一不是以仁为本的。概而言之，则生生之德便是仁。

直于心为德，要立德，首先要"合性与觉知"而有"心"，有"心"，方才有德。有"心"之后，随时随地，应事应物，全都是生生之性的体现——生生之德。生生之德即仁，由此可知，活出性命，其实便是一个求仁而得仁的过程。因为德本于生生之性，仁是人人之所本有的，所以，孔子才会说："仁远乎哉？我欲仁，斯仁至矣"（《论语·述而第七》）。仁并不难求，也并不难得，根本在于我们是否真的愿意去求。

活出性命，便是求仁得仁的过程。与此同时，也就摆脱了命运的约束。那么，为什么活出性命的人，就可以摆脱命运的约束了呢？从表象上来看，活出性命的人与活在自我之中的人，差别似乎并不大，都还有身体，都还有禀性和习性在。可是，从本质上来看，两者却又是截然不同的：

活在自我之中的人，一切都是围绕着一己之私展开的，他（她）的一生自然是局限的，束缚在命运之下的。活出性命的人，则"合性与知觉"，所作所为，悉皆遵循于生生之性。生生之性乃是无限的，他（她）的人生便不再会有局限，既无局限，自然也就打破了命运的约束，而有了命数所无从限定的人生。倘若他（她）能够进一步地认识到自身的禀性和习性，在遵循于生生之性的前提下，主动发挥自身的禀性和习性，如此一来，禀性和习性不但不再是障碍，反而会成为他们发扬性德的特质。例如，一个刚性的人，倘若活出了性命，并认识到自身的禀性而主动发挥禀性，他（她）的刚性发用出来，就会是"为义，为直，为断，为严毅"。反之，倘若他（她）活在自我之中，刚性发用出来，则会是"为猛、为隘、为强梁"（周敦颐《通书》）。

从活出性命开始，便可以摆脱命运的束缚，古人讲"命由我作"，正是从这一个层面而言的。当然，活出性命，只是起点，生命的旅程还很漫长。

三、仁者践形

"合性与知觉"而有了"心"，就此活出性命，乃是活出生命之命的第一步。这一步至关重要，在孔子那里，称作"立"，所谓"三十而立"，所"立"的正是生生之德；在孟子那里，则被称作"先立乎其大"，"先立乎其大者，则其小者弗能夺也，此为大人而已矣"（《孟子·告子上》），所谓"大"，即是指生生之性；所谓"小"，则指私意。"先立乎其大"，即先立定大本——率性而立德。德既已立，私意自然便不复得行。到了这一步，已是相当不易，便可以称得上是超凡脱俗了。超凡脱俗，是指已经从凡俗之辈中超脱出来，进入另一层生命境界，但并不是说要远离凡尘。事实上，无论是谁，只要活在人世间，活在社会之中，就绝不应该脱离凡尘。将自己从凡尘之中抽离出来，遁隐深山，躲避人事，自以为是修道，其实是在逃避责任，正是自私的表现。孔子有云："鸟兽不可与同群，吾非斯人之徒与而谁与"（《论语·微子第十八》）？可见儒者是绝不会远离凡尘的，更不会逃离人事。原因很简单，远离了凡尘、逃离了人事，性德便无从发用；性德无从发用，本就是对生命的荒废，本就是对生生之理的背离。正因为此，无论何时，儒者的生命状态都是积极入世的。

有人会说："孔子明明说：'笃信好学，守死善道。危邦不入，乱邦不居。天下有道则见，无道则隐。'既然'危邦不入，乱邦不居'，且'无道则隐'了，又怎么能说无论何时都是积极入世的呢？"这是误解了孔子的"隐"。"隐"只不过是不出来从政而已，并非不积极入世，积极入世与出来从政是两个截然不同的概念。如果看一看孔子后面的话，也就晓然了："邦有道，贫且贱焉，耻也；邦无道，富且贵焉，耻也"（《论语·泰伯第八》）。"邦有道"时，应当出来从政，如果因为不出来从政而活得"贫且贱"，那就是可耻的。可见孔子并不反对出来从政，恰恰相反，在"邦有道"时，孔子反对的是"隐"——不出来从政。由此可见，孔子所反对的是在"邦无道"时出来从政，无道之时，出来从政，势必要委曲求全，乃至于与无道之人同流合污，这就违背了前面所说的"守死善道"了，所以说"邦无道，富且贵，耻也"。总而言之，天下有道也好，无道也罢，儒者总是"守死善道"，"善道"是儒者生命的唯一准则。所谓"善道"，就是率性，也就是性德。"守死善道"，即无论何时，无论何地，全都守定性德，宁死不屈。还有比这样更积极的入世状态吗？"守死善道"使得儒者展现出一种宁死不屈的大无畏精神，很多人将之视作一种高尚的气节、情操。其实不然。对于儒者而言，这是理所当然，理应如此的！"守死善道"的最终体现则为"杀身成仁""舍生取义"：

> 子曰："志士仁人，无求生以害仁，有杀身成仁。"（《论语·卫灵公第十五》）
> 孟子曰："鱼，我所欲也；熊掌，亦我所欲也，二者不可得兼，舍鱼而取熊掌者也。生，亦我所欲也；义，亦我所欲也，二者不可得兼，舍生而取义者也。"（《孟子·告子上》）

儒家的浩然精神正源于此。这一精神影响了后世两千多年的历史，是华夏民族的核心价值观之一，范仲淹、文天祥、陆秀夫、于谦、黄道周、王夫之，等等，历代儒者前赴后继，用生命谱写了一首首荡气回肠的正气之歌。当然，对于他们自身而言，只是做了该做的事，理当如此。今日，儒门淡薄，收拾不住，究其实，正是因为循理而为、"守死善道"的儒者已然无从觅见。哀哉！

性德是必然会在世间发用的，绝不存在率性立德却不发用的状态。但是，单单活出性命的人，虽然也能够做到率性而为，却还是处于被动的状态下。所谓被动，有着两层意思：（1）只能够随顺世事而率性而为；（2）还束缚在自身的禀性和习性之中。这就意味着他们虽然已经克除了私意，突破了自我，与生生之理相贯通，却还没有能够完全掌握自身的生命，在他们面前还有很长的路要去走。打个比方来说，活出性命的人有点像水，来个圆形，就呈现出个圆形；来个方形，就呈现出个方形。完全随顺外界发用德性，而没有一丝的自主性。也许结合孔子对于贤人、仁人、圣人的论述来看，或会有所启发：

> 子路问君子，子曰："修己以敬。"曰："如斯而已乎？"曰："修己以安人。"曰："如斯而已乎？"曰："修己以安百姓。修己以安百姓，尧、舜其犹病诸！"（《论语·宪问第十四》）

子路问君子，孔子先后答以"修己以敬""修己以安人"和"修己以安百姓"。对于这三个答案，诸多学者认为它们之间并无差别，甚或认为只一个"修己以敬"便已经足够，而所谓"修己以安人""修己以安百姓"，乃是在子路的逼问下迫不得已的回答。笔者以为这样的解读不甚妥当。其实只要略略会通该章的文意，就会发现"修己以敬""修己以安人""修己以安百姓"所讲的乃是三个不同的境地。孔子答以"修己以安百姓"之后，紧接着又说："修己以安百姓，尧、舜其犹病诸！"倘若三者并无差别，岂不是也可以说"修己以敬，尧、舜其犹病诸"了？这自然是很不合理的。其实，"修己以敬""修己以安人""修己以安百姓"适好讲明了儒者的三个境地：贤人、仁人和圣人。贤人是儒者修身的第一个境地，而活出性命，正处于这一个境地。所谓"修己以敬"，是说活出性命的人，在应事应物之时，都能够以生生之性去应对，都是性德的呈现。孔子又曾为子路讲过"六言六蔽"：

> 子曰："由也。女闻六言六蔽矣乎？"对曰："未也。""居！吾语女。好仁不好学，其蔽也愚；好知不好学，其蔽也荡；好信不好学，其蔽也贼；好直不好学，其蔽也绞；好勇不好学，其蔽也乱；好刚不好学，其蔽也狂。"（《论语·阳货第十七》）

处于活出性命阶段的贤人，往往难免会有愚仁的情况，所以，还需要去"学"。当然，这一个"学"，不单单是知识的累积，更重要的是体贴与探究。对于贤人——活出性命的人而言，"学"首先在于认识自身的禀性和习性。之所以要认识禀性和习性，自然是为了驾驭它们，成为它们的主人。

从被动的束缚在禀性和习性之下，转变为主动驾驭禀性和习性，这是能否由贤人转向仁人的关键。真的能够做到驾驭禀性和习性，充分发挥出它们的特质，就称作为"践形"。所谓"践形"，便是充分实践了形的价值。禀性是五行之气化生而成的身形所富有的特性，习性则是在学习、经历以及外在环境的影响下逐步形成的，两者的主体都是身形。在生生之性的主导下，将禀性和习性的特质充分发挥出来，其实便是对身形的运用，所以称作为"践形"。在张子那里，"践形"又被称作为"成身"，所谓"成身"，即"合气质攻取之性一为道用，则以道体身而身成"（王夫之《张子正蒙注》）。"以道体身"，便是以生生之性来主导身形，将禀性和习性全都转变为发扬性德的载体，如此则便是"身成"——"践形"。果真做到了"践形"，便可以称作仁人了，也就可以说是入于圣境了。当然，并不等同于究竟意义上的圣人，只是说已经可以跻身圣人之列了：

> 形、色，天性也，惟圣人然后可以践形。(《孟子·尽心上》)

贤人、仁人、圣人，虽然分为三个境地，其实也只是个概略的分法。三者之间往往会有着混合之处，如仁人有时会被称作大贤，有时又会被称作圣人。圣人又有着层级之分，"践形"的仁人，虽然也可以称作圣人，却只是初阶圣人，如伯夷、柳下惠等。圣人的最高层级乃为至圣，尧、舜、孔子等近乎是也。而在仁人与至圣之间，又有中间一级圣人，如伊尹、颜子、孟子等。至于圣人为何会有着不同的层级，则与他们的禀性和习性息息相关。

所谓圣人，都有着一个特征，那就是"践形"——充分实践了形的价值，形的特质又是由禀性和习性所决定的。人与人的禀性和习性不一样，所以，圣人与圣人也是各各不同，各具特征的，天下没有两个完全相同的圣人，相似的或许会有。例如，圣人有着清、任、和、时之分：

> 伯夷，圣之清者也；伊尹，圣之任者也；柳下惠，圣之和者也；孔子，圣之时者也。孔子之谓集大成。(《孟子·万章下》)

"清""任""和""时"，取决于各自的禀性和习性。"清""任""和"，都还有偏，还不

够圆满。唯有"时",中正圆满,无欠无缺。圣人又有元气、春生、秋杀之别:

> 仲尼,元气也;颜子,春生也;孟子,并秋杀尽见。仲尼无所不包,颜子示
> "不违如愚"之学于后世,有自然之和气,不言而化者也;孟子则露其材,盖亦时然
> 而已。仲尼,天地也;颜子,和风庆云也;孟子,泰山岩岩之气象也。(《近思录》)

"春生"与"秋杀尽见","和风庆云"与"泰山岩岩之气象",正可见颜子与孟子二者在禀性和习性方面的差异。而"元气""天地",则可见孔子的禀性为"中",不偏不倚,圆满无缺。颜子的禀性其实也已近乎于"中",可惜早逝,若非早逝,或许也可以成就"圣之时者",只是历史无从假设。

事实上,即便是至亲,因为出生的时空,和学习、经历以及所处的环境不一样,禀性和习性往往也是各具特征的。例如,二程夫子乃为同胞兄弟,同为仁人,却也各有特征,明道先生近颜子,和风庆云,随和自在;伊川先生则近孟子,壁立千仞,气度谨严。在如沐春风与程门立雪两个故事中可窥一斑:

> 朱公掞见明道于汝州,逾月而归,语人曰:"光庭(公掞字)在春风中坐了一月。"(朱熹《伊洛渊源录》)
> 一日见颐(程颐),颐偶瞑坐,时与游酢侍立不去,程颐既觉,则门外雪深一尺矣。(《宋史·杨时传》)

圣贤们各具特征,是由他们的禀性与习性决定的。当然,关键在于禀性,毕竟习性是可以通过学习来修正和完善的。禀性则是生而如此的,是无从改变的,所以,无论是谁,都要学会接受禀性。事实上,到了最终,圣贤们的生命境地正取决于他们的禀性。如伯夷的"清",柳下惠的"和",伊尹的"任",都是取决于禀性。概而言之,"践形"也只是充分发挥出禀性的特质,而并不能够改变禀性。因此,即便是最终能够纯然"践形",人与人之间也还是有差别的。阳明先生曾经以"精金"作譬喻,来辨析其间的差别,很有几分道理:

希渊问曰:"圣人可学而至,然伯夷、伊尹于孔子才力终不同,其同谓之圣者安在?"先生曰:"圣人之所以为圣,只是其心纯乎天理,而无人欲之杂。犹精金之所以为精,但以其成色足而无铜铅之杂也。人到纯乎天理方是圣,金到足色方是精。然圣人之才力亦有大小不同,犹金之分量有轻重。尧、舜犹万镒,文王、孔子犹九千镒,禹、汤、武王犹七八千镒,伯夷、伊尹犹四五千镒。才力不同,而纯乎天理则同,皆可谓之圣人。犹分两虽不同,而足色则同,皆可谓之精金。"(《传习录》)

阳明先生以精金的分量来比拟圣贤们的才力,才力本于禀性和习性,笔者倒觉得以精金的纯度来作譬喻会更加精准。当然,阳明先生的精金是用来譬喻"纯乎天理"的,与笔者的用意略有不同。如尧、舜、孔子等,为纯度百分之九十以上的金子;伊尹、颜子、孟子等,为纯度百分之八十以上的金子;伯夷、叔齐、柳下惠等,则为纯度百分之六十以上的金子。虽然人都是由五行之秀气所化生而成,可是化生成各人的五行之气毕竟不是统一的,在灵秀之中还会存有精纯与不精纯的分别,所以会参差不齐。当然,既然生而为人,禀性的纯度已经不会太低,至少也应在百分之五十以上,只要真的期望成贤入圣,经过努力,人人都是可以的。

化生的五行之气不够精纯,就必然会产生禀性之偏,而具有某方面突出的特征,如"清""和""任"等。而越是精纯,就越是圆满。所谓精纯,是指阴阳平衡,五气和谐。

一个人活出了性命,便是入于贤人之境,然而,此时尚受制于禀性和习性,并且对所在的时空环境不甚了解,只能是随顺外缘而率性而为。当他(她)对自身的禀性和习性有了充分的认识之后,主动驾驭起禀性和习性,并充分发挥出它们的特质之后,便为"践形"——入于仁人之境。可是,与贤人一般,仁人同样也未曾了解时空环境,依然在随顺外缘率性而为,只不过是可以将自身的特质展现得淋漓尽致,足以感化世人,所以,"闻伯夷之风者,顽夫廉,懦夫有立志",而"闻柳下惠之风者,鄙夫宽,薄夫敦",总之,达到仁人之境,已经入于圣境,已然具足风化之功。然而,因为不了解时空状况,尽管能够将各自的特质充分发挥出来,他们的生命却依然没有抵达圆满的境地,还没有能够做到"时中"。要做到"时中",就必须对所在的"时"有着极其清晰的了解。所以,在仁人之后,还有圣人。

需要注意的一点是:这里所说的仁人发挥禀性、展现禀性,并不是刻意而为之的,而是在对自身的禀性有了清晰充分的认知之后，接受并发挥出自身的禀性特质。之于如何认识自身的禀性和习性，笔者的建议很简单：反复细致的从日常生活中去观察自身，观察自身的行为习惯、做事风格，等等。时日一久，自然就会有一个明晰的认知。

四、履行天命

仁人之后，还有圣人。仁人各具禀性，故而各各不同。同样，圣人也是各具禀性，也会各各不同。而要做到至圣——"集大成"，则需要至精至纯的禀性，这就不是人人都可以企及的了。故而，即便是颜子、孟子、伊尹等，也无法做到"集大成"，与"圣之时者"相比，也还是会略略有所缺失，所以，惟有孔子是"元气"，而颜子是"春生"，孟子则"并秋杀尽见"，伊尹则"思天下之民匹夫匹妇有不与被尧、舜之泽者，若己推而内之沟中。其自任以天下之重也"。总之，要做到"集大成"，要成就"圣之时者"，成为"至圣"，取决于两个条件：（1）至精至纯的禀性；（2）对时空环境的充分了解。前者又是基础，能不能够做到"集大成"，确实受到了生来具备的条件——禀性的制约。从这个层面来讲，即便是圣人，也没有能够全然摆脱命运的制约，只不过命运对他们的影响已经微乎其微了。有人说："孟子不是反复强调'人皆可以成尧、舜'吗？按照你的这个说法，孟子的话也就不正确了。"孟子讲"人皆可以成尧、舜"，是从人人都是本源于宇宙本体的层面而言的，人人都有生生之性，人人都可以做到率性而为，并且人人都可以通过了解自己的禀性和习性而实现"践形"，如此一来，便是入于圣境。从这一个层面来讲，每个人都是可以入于圣境，成为圣人的。然而，能不能够成为终极层面的圣人——至圣，则又受制于各人的禀性特质。正因为此，才会有"生而知之""学而知之""困而知之"与"困而不学"的四种差别：

　　孔子曰："生而知之者，上也；学而知之者，次也；困而学之，又其次也；困而不学，民斯为下也。"（《论语·季氏第十六》）

四者的差别，其实是由禀性所决定的。佛家有根性之说，如五祖弘忍便曾称六祖惠能为"根性大利"（《坛经》）。很显然，"生而知之者"，便是根性大利之人，一点就通，就像尧、舜一般，乃是"性之也"，当然，尧、舜也并非完全不需要学，而是"闻一善言，见一善行，若决江河，沛然莫之能御也"（《孟子·尽心上》）。孔子曾自称"我非生而知之者"，而是"好古，敏以求之者"（《论语·述而第七》），其实，拥有与生俱来的学习意识，也就是"生而知之者"了。总之，终极层面的圣人——至圣，既是天生的——生来具备至精至纯的禀性，又是后天学成的，这样的圣人乃是不世出的。

有人会说："照此说法，我们即便是奋力学习，最终也不见得能够抵达至圣的境地了？那么，为什么《中庸》中还会说'或生而知之，或学而知之，或困而知之，及其知也，一也；或安而行之，或利而行之，或勉强而行之，及其成功，一也'呢?"《中庸》所讲的"一"，乃是"诚"，所知的是"诚"，所行的也是"诚"。虽然人与人的禀性是有差别的，可是在知"诚"行"诚"上，"践形"之后，也就没有什么差别了。我们不能说伯夷、柳下惠的诚意不如尧、舜、孔、孟，他们也已经是全副诚意了。然而，我们又不能将伯夷、柳下惠等同于尧、舜、孔、孟，他们虽然抵达了一个共同的成圣基础——诚，但又必须承认他们之间仍存有差距。诚如程子所云：

> 夷、惠有异于圣人大成处，然行一不义，虽得天下不为，与孔子同者，以其诚一也。（《河南程氏遗书》）

总而言之，人人都可以通过"践形"而成就仁人，入于圣境——跻身圣人之列。但最终是否能够成为终极层面的圣人——至圣，还取决于与生俱来的禀性。所以说，即便是成了圣人，也会是各有各的特征，也还会有着层次的不同。

仁人与圣人的分别，在于对外在时空的认知。而对外在时空的认知，又取决于各自的禀性，禀性越是精纯的人，对外界时空的认知就会越清明、越透彻，而禀性有偏的人，对时空环境的认知往往会存在一定的缺失，因为禀性会使得他们对某些方面缺乏足够的关注力。成就圣人，不但要成己，还要成物，对时空环境不能够有充分的、准确的认知，就必定无法做到全然成物。《中庸》中讲圣人的最高境界是"至诚"，所谓"至诚"，即不但自身做到了"诚"，还要让万事万物都处于"诚"的状态，并且时时皆

"诚"，无有一刻的停息。所谓让万事万物都处于"诚"的状态，是指让万事万物各各回归本然——"尽物之性"，这就需要对万事万物悉皆有着充分完善的认知。由此可知，禀性有偏的人，是无法抵达"至圣"之境的。近年来，时常听人说起一句话："一物不知，儒者之耻。"这其中的"儒者"，乃是针对"至圣"之人而言的，而不是针对普通的儒学者而言的，否则就会使人沉湎于知识的索取。事实上，即便是孔子这样的圣人，也不是先去了解万事万物，然后再去应事应物的，而是，随时随地都可以以"绝四"——"毋意，毋必，毋固，毋我"的状态去探究所应的事物之理，也就是"空空如也"而"叩其两端而竭"，正因为此，他才可以客观中肯地认识到每个事物的本质：

> 子曰："吾有知乎哉？无知也。有鄙夫问于我，空空如也。我叩其两端而竭焉。"（《论语·子罕第九》）

阳明先生对此有着一番论述，可谓确论：

> 圣人无所不知，只是知个天理；无所不能，只是能个天理。圣人本体明白，故事事知个天理所在，便去尽个天理。不是本体明后，却于天下事物都便知得，便做得来也。天下事物，如名物度数、草木鸟兽之类，不胜其烦。圣人须是本体明了，亦何缘能尽知得？但不必知的，圣人自不消求知；其所当知的，圣人自能问人。如"子入太庙，每事问"之类，先儒谓"虽知亦问，敬谨之至"，此说不可通。圣人于礼乐名物，不必尽知。然他知得一个天理，便自有许多节文度数出来。不知能问，亦即是天理节文所在。（《传习录》）

一个人只有做到了"至诚"，才算是彻底的"尽天命"。现在人动辄喜谈"行人事，尽天命"，其实，他们所讲的"天命"，与真正的"天命"可谓天壤之别。那么，何谓"天命"？

> 子曰："吾十有五而志于学，三十而立，四十而不惑，五十而知天命，六十而耳顺，七十而从心所欲不逾矩。"（《论语·为政第二》）

根据孔子的自述，他到了五十岁，方才"知天命"，由此可见，"天命"难知。在笔者看来，"天命"是一个全方位的综合性的概念，包含着方方面面，既包含着内在的诚，也包含着对外在的一切如天时、地利、人和等的充分认知。也就是说，孔子到了五十岁时，不但已然"践形"，（所谓"四十而不惑"的"不惑"，对于生命已经没有任何疑惑，应当近似于"践形"）。与此同时，对于所在的时空环境，也已经有了充分的、准确的认知，就此，对自身的"天命"有了认知。然而，"知天命"并不等于"尽天命"，所以，后面还需经过"六十而耳顺"，直到七十"从心所欲不逾矩"，方才算是真正"尽天命"，自此，一己的生命与"天命"已经融为一体，全副都是"天命"的体现。

究其实，则"天命"一词是有限定的，并不适合于所有的人。具体而言，能够"知天命"的，必定要是活出性命，并且对自身的禀性和习性以及所在的时空环境了然于胸的人。即便是已经入于仁人之境，倘若对所在的时空环境未曾有着真切的充分的认识，对于"天命"，也是无从可谈的。从这一个层面而言，常人动辄谈"天命"，本就是妄论。事实上，所谓"天命"，即是道的时命——道在某个时空下的盛衰与兴亡。圣人率性而为，"率性之谓道"，"率性"，分为两个层面：率己之性与率物之性。贤人和仁人，虽然已经率己之性，却尚未能够全然率物之性。圣人则既率己之性，又率物之性，全副都是道的体现，所以为道的载体，由此可见，圣人的"天命"，正是道的时命。所以，圣人在时空下的遭遇，便是道在时空下的遭遇。亦因为此，圣人说到"命"时，往往不是就一己的遭遇而言的，而是就道而言的：

> 公伯寮愬子路于季孙，子服景伯以告，曰："夫子固有惑志于公伯寮，吾力犹能肆诸市朝。"子曰："道之将行也与，命也；道之将废也与，命也。公伯寮其如命何？"（《论语·宪问第十四》）

同样，因为嬖人臧仓的阻挠，鲁平王不能应诺前来拜见孟子，弟子乐正子对此愤愤不平，孟子却从容待之，说：

> 行，或使之；止，或尼之行止，非人所能也。吾之不遇鲁侯，天也。臧氏之子

焉能使予不遇哉！(《孟子·梁惠王下》)

圣人的"天命"，便是道的时命。道的时命，会呈现为圣人在某个时空下特定的生命状态，孔子、孟子等圣人在所处的时空中得不到尊重，其实，正表明了道得不到尊重。那是时空的悲哀，而非圣人的悲哀，这一点，颜子看得最为清楚。孔子在前往楚国之时，曾经困厄于陈、蔡之间，绝粮七日，当时，孔子的三个重要弟子——子路、子贡和颜子，都在老师身边，并分别与老师有过一番对话，子路鲁莽，直接怀疑老师"未仁""未智"；子贡则劝老师"少贬"其道；唯有颜子说：

> 夫子之道至大，天下莫能容。虽然，夫子推而行之，世不我用，有国者之丑也。夫子何病焉！不容然后见君子。(《孔子家语》)

在天下无道——道的时命不济之时，所"不容"的正是载道的君子。所以，孔、孟二圣平生的遭遇，正是"不容然后见君子"。

当然，在功利主义者看来，孔子、孟子履道而为，"尽天命"，却并没有能够取得多少现实的功绩，并不足取，甚或认为倘若他们能够屈从一下，就会获得现世的功业。例如，有人便说孔子若是能够与季桓子等同流，也就不会被排挤出鲁国，便可以继续担任大司寇，去实现自己的理想和抱负。这完全是立足于自我层面的妄见，正是孟子所批评的"枉道以从彼"。圣贤履道立命，"枉道"则已是悖道，悖道则己身的命尚且不能够立定，又如何能够去直人呢？所以，孟子说："枉己者，未有能直人者也"(《孟子·滕文公下》)。圣人履道而为，"尽天命"而不计较现实的得失成败。事实上，圣人生命的意义绝不在于一世的得失成败，而在于明道、弘道与传道，道是超越于时空的，因此，"尽天命"的意义，也就远不是一世的得失成败所可以限量的。正因为此，邵子（雍）称孔子"以万世为土"：

> 人谓仲尼"惜乎无土"，吾独以为不然。匹夫以百亩为土，大夫以百里为土，诸侯以四境为土，天子以四海为土，仲尼以万世为土。若然，则孟子言"自生民已来，未有如夫子"，斯亦不为之过矣。(《观物内篇》)

"以万世为土"，亦即经营的是万世的事业。也就是说，孔子所从事的绝非一时一地的事业，而是"为万世开太平"的宏大事业。这也正是后世儒者们共同的志愿：

为天地立心，为生民立命，为往圣继绝学，为万世开太平。（张载语）

五、生命三阶

至此为止，笔者已经对由凡即圣的生命状态一一作了陈述，现在可以略微作一个总结。概而言之，生命有着四种状态：凡夫、贤人、仁人和圣人。分别对应着命运、性命、践形和天命。显而易见，凡夫是绝大多数人，而终极层面的圣人——至圣则极为罕见，古往今来，能够称得上是至圣的，寥寥无几。今人往往将阳明先生、曾文正公等推举至极，仿佛他们代表着儒家圣人的最高境界，其实是不妥当的。确切而论，阳明先生处于仁人与圣人之间，可以说是入于圣境，却称不上是终极层面的圣人，曾文正公则较之阳明先生尚且不如。又有一些人竟然称曹操为圣人，美其名曰"卑鄙的圣人"，这就完全是信口雌黄的无知妄论了。为了便于理解，此处对生命的四种状态作一个回顾：

凡夫，活在由私意、禀性与习性三者混合而成的自我之中，所作所为，全都围绕着私意所展开，所关心的只是一己的利益，注重的只是一己的得失成败。

贤人，活出了性命，可以做到随顺外缘而遵循生生之性而为，然而，处于被动应对的状态，并且由于不了解自身的禀性和习性特质，尚未能够充分发挥出自身的才力。

仁人，既活出了性命，又对自身的禀性和习性特质有着确切的了解，能够充分发挥自身的才力，抵达了"践形"之境。

圣人，践形之后，又对所在的时空状况拥有了充分的认知，他们已成为道的载体，并完全融入所在的时空，做到了当进则进，当退则退，时时中节，而成己成物。

现将四种生命状态以图示如下：

状态	境地	具体描述
凡夫	命运	以私意为本，禀性和习性都是满足一己私意的工具。
贤人	性命	做到率己之性，却不了解禀性、习性以及所在的时空状况。
仁人	践形	既能率己之性，又了解禀性和习性，能够充分发挥自身的才力。
圣人	天命	既率己之性，又率物之性，做到了"时中"。

而由凡即圣，其实就是摆脱命运而活出天命的生命历程，为了方便理解，也以图示如下：

命运→性命→践形→天命

很显然，这其中有着三个关键的生命转折点：（1）由命运束缚转向活出性命；（2）由活出性命转向全然践形；（3）由全然践形转向履行天命。笔者将它们称作生命三阶。当然，由于禀性的制约，许多人往往并不能够完全的履行天命——"尽天命"，而是只能够履行部分天命，然而，无论如何，"尽天命"都应当是我们生命的努力方向。

生命三阶之中，又以第一阶尤为重要。这是超凡脱俗的根本性的一步。一旦能够走过第一阶，成为贤人，第二阶——成为仁人也就会容易许多。然而，一个人最终能否成就终极层面的圣人——至圣，又取决于他（他）的五行构成——禀性是否至纯至精。当然，笔者以为这并不是我们所要考虑的问题，我们所该做的是：在活出了性命之后，充分了解自身的禀性和习性，做到践形，而后尽自身的能力去了解所在的时空状况，并且履道而为。如此一来，纵然是无从成就至圣，也是有可能跻身圣人之列，入于圣人门庭的。

当然，虽说是三阶，但是每一阶的转变，并不是一蹴而就的，而是有着一个漫长的修习过程的。从凡夫到贤人，首先需要"知性"，而后才能"合性与知觉"，"合性与知觉"之后，往往还需要一个修持阶段——择善而固执之的阶段。在这个阶段，生生之性与私意、理与欲，往往会进行来回的拉锯战，这就是所谓的"理欲交战"。很多人尽管已经"知性"，并曾体验过本心发用——"合性与知觉"的感受，可是因为不能够彻底克除私意，最终又会回到凡夫的状态中去。而从贤人到仁人，核心则在于对自身的禀性和习性的了解，这也是一个较长的过程，需要对自身进行反复的观察和探究，与此同时，还需要去分析自身所掌握的能力和知识——习性是否与自身的禀性特质相应，如果不相应，那就还需要进行不断的学习和积累。西方哲学讨论"认识你自己"，讨论"我是谁"，到了仁人阶段，便可以说是解决了这一个问题，已经彻底的认识了"自己"，既从本质——生生之性层面认识了"自己"，也从个体层面——禀性和习性层面认识了自己，并充分活出了自己——"践形"。然而，对于儒者而言，做到这一点还不够，还有第三阶需要去跨越。认识"自己"之后，还要了解所在的时空环境，当然，贤人、仁人并非对所在的时空状况一无所知，只是在贤人、仁人阶段，会更加注重内圣——对内在的探究。用《大学》中的话来讲，便是更多的在解决"修身"之前（含修身）的问题：格物、致知、诚意、正心和修身。由仁人向上，由践形转向履行天命起，则更加注重外王——对外在的探究，儒者的事业在人世间，他们永远都不会脱离于现世。对外在时空的探究也不是一蹴而就，而是一个逐步开展的过程，也就是由家而国、由国而天下的过程。故知，即便是圣人履行天命，也是分有层面的，是随着他们对时空的认知而转变的。几乎所有的大儒都是以天下为己任的，但并不代表他们真的全都对天下有着充分的认知，所以，往往并不能够彻底的"尽天命"——穷尽道的时命，而无从成为终极层面的圣人——至圣。总之，履行天命也是一个过程，由入门的圣人到至圣，这其间有着漫长的路需要去走，也有着诸多的问题需要去解决。正因为此，孔子四十岁时已经"不惑"——成为仁人，五十岁时已经了解所在时空的状况，明了道的时命而"知天命"，其后还需要经过二十年的历练，到了七十，方才真正能够做到"尽天命"——"从心所欲不逾矩"。

对生命三阶作出分析之后，我们有了一个重要的认识：成为至圣，非常艰难，并且与各人的禀性息息相关。然而，成就圣人，却又并非是不可能的。古往今来，抵达圣境的人并非少数，如北宋五子（周敦颐、邵雍、张载、程颢、程颐）、东南三贤（朱熹、张栻、吕祖谦），以及象山（陆九渊）、白沙（陈献章）、阳明（王守仁）等。事实上，贤人、仁人、圣人，便是活出自己的三个层面：贤人是活出了本质的自己，仁人是活出了身心合一的自己，圣人则既活出了身心合一的自己，又能在所在的时空下最大化的成物——"尽物之性"。至于至圣，则已然超越于时空，纯然是道的体现。至于圣人的生命状态，则又是返归于平常的：

> 夫天地之常，以其心普万物而无心；圣人之常，以其情顺万事而无情。故君子

之学，莫若廓然而大公，物来而顺应。（程颢《定性书》）

"情顺万事"，即情之所发悉皆中节；"而无情"，说的是无私情，亦即四毋——毋意，毋必，毋固，毋我。"情顺万事而无情"，只是随顺世事而发出情，当怒则怒，当喜则喜，当哀则哀，当乐则乐，于圣人而言，却又没有任何一丝私情。所以，儒家圣贤所呈现出来的生命状态乃是平平常常的，绝无什么超越于人间的种种神力、法术可言。《论语》中记述孔子，也只是"温、良、恭、俭、让"，也只是"温而厉，威而不猛，恭而安"，可谓平实无华，光明易简。

六、人间事业

这一节，笔者拟谈一谈生命与事业的关系。关于生命与事业，很多人存在着误解，他们将生命与事业截然二分，认为生命是生命，事业是事业，两者并不相干。事实上，生命与事业乃是密不可分的，生命的境地决定着事业的状态。生命是本，事业是末，有本才会有末，事业就是生命之花。所以，有什么样的生命境地，就会有什么样的事业状态。

生命有着四种状态——凡夫、贤人、仁人和圣人，分别有着不同的事业。确切而论，凡夫是没有事业可言的，他们所有的只是关乎一己的得失成败。这就首先需要了解一下事业的定义。何谓事业？事业乃是对人类、对社会的发展有促进作用的系统活动。由此可见，事业首先承载的是对人类、对社会的责任，要履行这份责任，必须是无私的，而凡夫却总是自私的，所以，我们可以说凡夫有追逐利益、追逐成功的系统活动，却并没有事业可言。

凡夫的生命状态是令人堪忧的，是值得怜悯的。凡夫，无论他们的"事业"发展得多么壮大，也总是欲壑难填的，他们总是会不停地去追逐所谓的更大"成功"。"成功会带来更大的成功"，这就是凡夫的信条。正因为此，凡夫最终的结局大多是失败的。原因很简单：无休无止的欲望只能带来失败。纵然是获得了表象的"成功"，在那背后所隐藏着的，也依然是失败。——现实与凡夫的"愿望"总是存在着一定的差距，既然有差距，那就意味着他们并没有实现自身的"愿望"，所以，他们依旧还是失败者。孔子曾对凡夫作过一个生动而准确的描述——"患得患失"：

> 子路问于孔子曰："君子亦有忧乎？"子曰："无也。君子修行也，其未得之，则乐其意；既得之，又乐其治。是以有终身之乐，无一日之忧。小人则不然，其未得也，患弗得之；既得之，又恐失之。是以有终身之忧，无一日之乐也。"（《孔子家语》）

所谓"小人"，便是未曾立德的人，也就是凡夫。"未得也，患弗得之；既得之，又恐失之"，对凡夫的刻画可谓入木三分。既然如此，他们也就必然会是"有终身之忧"，而"无一日之乐"了。——凡夫之所以总是会活在痛苦、烦恼与纠结之中，正因为此。

凡夫自私，所以，凡夫实无事业可言。谈事业，当从贤人谈起。首先，应该讲清楚的是：儒者是不会避世的，古往今来，没有避世的儒者。当然，出于逼不得已而选择遁隐的儒者是有的，例如船山先生（王夫之），为了躲避清兵的追捕，寄迹野寺，托身瑶洞。然而，他们的遁隐，乃是为了存道、传道，因为不隐不足以存道，不隐不足以传道。所以，对于儒者而言，这样的遁隐，并非避世，反而是更为彻底的入世。儒者的世，乃是由生生之理所呈现出来的整个宇宙，用一己的生命去彰显宇宙间的生生之理，还有比这样更入世的生命状态吗？

儒者为什么不避世？原因很简单：儒者体认到自己的生命乃是生生之理的体现，于是遵循着生生之性，去履行生生之事业。生生之事业，正是生而为人的天职。所谓生生之事业，不外乎好生、利生、尊生、护生与守生。宇宙间的一切都是生生之理的呈现，都需要去好、去利、去尊、去护、去守，所以，儒者以宇宙内事为己分内事，而己分内事即是宇宙内事。当然，儒者做事也有着当务之急，有着先后次第，孟子所谓"亲亲而仁民，仁民而爱物"，便是儒者的事业次序；《大学》中所讲的"修身、齐家、治国、平天下"，便是儒者的事业次序。事实上，不但儒者不避世，任何一个人都不应该避世。因为我们每一个人本都是宇宙本体所涵有的生生之理的体现，都应当去履行生生之道，既然如此，又如何能够避世呢？由此可见，避世之人，其实已经违背了生生之理，已经放弃了他们生而为人的责任。

儒者有着三个不同层面的生命状态：贤人、仁人和圣人。三者皆以生生为事业，并因为不同的生命境地，而呈现出不同的事业状态。下面，我们来逐次的陈述一下：

贤人的生生事业，是随顺外缘的。贤人体证到生生之性，"合性与知觉"而有了本心，而后以本心应事应物，所作所为，悉皆遵循于生生之性。然而，因为他们不了解自身的禀性和习性，也对所在的时空缺乏足够的认知，所以，只能是随缘而为，并且往往会有过与不及之病。正因为此，贤人的事业是被动的。可是，贤人往往会沉湎其中，认为随缘而为的一切就是自身的事业，就此以为生命的价值和意义正体现在这里。却不知道这一状态，距离充分发挥自身的才力还有很大的差距，更何况是"尽天命"了。

当然，贤人的随缘而应与凡夫的随波逐流、浑浑噩噩是绝然不同的，凡夫唯利是图，只问得失，不问道义，所以，只要能够获取名利，往往可以不择手段，无所不为，正因为此，像网游这样戕害青少年身心的产业才会出现；也正因如此，夸大其词、背弃诚信的广告、保健品等产业才会出现。贤人自然不会去从事这样的一些产业，因为他们深深知道"术不可以不慎"，若是所从事的产业违背了好生、利生、尊生、护生与守生，他们就会毫不犹豫的选择退出，这是贤人的底线。关于"术不可以不慎"，孟子曾经有过讲述：

> 矢人岂不仁于函人哉！矢人惟恐不伤人，函人惟恐伤人。巫匠亦然。故术不可以不慎。（《孟子·公孙丑上》）

"矢人"，即造箭的人，造箭的人自然希望自己造的箭锋利无比，一中必杀，所以，"惟恐不伤人"；"函人"，即造盾的人，造盾的人当然希望自己造的盾坚韧无比，能够抵挡得住任何利箭，所以，"惟恐伤人"。两者相较，"矢人"不仁于"函人"甚矣！"巫"，巫医，巫医的责任是救人，所以，心中所想都是如何救人；"匠"，木匠，此处特指打造棺材的木匠，心中自然希望有人去死，因为人不死，他们的棺材便卖不出去。匠人不仁于巫医，也是很明显的。然而，就其根本而言，无论是矢人，还是匠人，他们原本都是生生之理的体现，都具备仁——生生之德，却因为所从事的职业，而使得本来具备的仁德逐渐被利益所蒙蔽，由此可见，职业的选择，对于保持仁德极其重要。所以，人应该

"慎术"。而贤人，则一定会慎选其术，所以，尽管随缘而为，但他们所从事的必定是仁术——好生、利生、尊生、护生与守生的产业，而绝不会从事戕生、伤生的产业。

与贤人不一样，仁人对于自身的禀性和习性有着充分的认知，他们很清楚自身应该从事何样的生生事业才能够充分发挥出自身的才力。因此，仁人的事业大多出于自身的抉择，诸多与他们的禀性和习性不相契的产业，他们是不会参与的，即便是外缘具足，也是会选择断然拒绝的。亦因为此，仁人的时间和精力更为集中，所发挥出的价值也更大。概而言之，仁人做的是减法，所以，他们更专业，更精深。所展现出来的生命也就更有价值，更具意义。——要做到"践形"，就必须做减法。仁人的问题，在于对时空缺乏真切而充分的认知，所以，往往会有自任太过的状态，而倾向于狂者气象。阳明先生晚年自称"狂者胸次"（《传习录》），正缘于此。

无论是仁人，还是贤人，所从事的都是生生的事业，都是在率性而为。贤人是随缘生生，有着很大的被动性；仁人则选择从事自身最为擅长的生生事业，时间和精力更为集中。而因为二者对于时空都不甚了解，所以往往会有过与不及的弊病。至于圣人，则又不然。

相较于仁人而言，圣人具有两个特征：（1）他们的五行构成至精至纯，所以，禀性无所偏颇，而能抵达"中"——无过无不及的状态，就此可以与道浑然合一，圣人即道，道即圣人。（2）对所处的时空有着充分完备的了解。因为这两个特征，所以，圣人可以做到"时中"，"可以速而速，可以久而久，可以处而处，可以仕而仕"，而当进则进，当退则退，从容中道。他们的事业便是道的时命在时空下的呈现。当然，并不是说每一位圣人都会有着辉煌的成就。事实上，圣人事业的辉煌与否，与道的时命全然一致，如唐虞之时，道当兴盛，故而尧、舜有天下；而春秋战国之时，道当衰亡，故而孔、孟周游列国，遑遑不得其安。正因为此，很多时候，圣人的事业看起来似乎还不如贤人与仁人来得显著。很多人便以此来论定圣人不及仁人，乃至是不及贤人，甚至有人认为孔、孟等圣人是事业的失败者，却不知圣人的事业成败并不局限于一世的成败得失，圣人的事业乃是迈越时空的，是以万世为土的。

圣人的事业，便是在"尽天命"——穷尽道的时命。所以，他们的事业成败与否，取决于时空状况。然而，无论时空如何，圣人事业的本质却是不变的，那就是纯然生生，也即《中庸》中所说的"赞天地至化育"：

唯天下至诚，为能尽其性；能尽其性，则能尽人之性；能尽人之性，则能尽物之性；能尽物之性，则可以赞天地之化育；可以赞天地之化育，则可以与天地参矣。

最后，需要指明的一点是：生命本于宇宙所含有的生生之理和气，生命的意义正在于对生生之性的发扬。故而，无论是贤人、仁人，还是圣人，从事着生生的事业，便是担负着生而为人的责任，而与此同时，他们的一切行为都将会成为对生命的滋养。——真正的事业，真正的工作，乃是对生命的滋养，乃是成就生命的方式和载体。

七、自强不息

少年时，读范文正、文信国（天祥）、王阳明、王船山等大儒传记，常常会被深深地感动：无论置身于何样的境地，他们总是坚韧不屈、自强不息。心中便极为仰慕，而以他们为生命的榜样，并认为他们都是有信仰的人。日后方才明白他们身上所展现出来的那种坚韧不屈、自强不息，并不是源于某种信念，而是体证生生之性之后率性而为的自然状态。

宇宙本体即理即气、理气不二，理为生生之理，气亦为生生之气。整个宇宙，浑然一片生机。——宇宙唯生无灭，因为唯生无灭，故而生生不息，永恒不灭。有人会说："宇宙间的万物明明是有生有灭的啊？"其实，万物的生与灭，都是生生之理的展现，都是生，灭是另一种形态的生，不灭不生。春生、夏长、秋收、冬藏，冬日的藏是为了春日的生，冬日不藏，春日不生。总而言之，宇宙间的一切都是生生之理的呈现，万物如此，万象也是如此。儒者体会到了这一层，所以，"知生"便"知死"，因为死即是生。但是，切不可说生即是死。——无论是生，还是死，背后的本质全都是生。

宇宙生生不息，宇宙万物生生不已，宇宙万象变化不息，这便是宇宙的真相。正因为此，儒者一旦体证了生生之性，"合性与知觉"，从此，他们的生命便会呈现为坚忍不拔、自强不息。儒者修身有着三层境地：贤人、仁人和圣人，最终归于至圣。至圣者，必"至诚"，"至诚无息"，"无息"就是自强不息，永不停息，但有一刻停息，那就不能称作为"至诚"，因此，对于儒者而言，修身没有终点，即便到了至圣的境地，也还是不息的。而这就是生而为人的本来状态，生命时时都是生生之理的体现。也许结合《易经》乾、坤二卦来陈述，更为利于理解：

《易经》以乾、坤二卦为始，其中隐含着一个大秘密，可是两千多年来，易学家们拘泥于汉易之说，执着于上经三十四、下经三十之说，以至于这一个大秘密至今未能得到揭示。笔者参习《易经》多年，一日，据孔子之言，"乾、坤，其易之蕴邪？乾、坤成列，而易立乎其中矣；乾、坤毁，则无以见易；易不可见，则乾、坤或几乎息矣"，"乾、坤，其易之门邪？乾，阳物也；坤，阴物也。阴阳合德而刚柔有体，以体天地之撰，以通神明之德"（皆见《系辞》），而陡然有悟：《易经》固有上下经之分，然而，却不是分为上经三十四、下经三十，而是上经为乾、坤二卦，下经则为从屯到未济六十二卦，乾、坤二卦，所谓体也；屯至未济六十二卦，所谓用也。之所以以未济卦为最后一卦，正是为了告诉我们：结束时正是一个新的开始，死即是生。如此循环往复，周而复始。而乾、坤虽然以阴阳言，然而，这一个阴阳并不是僵化的阴阳，而是生动的相对待的阴阳关系，并且是有层次的。因此，对于乾、坤二者，应当保持灵活理解，思维切不可僵化。例如，就宇宙本体论而言，乾为乾元，坤为坤元，"大哉乾元，万物资始，乃统天"，"至哉坤元，万物资生，乃顺承天"，所谓乾元，其实即是宇宙本体所涵有的生生之理；所谓坤元，则即是宇宙本体所涵有的气，乾元、坤元本为一体，一重理言，一重气说，"始"就理说，故而，乾元为"万物资始"；"生"就气说，故而，坤元为"万物资生"。结合周子的讲法，乾元即是无极，坤元便是太极。当然，乾元与坤元本来一体，不可分割。这是从宇宙本体的层面来讲的。从阴阳二气的层面来讲，则乾为阳，坤为阴，"阳变阴合，而生水、火、木、金、土"，五行之气又随缘化生万物，屯卦所讲即为万物之始，所谓"有天地，然后万物生焉。盈天地之间者，惟万物，故受之以屯"（《序卦》），则自屯开始，进入了万物生成阶段，自此也就与乾、坤二卦截然而不同了。事实上，从屯卦到未济卦，全都是乾、坤二卦在不同时空下的呈现。——乾、坤是体，屯至未济卦是用，体用不二，即体即用。明白了这一点，再去读《易经》，就会有着一个纲领在手。当然，这是题外之话。还是回到乾元、坤元上来，乾元——生生之理，落实在吾人，即为生生之性，发用出来即为生生之德，所以乾卦《大象传》说："天行健，君子以自强不息。"君子"自强不息"，乃是禀承生生之理而来。坤元——生生之气，化生为万物，即为生生之德的载体，自然就会好生、利生、尊生、护生、守生，所以坤卦《大象传》说："地势坤，君子以厚德载物。""载物"即是成物。"厚德载物"的背后也是强健不息，"非健何以配乾？未有乾行而坤止也"（《周易程氏传》）。故知，无论是乾元，还是坤元，全都喻示着生命应当自强不息。

儒者体认到生命的真相，他们只是在发扬生生之德，履行天命，故而一生自强不息。这就是儒者的归宿，也正是生命的意义所在。

生命如流，至诚无息
——梁漱溟论生命的"不懈"

张亚军[1]

引言

"凡真学问家，必皆有其根本观念，有其到处运用的方法，或到处运用的眼光；否则便不足以称为学问家，特记诵之学耳！"（《梁漱溟全集·卷二》）

作为现代新儒家三圣之一，梁漱溟有着对学问特殊的看法。其学问的来源差不多是佛学的底色，而润之以生命派哲学的色彩，继而以儒家的内涵予以充实，成功地对儒学进行了现代化改造，实则是新而不新，内在脉络千古一揆。对于一个具有完整思想的人来说，其中任何一个理念皆涵摄其全体，所谓一即一切，学问家之所以是学问家，就在于其思想卷之可含于一两字，舒之可成千万言。梁漱溟也不例外，他的理性、情理等思想已经深入人心，但我们经过对比发现，他在各种思想之间融会贯通，实际上还有一根主线始终清晰明了，那就是用"懈"与"不懈"来阐发他对生命的理解。这一对既可表状态，又可表行为，既可描述本体，又可阐明功夫的词语彰显着他对宇宙生命的独到见

解和对修身功夫的特别体会，对探寻生命本真的我们或许有诸多启发。

为了更好地讲清楚"懈"的内涵，我们先"望字生义"进行一番粗浅的说文解字。"懈"字《说文》释为"怠"，而"怠"则具有"慢"的含义，三字部首皆从"心（忄）"。观"懈"字构造，从心解声，而"解"字又由"刀""牛""角"三部分构成，直观会意即用刀分牛角从而得出支离、分解的内涵。而"怠"字也很直观，"心"上筑"台"，寓意心中有物，不能畅快自然。"懈"与"怠"常常连用，而且都从"心"部，大致都是一种消极的心理现象，或对心体进行"庖丁解牛"，或恃己所长与卑己之短而起慢心，要皆不能使心体"主一无适"，归于鉴空衡平。下文我们将从"懈"与生命本体论、善恶价值观以及修身功夫三个层面分别论述梁漱溟"不懈"的思想。

一、懈与生命创造

我们知道，梁漱溟对当时西方生命派哲学青睐有余，而尤引柏格森以为同调。他曾不止一次地表达对柏格森思想的钟爱，他说："与西洋思想印证，觉得最能发挥尽致，使我深感兴趣的是生命派哲学，其主要代表者为柏格森。"（《梁漱溟全集·卷二》）可见梁漱溟对柏格森推崇备至，虽东西暌隔，未曾谋面，却"从乎心则分而不隔"。柏格森对梁漱溟最大的启发，便是运用科学的方法研究生物进化从而总结出一套生命之流的理论。正是基于宇宙万物的创造进化，梁漱溟才得以建构其人类心理学，并且把它普遍地运用到对儒家思想的解读之中。在此背景下，原本作为柏格森进化系统中的动植物形成原因及特点，在梁漱溟这里被转化成人禽之别的儒家道德伦理，并进一步涉及修养功夫等内容。

柏格森将进化分成植物与动物两个部分，植物趋向不能动而无知，而动物则能动而有知，动物中又有脊骨动物与无脊骨动物，人类则是脊骨动物的顶峰。柏格森认为以理智著称的人类代表了生命进化的顶点，人类由于理智发达而使得本能减退，减退之后所剩的便是生命本身。人的生命与物类生命有根本不同者便在人类生命不再受限于图存传种的本能，而悠游于不断向上的生命本性。柏格森发明的理智对本能作减法与梁漱溟认为理智为本能中反乎本能的倾向有异曲同工之妙。

柏格森认为贯穿于每个个体之间存在着一种普遍生命，或者称为生命之流，即生命通过努力、冲力乃至抗争表现出无休止地向上奋进。一切物类现生世间皆有种族繁衍与个体保存两大问题，人类亦动物之一，故莫能于外。梁漱溟认为其与动植物不同之处在于人类已经不再是为图存而图存，为传种而传种，其有此两大问题，但并不会成为障碍。

梁漱溟以宇宙大生命阐发柏格森的生命之流。他认为："宇宙是一个大生命。从生物的进化史，一直到人类社会的进化史，一脉下来，都是这个大生命无尽无已的创造。一切生物，自然都是这大生命的表现；但全生物界，除去人类，却已陷入盘旋不进状态，都成了刻板文章，无复创造可言。其能代表这大生命活泼创造之势，而不断向上翻新者，现在唯有人类。"（《梁漱溟全集·卷二》）生物陷于盘旋不进，完全依靠本能生活，自给自足，似是一派天然，其实完全是一副机械模样，毫无灵活自由可言，故在动物固无善恶对错可言，而在人类则有选择的余地。因此在生命通向灵活自由方面，动物不足以作表率，只有作为万物之灵的人类才能始终代表普遍生命进化的方向，不至于走偏或失中。

纵观动物进化史，进退不定，或是昙花一现，或是止步不前，而现如今绝大多数皆属于后者。生命之流本无一息之懈，而陷入本能循环，原地踏步，则至可悲叹。为何有动物灭绝而失传的现象呢？有人以为是因外部环境聚变，导致动物优胜劣汰，适者生存。然而动物为何不能适应外缘的变迁？梁漱溟认为，此处没有其他外在原因，主要还是因为动物依赖本能生活造成的。本能是先天预设有倾向性的势力，动物依靠本能过活，故其身体构造等方面皆有目的性，它们生而自带某些生存技能；而人类从出生开始似乎一无所能，其生活能力及方法完全需要后天养成。然而，承其利者必承其弊，动物由于耽着其天生的技能，从而失于灵活中正，遇到巨大变故便难以适应之改造之。简而言之，动物基本上依靠本能便解决了图存传种的大事，其所安亦在于此，因此忘却了向上奋进争取灵活与自由，也就失去了代表普遍生命进化的大方向。

动物在进化中，安于本能生活，即是一懈，以其违失生命本性故。一切生物本质上都与宇宙大生命相通，而生命本性要通不要局，但现存生物，则无一例外的皆偏于局守；唯通灵之高，无可限量的人类方可与生生不息的生命之流若合符契。梁漱溟从生物进化角度，探讨人类心理的构成，抉发出本能、理智之上而居于主宰地位的人心，构成其思想的心理学基础，也是对儒家人性论基础的开拓性探索；同时他又从生命之流的奋发不已探讨人与动物的区别，为其生命修炼功夫作出了理论预设。

二、懈与仁心善恶

梁漱溟对柏格森思想的借鉴是比较全面的，这种全面贯穿于他新儒家思想构建的始终，无论是从创造进化方面言本体，还是从与物抗争方面谈功夫，都留有其印记。当然，梁先生的思想来源颇广，儒释道医与西学，融贯于一炉，联通古与今，柏格森的理论也只是其中一途而已。但此一途诚为他说理于现代的得力助手，可谓开风气之先。

按柏格森的说法，动物囿于本能的链锁中而无法自拔，而人类则似乎一跃而不受链锁拘束获得自由。梁漱溟对此深加认可，更进一步指出，正是动物困于本能而耽着于种种既定的方便，不再继续向上发展其通而不隔的生命本性，因此背离了宇宙大生命的发展方向。他一再强调："生命本性是无止境的向上奋进；是在争取生命力之扩大，再扩大（图存、传种，盖所以不断扩大）；争取灵活，再灵活；争取自由，再自由。"（《梁漱溟全集·卷三》）梁漱溟对生物进化学说最大的吸收便是用普遍生命，宇宙大生命等概念来诠释儒家思想。其中最显著者莫过于对"仁"的阐发。

"仁"是儒家思想中的核心概念，儒家学问的全部功夫便是求仁。仁者何谓也？梁漱溟认为全部儒家的学问归结起来无非"求仁"二字，即求实践人之所以为人者而已。所谓"仁"即是"人心"，人之所以为人者，便在人心，因此在梁漱溟看来求仁便是求人心。从上文生物进化角度来说，人类走理智的道路，而使得本能的作用减之又减，弱之又弱，乃至完全不受制于本能而得透露出最大空隙来展现生命本性，此处由减法而得到的空隙正是有待生命本性显发的地方，有待人心焕发力量之处。因此，自作主宰的人心，不是后来增加上去的成分，而是本来就在，只待人作去蔽的功夫，主宰自然还其主宰。

人心最能代表宇宙大生命活泼灵敏的本性，仁与人心与宇宙大生命在梁漱溟那里几乎是相等的概念。《周易》："天行健，君子以自强不息"，"天地之大德曰生"；孔子："天何言哉？四时行焉，百物生焉，天何言哉？"（《论语·阳货》）；大程子："仁者，浑然与物同体……天地之用，皆我之用"（《识仁篇》）；此皆以天地万物来言人心包天地统万物，而具有刚健进取，运转不息的乾卦品德。此与柏格森的普遍生命和对物的不懈斗争十分相似，因此梁漱溟认为仁与人心与宇宙大生命具有共通的内涵。

既然仁是宇宙大生命，是生命本性，其便具有生命本性奋发向上，毫无一息之懈的特性。"心有一息之懈便流于不仁（粗言之，内失其清明，外失其和厚），亦即失其所以为人。"（《梁漱溟全集·卷四》）一息之懈对于常人来说不是很容易吗？就连孔门高徒颜回也只能"三月不违仁"，更无论其他"日月至焉"者，即便此"日月至焉"在今日看来亦绝非易事。可见不懈很难，而懈则很容易。梁漱溟认为人易流于不仁其主因在于人常受利害得失牵连以及风教礼俗羁绊，前者易查，而后者则难于一眼觑破；争名夺利固然被外物所转导致人心懈怠遭遇蒙蔽，而被各种风教礼俗带来的偏见所左右亦是人心失其中正的主要诱因。更有甚者，在于普通人对人心之懈怠与否茫然无觉，纵有所觉而不知施以涵养功夫，难免于时懈时进，乃至有长懈不觉者，由此可知人心易流于懈怠，而不懈是何其困难。

人心是理智从机械性的本能中所透露出来的生命本性，无论是理智抑或是本能，皆是人类生存的工具，工具的正义在其被主宰所使用，而不能"自作主张"，否则便是"人化物"，天理灭矣。图存与传种是工具，礼俗风教种种虽千变万化亦是工具，皆是生命赖以展开的载体，若执载体与工具而为主宰，非但失其主体，其原先所应有的大用亦并失去。因此，所谓仁心，便是时时不懈能作主宰，能运用工具，炯炯自觉而不被物所转者方是。

我们知道梁漱溟继承又发挥了孟子的性善说，同样的，他的性善说与其生命哲学有着密不可分的关系。他说："一切善，出于仁；一切恶，由于不仁。不仁只为此心之懈失而已，非有他也。恶非人所固有，不仁之外，求所谓恶者更不可得。是即人性之所以为善也。"（《梁漱溟全集·卷四》）梁漱溟以仁与不仁来阐释善恶，可谓"持之有故，言之成理"。世俗对善恶问题争执不已，高下难分，在古以为善，在今却目为恶，在西以为善，在东恐认为恶，纷纷攘攘，莫衷一是。由此可见，善恶问题无法用一客观标准来绳准，宇宙间一事一物皆在相似相续之中，任持一标准裁夺一切终不免有懈惰之弊，是与生命本性奋进不懈相背离的，故云不识性善，是因其不识本心。

人性本善，在梁漱溟那里是本体论的终极确认，更是生命体验中坚忍不拔的自信。此善超越世俗所谓相对之善，是《大学》中"止于至善"之善。所谓至善即是吾人心中明德之焕发，即是仁心本体之实现，因此，廓然大公，与天地万物为一体的宇宙大生命便是善之源泉。梁漱溟又说："一切恶出于自私，而通于一切之善者就在不自私，以至舍己而为公。"（《梁漱溟全集·卷三》）恶之所出在自私，在于划定一个范围以为自我，从而谋求不已，殊不知生命本性无所限隔，仁者与物无对；自私便在于错会主宰，颠倒主客，因此恶的产生是由于不仁。自私、恶、不仁从本质上来说皆由人心懈失所引起，一念懈失即流入不仁，即是恶，即是自私。故而恶实无自性，不仁即是恶。然不仁终究是异化状态，终将正其不正以归于正，故人性本善在梁漱溟这里得到确认。仁与不仁，通俗来讲，即是生命在场与否，其中隐微往往在一念之间，一念懈即不仁，恶斯出矣；一念不懈便又回复仁心，斯为善矣。

然而依凭常识经验，从结果来看，恶似乎有大小之分，恶大者负大责，恶小者负小责。但如果从人心懈失这一念上来说，二者所负责任应是等同的。梁漱溟指出"所谓恶的内容，核实来说，大部分都是归咎于外，仅负一个懈的责任而已。因为十分之九都是已成的，已经摆在那里的，他并不能负全部的责任。他所能负责的，只有这当下，即新添的这个忍。故他的恶并不大过我们之说一句鄙陋的话。"（《梁漱溟全集·卷七》）人们以为说一句鄙陋的话无关紧要，而罪大恶极者人人可诛，实则不然。梁漱溟从恶的源头处谈论人的责任，指陈恶的大小由其既定的环境、气质、习惯等造成，倘若其人心不懈，亦不会酿成大的恶果。故从人心懈失角度来说，梁漱溟取消了"恶"表象上的大小，而直会其发生机理。这既是对传统儒家"日新"思想的注脚，也是对柏格森宇宙生命"每一瞬间都是创造"的借鉴，指示道德的修养就在每一念的开合之间，如临深渊如履薄冰，马虎不得。

梁漱溟由宇宙大生命永无止境地向上奋进来谈生生之仁，更进一步由仁引出善恶问题，反过来又证成仁心的实现在于通，在于不懈。不懈即通，通即不懈，其中关键唯在生命之懈与不懈。因此，"懈"之一字可通乎梁漱溟本体论思想始终，而从本体所开之功夫，亦能映照于此进路之下，得到合理解释。

三、懈与修身功夫

人心代表着宇宙大生命进化的最高水平，可谓生命本性。人心便是仁，仁即是善，不仁乃是不善，此人心本来就在，无论是柏格森所说的减法，还是古人所说的在圣不增，在凡不减，其先验圆满性是"确乎不可拔"的。然而人既具有此心，一切按照心的指令动作云为不就是所作皆善吗？缘何又有所谓功夫来求仁呢？更进一步说，整部儒家思想史，可谓就是一部求仁史，古来圣贤孜孜以求究竟是为了哪般呢？梁漱溟对此解释道："（生命）若恒显其用，就没有错误。却是生命摆脱于机械之后，就有兴奋与懈惰，而不能恒一。那松开的空隙无时不待生命去充实它；一息之懈，错误斯出。盖此时既无机械之准确，复失生命之灵活也。"（《梁漱溟全集·卷三》）

在梁漱溟看来，动物完全依循本能生活，其所作所为皆为公式般的律令，狼吃羊，狗护崽皆是动物不得不发的行为，而让饿狼不吃羊，母狗弃其崽恐难得办，因此动物毫无道德可言；而完全依凭生命本性，赞天地化育之人，乐天而动，率性尽心，天地合德，日月合明，所作皆符天理良心，如此圣人悠游于从心所欲之境也没有逾矩的问题。

那么，人类的问题出现在哪里呢？实际上，综合上文，我们得知人走理智的道路而使本能的冲动作用大为减弱，然并不能谓之全无，其表现于个体则有等差的不同，所谓人有智愚贤不肖，差别是天然的差别，且有目共睹。同时，问题的出现也是由于人易流于不仁造成的，即利害得失、风俗礼教等等。在梁漱溟看来，宇宙大生命进化之末而产生此人身，人凭借此身而开展心性活动，但此身在面对复杂的自然与烦扰的社会时很容易受本能、环境、习惯等牵引，一受其转便是生命之一懈，所谓人化物、心为身役，心为形役，皆指身心关系颠倒，宋儒称之为"躯壳起念"，人心被云翳遮蔽而不能显发作用。身在心中，而心为之主，乃至种种本能、气质、习惯、环境等皆不能阻碍心的活泼流畅，方能朝着尽人性之无限潜能的方向奋勉不懈。梁漱溟曾说："道德要在有心，要在身从心而活动。说身，正是在说气质和习惯。所谓堕落就是落在气质习惯上不能自拔……一息之懈便失道而不德。在人生实践上，其理犹是生物进化史上所见之理也。"

（《梁漱溟全集·卷三》）

在这里，梁漱溟一语道出，在道德伦理方面，一念懈失即是不仁，即是不道德，以其背离向上奋进的生命本性故；在生物进化方面，动物贪图眼前便利而造成进化盘旋不进，亦是由懈失得来，以其同样背离生命本性故。梁漱溟用"懈"之一义来阐明人的不道德与动物受制本能是何等剀切，宛若孟子"人与禽兽几希"的现代新版。

明了一切问题的出现即在生命的懈失，则应求所谓保任不懈的功夫，此正是儒家学人实现求仁目标的关键。古往今来，历代大儒皆有许多功夫存之于册，流传后世，如诚意、慎独、主敬、知行合一等等。梁漱溟则从创造进化的立场，由宏观而入之精微，揭示了种种功夫背后的内在条理，我们从"慎独"与"诚意"两个角度尝试予以展开。

懈与慎独。慎独是儒家重要的修身功夫，为《大学》《中庸》所盛谈，梁漱溟继续运用宇宙生命思想对其进行独到的阐发。他说："慎独之'独'，正指向宇宙生命之无对；慎独之'慎'，正谓宇宙生命不容有懈。"（《梁漱溟全集·卷三》）慎与独各具意味，且都直指宇宙生命。盈天地间者是人心，柏格森也说"心灵直如弥漫之大气层"，人心即宇宙生命的代表，故人心无对，唯无对方能称之为"独"，若有对则有分不能称其为"独"。独者，独此心，故曰"心外无物"，心外若有一物相对则顿失万物的一体性。万物一体非是头脑意识将许多杂物凑拢起来的一个概念，必要亲切体悟心外无物方可真知万物一体的含义。

"古之学者为己，今之学者为人"（《论语·宪问》），慎独便是为己之学，无论其是独处，独念，皆能不懈不走作，其心不外倾，如此乃是真为己。倘若人前人后两样，口是心非，为名为利，受习气裹挟而自欺，皆不能算作为己。因此，慎独便是要将驰散于外的用心向内收敛起来，让心能够做身之主。孟子曾言："仁，人心也；义，人路也。舍其路而弗由，放其心而不知求，哀哉！人有鸡犬放，则知求之，有放心而不知求。"（《孟子·告子上》）慎独功夫便是将懈失之心复其本然。然而此处须知，向内非谓其定有方向，内外也只是方便之说，心懈失时有内外，心不懈失时，只是一个独，心外既无物，何来有内外。梁漱溟对此也特加申明："应知凡所说向内，意谓其从向外者转回来而已，非更有其所向也。一有所向，便又是外去了。"（《梁漱溟全集·卷三》）故唯有慎之又慎，心方能渐趋于恒一而不懈，慎独之所以为求仁的功夫方法由此可以清晰明白。

懈与诚意。《大学》云："所谓诚其意者，勿自欺也。"人生五官，皆往外寻；意发于脑，亦向外驰。此皆发于身，而心为之役的表现。梁漱溟认为意偏向外，与心懈失是一件事的两个方面，而不是两件事。心稍有懈失，便失其主体地位，进而被身体等所左右，躯壳起意正当此时。而诚意功夫正是在人意念萌动处用功，所谓如恶恶臭，如好好色。人心自作主宰，而好恶妍媸，如镜照物；泛应曲当，过而不留，随本性之好恶而动，故阳明说"只好恶便尽了是非"（《传习录》）。人心不懈，故能恒常显用，意不诚而自诚；然人心难免有懈失时，若能在懈失时，即刻察觉，即刻诚其意，即刻不自欺，此也是一种不懈。梁漱溟说："人能一念归根向里，慎于兹始，而意渐即于诚，夫然后于一向不免自欺者乃有所觉察，而进一步毋自欺焉，明德之明浸启矣。"（《梁漱溟全集·卷四》）诚意即是由一念向内寻根为开始，先由察觉不到自欺到能经常察觉自欺，乃至一念初萌便知其自欺，知自欺时，便"勿自欺"，如此磨炼不懈，终能开发明德之光辉于人心。

问题是懈，功夫是不懈。孟子所谓"放心"是懈，"行仁义"亦是懈，由是可知完全由仁义行的诚者是不懈，阳明的"知行合一"是不懈，总之不懈指向的是心之本体，即不断向上奋进的宇宙大生命。颜回"不迁怒，不贰过"乃是真功夫，时行则行，时止则止是不懈；喜怒哀乐发而中节，怒其所当怒，不迁怒亦是不懈；人之有过，固为心之所懈，然常人在所难免，但有过即能觉，即能改，则又是不懈，同一问题不再犯第二次，可见其心精进不懈，深得孔子厚爱，无怪夫子只将"好学"桂冠许之颜回，好学即不懈也。

诚然，心欲不懈甚是困难，如猫捕鼠，时时警觉；水银泻地，无孔不入；如临深渊，如履薄冰，凡此皆可说明修身向上的功夫如逆水行舟，难于登天。不懈之难在于难以恒一，一般人理解懈怠是懈，比较显而易知，其实兴奋亦是懈。我们说懈总是由外在引起内心走作而来，故兴奋与懈怠皆足以引起心之散失。《大学》明言："所谓修身在正其心者，身有所忿懥，则不得其正，有所恐惧，则不得其正，有所好乐，则不得其正，有所忧患，则不得其正。"兴奋与懈惰皆是有所引发致使本心倾倚于外，故《大学》反复强调，如此便是不得其正，不得其正便是心不作主，便统统都是懈了。孟子有一言可以有效地帮助我们理解上述这段话："必有事焉而勿正，心勿忘，勿助长也。"（《孟子·公孙丑》）"忘"固然是懈，而"助长"同样是懈，助长本身还是有私意掺杂进去。而人心是没有一方向限定，人心非一物，而自作主宰，故助长非但不能认识人心，反而会适得其反。先儒言即本体即功夫，功夫虽然要不懈要努力，但又需自然，自然与不懈实为功夫的一体两面，不懈即自然，自然即不懈。不懈即符合宇宙大化流行的运韵，然其内在不过是本然，不假一毫人为而怡然自然。

总结

生命如流，至诚无息。真正的道德在梁漱溟看来一定来自向上奋勉无懈失的人心。梁漱溟虽然多处倡言生物进化，而实际则是由生物进化引出人心，进而建立儒家现代的心理学基础。因为进化理论多为世人所能接受，此固然由他沟通古今中西的悲愿而来，同时又是各种因缘际会的"成事在天"。

梁漱溟的一生行其所知，"行劳天下，比于禹墨"，如他晚年所说他一生都是一个拼命干的人，这或许是对生命不懈，自强不息最好的诠释。

心性工夫

论宋明理学的"治怒"工夫

张乾礼[1]

喜怒哀乐作为人之情感结构中的基本元素，充分反映着个体心灵内在的实时处境。例如"喜不自禁""怒不可遏""哀痛欲绝""乐此不疲"之类的词汇，大体描述人心受到外界事物刺激、感发以后所产生的情态。对此，古罗马斯多亚学派思想家塞涅卡（Seneca）在对比人类诸多的情感活动以后，认为愤怒是"所有情感中最丑陋和野蛮的"（塞涅卡：《如何保持冷静：关于愤怒管理的古老智慧》，王亚鸽译，机械工业出版社2020年版，第4页）。他用充满戏谑的语言形容人类因愤怒而表现出来的凶恶狂暴，不仅与动物世界当中被惹怒的野猪顶着獠牙攻击对手别无二致，而且更是威胁社会和谐稳定、戕害正义真理的潜在因素。另外，一旦个体的愤怒上升为群体性时，人类文明的奠基石也会因此被撬动，类如"大屠杀，投毒，诉讼双方互揭隐私，城市化为废墟，种族灭绝，领袖的生命财产被公开拍卖，大火烧上建筑物"（塞涅卡：《如何保持冷静：关于愤怒管理的古老智慧》，第7页）。就此，他把愤怒看成理性最大的敌人，对之保持绝对的警惕并提供了一整套治怒的方法。与之相关，在中国文明的传统当中，同样对"怒"有着深刻的认识与反思。止忿治怒、中和人情便是其中的一个显著特点。就宋明理学而言，"治怒"成为理学家"反求诸己"的精神修炼方式，形成了经由"喜怒哀乐"而"致中和"的"治怒"工夫。

---

1 作者系中山大学哲学系硕士研究生。

一、理学家"治怒"的旨趣与其意义

众所周知,《中庸》开始时仅是《礼记》中的一篇,其在子学当中的地位并不突出。及至宋代,在通辟佛老的时代主题下,理学家为了构建细密精微的工夫体系以适应当时政治文化的发展和现实修身的诉求,特意标举十六字心传,围绕"喜怒哀乐"展开了关于"性命之学"的讨论。就此,探究如何经由喜怒哀乐已发、未发而致中和便成了儒学的要门。阳明对此就曾说:"居常无所见,惟当利害,经变故,遭屈辱,平时愤怒者到此能不愤怒,忧惶失措者到此能不忧惶失措,始是能有得力处,亦便是用力处。天下事虽万变,吾所以应之不出乎喜怒哀乐四者。此为学之要,而为政亦在其中矣"(王守仁著,王晓昕、赵平略点校:《王文成公全书》,中华书局2015年版,第189页)。阳明教人在身处"利害、变故、屈辱"的特殊关头检省自己有无"怒、惧"之情,并将管理喜怒哀乐作为变化气质、为学为政的关键,充分表明"治怒"成为理学家修辞立诚的重要问题。程子就曾在《答横渠张子厚先生书》中揭橥这一实质,其文言:

> 圣人之喜,以物之当喜;圣人之怒,以物之当怒。是圣人之喜怒,不系于心而系于物也。是则圣人岂不应于物哉?乌得以从外者为非,而更求在内者为是也?今以自私用智之喜怒,而视圣人喜怒之正为如何哉?夫人之情,易发而难制者,惟怒为甚。第能于怒时遽忘其怒,而观理之是非,亦可见外诱之不足恶,而于道亦思过半矣。(程颢、程颐著,王孝鱼点校:《二程集》,中华书局2004年版,第461页)

程子肯定圣人"应物而喜怒"的正当,反对个人因私智而喜怒的行为,并指出人情当中惟怒"易发而难制"。此外,程子一方面认为,"人之有喜怒哀乐者,亦其性之自然,今强曰必尽绝,为得天真,是所谓丧天真也"(《二程集》,第24页)。另则在区分君子小人作怒时强调"小人之怒在己,君子之怒在物。小人之怒,出于心,作于气,形于身,以及于物,以至无所不怒,是所谓迁也。若君子之怒,如舜之去四凶"(《二程集》,

第 306 页）。简言之，就是"喜怒在事，则理之当喜怒也；不在血气，则'不迁'"（《二程集》，第 369 页）。事实上，程子上述关于人在怒时观理之是非的认识，与成公赵言"吾闻古之士怒则思理，危不忘义，必将正行以求之耳"（刘向撰，向宗鲁校证：《说苑校证》，中华书局 1987 年版，第 87 页）是相契合的。这种正心以求之的做法在程子那里被理解为"忿欲忍与不忍，便见有德无德"（黄宗羲撰，陈金生、梁运华点校：《宋元学案》，中华书局 1986 年版，第 630 页）。另外，程子也指出，"忿懥，怒也。治怒为难，治惧亦难。克己可以治怒，明理可以治惧"（《二程集》，第 12 页）。依程子，人心"怒惊皆是主心不定"，只要能够做到克己明理便能够去忿止怒。程子还将忿欲看作个体修行当中最需要损减革除的对象，"在修己之道所当损者，唯忿与欲，故以惩戒其忿怒，窒塞其意欲也"（《二程集》，第 908 页）。这种惩忿治欲的修己工夫，事实上也成为评估士大夫品性的重要标尺：

> 先生每与司马君实说话，不曾放过；如范尧夫，十件事只争得三四件便已。先生曰："君实只为能受尽言，尽人忤逆终不怒，便是好处。"（《二程集》，第 253—254 页）

> 周颖，字伯坚，江山人。从学安定，以行义称。与赵清献抃交，清献为谏官，先生移书曰："当公心以事君，平心以待物。无以难行事强人主，无以私喜怒坏贤士大夫。"清献以书进，神宗喜，欲用之，不果。熙宁初，诏举节行材识，守胡瑗以名荐，召赐进士第，授校书郎。王安石问新法何如，对曰："歌谣甚盛。"安石喜，叩其辞，先生高诵曰："市易青苗，一路萧条。"安石不乐，出宰乐清。（《宋元学案》，第 53 页）

以上，程颐对于司马光能忍而不怒的品质给予了高度评价。与之相对，在北宋的政治变法运动当中，王安石以喜怒进退士大夫的行为被当成了反面案例，受到了保守一派的严厉批评。这些反对的声音当中，就包含了一些自许坚持道义、公心事君、平心待物、不强人主、不私喜怒的士大夫群体。除去司马光以外，胡瑗弟子周颖（1021—1086）就是其中的一个典型代表。而作为当事人的王安石，曾在给朋友曾巩的书信当中辩解说：

自江东日得毁于流俗之士，顾吾心未尝为之变，则吾之所存，固无以媚斯世，而不能合乎流俗也。及吾朋友亦以为言，然后怵然自疑，且有自悔之心。徐自反念：古者一道德以同天下之俗，士之有为于世也，人无异论。今家异道，人殊德，又以爱憎喜怒变事实而传之，则吾友庸讵非得于人之异论、变事实之传，而后疑我之言乎？（刘成国：《王安石年谱长编》，中华书局 2018 年版，第 444 页）

此文写于嘉祐三年王安石按巡地方之时，其不满地方官员蝇营狗苟而因法因责或罢黜或罚金的做法，招来了利益受损者的集体非议。王安石对此自信其坦荡无愧，立足古今之异认为所有的传言都是"以爱憎喜怒变事实而传之"，不足为惧。他对曾巩因听信流言而质疑朋友的行为颇有无奈之感。事实上，这种因喜怒坏贤士大夫而不能"致君尧舜上"的行为，同时也被放置在理学关于道心、人心的讨论上。其中，王安石形象的急转直下与此一价值标准有着密切的关系。朱子在跟弟子讨论王安石时就曾说：

王介甫尝作一篇兵论，在书院中砚下，是时他已参政。刘贡父见之，值客直入书院，见其文。遂言庶官见执政，不应直入其书院，且出。少顷厅上相见，问刘近作，刘遂将适间之文意换了言语答它。王大不乐，退而碎其纸。盖有两个道此，则是我说不奇，故如此。（朱熹：《朱子语类》，第 455 页）

如上刻画，王安石既已位为宰执而仍心存与人一较高下之念，本应为国献策而实怀沽名钓誉之心。就朱子而言，他赞许王安石为"不世出之资"，承认"熙宁变法，势当如此"。然也坚持明道对之"一身尚不能治"的评价，批评其在学问取向、用人以及做事之过失。而就个人喜怒与人心、道心的关系，朱子曾说"如喜怒，人心也。然无故而喜，喜至于过而不能禁；无故而怒，怒至于甚而不能遏，是皆为人心所使也。须是喜其所当喜，怒其所当怒，乃是道心"（《朱子语类》，第 2011 页）。对于"怒至于甚而不能遏"从于人欲的情况，朱子也曾以湖湘学派胡安国为例谈道：

原仲说，文定少时性最急，尝怒一兵士，至亲殴之，兵辄抗拒。无可如何，遂

回入书室中作小册，尽写经传中文有宽字者于册上以观玩，从此后遂不性急矣。（《朱子语类》，第 2580 页）

由上，胡安国因怒而殴打士卒，后抄录玩味典籍当中带"宽"的文字，最终得以改变急躁的性情。朱子援引此事，大体是为了说明个体通过日常的读书学习，不断地进行涵养省察的工夫便可以克制气禀的杂驳。在朱子那里，修行的工夫"亦须事事照管，不可专于喜怒"（《朱子语类》，第 311 页）。如能事事照管即是能识得喜怒哀乐未发的本体，而此一本体即是仁体。对此，朱子的老师李延平在回忆自己每逢情意不顺而做克念求静工夫时说："某自少时从罗先生学问，彼时全不涉世故，未有所入，闻先生之言，便能用心静处寻求。至今澉泊忧患，磨灭甚矣！四五十年间，每遇情意不可堪处，即猛省提掇，以故初心未尝忘废，非不用力，而迄于今更无进步处。常窃静坐思之，疑于持守及日用尽有未合处，或更有关键未能融释也"（徐公喜等点校：《闽中理学渊源考》，凤凰出版社 2011 年版，第 64 页）。延平虽然于静中体验喜怒哀乐未能融释，但其猛省提掇使初心不敢忘废的克己工夫，充分表明儒学在平和心灵急躁、坚定个人意志以及培养品性操守的用心所在。

二、心学一系治怒的工夫实践

理学到了明代，治怒的工夫实践依旧清晰地体现在儒者身上。未入仕宦而委身乡野的吴与弼（1391—1469），在躬耕力食当中践行着儒家涵养省察、去忿治怒的修养工夫。其以贫困之身而援攀圣贤之门的热忱，给明初儒家知识分子作出了榜样。而他在日用之间苛责反省的严肃气氛，与他所自认的性情偏激躁动又密不可分：

一日，以事暴怒，即止。数日事不顺，未免胸臆时生磊块。然此气禀之偏，学问之疵，顿无亦难，只得渐次消磨之。终日无疾言遽色，岂朝夕之力邪？勉之，无怠。（吴与弼撰：《康斋文集》卷 11，文渊阁四库全书本，第 185 页）

因暴怒，徐思之，以责人无恕故也。欲责人，须思吾能此事否？苟能之，又思曰，吾学圣贤方能此，安可遽责彼未尝用功与用功未深者乎？况责人此理，吾未必皆能乎此也。以此度之，平生责人，谬妄多矣。戒之戒之。信哉，"躬自厚而薄责于人，则远怨"。以责人之心责己，则尽道也。（《康斋文集》卷11，第186页）

康斋因连日遇事不顺而心生块垒，以事暴怒让其意识到气禀的驳杂不可能在一朝一夕之间剥除，只有不断勉励、无有懈怠才能渐次将之消磨。尽管康斋生平极力忍受生活的窘困和疾病的困扰，孜孜以求儒学"居陋巷而不改其乐"的精神境界。然而他躁烈的性情又使他时常感到烦闷和痛苦，这种理想和现实之间的割裂一次又一次考验着康斋能否在"人不堪其忧"的情况下，依旧相信且贯行儒家成圣成贤的道路，进而实现凡俗生命的真正升华。对此，王汎森曾指出："我们今天翻开吴氏《日录》三百多条的记录，既不是系统的、带有簿记性质的记录，也看不出明末清初日谱或日录中那种你死我活式的内在斗争痕迹，而大体是一些生活体验、一些反省、一些悔恨、对于圣贤言语的一些体味"（王汎森：《晚明清初思想十论》，北京师范大学出版社2020年版，第121页）。此外，康斋因怒之故，遂体证感叹中庸之道并非易事："早枕，痛悔刚恶，偶得二句：'岂伊人之难化，信吾德之不竞。'遇逆境暴怒，再三以理遣。盖平日自己无德，难于专一责人，况化人亦当以渐，又一时偶差，人所不免。呜呼！难矣哉，中庸之道也"（《康斋文集》卷11，第190页）。综上可以看出，康斋在不断自问自责当中着力体认、理会儒家"修己以敬"的为学之方，其态度是极其严肃且庄重的。而康斋艰苦卓绝的治怒工夫，同时也体现在明初河东儒者薛瑄的身上。薛氏曾自述道："气直是难养。余克治用力久矣，而忽有暴发者，可不勉哉！二十年治一'怒'字，尚未消磨得尽，以是知克己最难"（薛瑄撰，孙浦桓点校：《读书录》卷1，凤凰出版社2017年版，第7页）。刘宗周对此就曾说，"学者且就当境痛加惩创去，久久有得力时，正不得妄希高远而以绝学窥圣贤也"（刘宗周著，吴光主编，钟彩钧审校：《刘宗周全集》，浙江古籍出版社2012年版，第323页）。除此之外，薛瑄还认为"怒至于过，喜至于流，皆暴其气也"（《读书录》卷8，第178页），为了做到不暴于气，"言要缓，行要徐，手要恭，立要端，以至作事有节，皆不暴其气之事"（《读书录》卷8，第178页）。

到了明代中晚期，心学一系对于如何平复人情、惩忿窒欲有了进一步的讨论。在阳明那里，一方面在本体论层面肯定"圣人到位天地、育万物，也只从喜怒哀乐未发之中上养来"（王守仁著，王晓昕、赵平略点校：《阳明先生集要》，中华书局2008年版，第50页），另则反对根据个人私意把持捉摸人情，坚持"喜怒哀乐，本体自是中和的。才自家着些意思，便过不及，便是私"（王守仁：《王文成公全书》，第25页）。就此，阳明明确提出个体要在喜怒哀乐的人情事变当中践行"致中和"的工夫：

> 澄尝问象山在人情事变上做工夫之说。先生曰："除了人情事变，则无事矣。喜怒哀乐非人情乎？自视听言动，以至富贵贫贱、患难死生，皆事变也。事变亦只在人情里。其要只在致中和，致中和只在谨独。"（王守仁：《阳明先生集要》，第52页）

阳明关于人在事变当中调和"喜怒哀乐"达至中和之境的论述，事实上正是其"事上磨练"的体现，此种工夫要求人在毁誉、生死以及利害当中能够克己自立，反求诸己：

> 近斋说："阳明在南都时，有私怨阳明者，诬奏极其丑诋。始见颇怒，旋自省曰：'此不得放过。'掩卷自反，俟其心平气和再展看。又怒，又掩卷自反。久之真如飘风浮霭，略无芥蒂。是后虽有大毁谤，大利害，皆不为动。尝告学者曰：'君子之学，务求在己而已，毁誉荣辱之来，非惟不以动其心，且资之以为切磋砥砺之地，故君子无入而不自得，正以无入而非学也。'"（黄宗羲：《明儒学案》，第589—590页）

如上，阳明在南京期间，面对他人因私人恩怨上疏皇帝对其诋毁的行为，阳明虽"始见颇怒"但又立即以此作为契机，通过反复"掩卷自反"最终实现了心无挂碍。这种相机"忍怒"修行的工夫，为其日后虽经百死千难而于毁谤利害不为所动打下了基础。而与阳明同时期的唐寅（1470—1524）曾作《百忍歌》，其中说："百忍歌，百忍歌，人生不忍将奈何？我今与汝歌百忍，汝当拍手笑呵呵！朝也忍，暮也忍。耻也忍，辱也忍。苦也忍，痛也忍。饥也忍，寒也忍。欺也忍，怒也忍。是也忍，非也忍。方寸之间当自省"（唐寅撰，陈书良、周柳燕笺注：《唐伯虎集笺注》，中华书局2020年版，第 99 页）。唐寅虽也强调人在日用方寸之间的自省自察，不过，其诗却带有一种玩世之意。在阳明看来，人尽管限于资禀纯驳、遭受血气牵扰，故而"闻人诽谤辄动"，但如果能够"每遇惩创，则又警励奋迅一番"（束景南：《王阳明年谱长编》，上海古籍出版社2017 年版，第 645 页），也并非无益之事。其中，能够主宰支撑此种"警励奋迅"的力量就是道德主体昭明灵觉的良知。阳明认为：

> 喜怒哀惧爱恶欲，谓之七情。七者俱是人心合有的，但要认得良知明白。比如日光，亦不可指着方所；一隙通明，皆是日光所在，虽云雾四塞，太虚中色象可辨，亦是日光不灭处，不可以云能蔽日，教天不要生云。七情顺其自然之流行，皆是良知之用，不可分别善恶，但不可有所着；七情有着，俱谓之欲，俱为良知之蔽。然才有着时，良知亦自会觉，觉即蔽去，复其体矣！此处能勘得破，方是简易透彻功夫。（王守仁：《王文成公全书》，第 138 页）

依阳明，七情虽与生俱来，但一旦着意便会流于人欲而有障蔽良知的危险。在七情流行的过程中，良知必须时时刻刻检视警觉不容有失。大体来说，心学一系大多讲求先天的本体工夫，故而对"怒时观理"以及"怒后反省"的行为提出了不同的看法。甘泉一系洪垣就认为"喜怒皆天性流行，少离体便是迁，便是出位。迁对止而言，观于未发之中，不但是怒时忘怒观理"（黄宗羲：《明儒学案》，第 929 页）。事实上，这种不在怒时观理更多强调于未发时即能识得本体。洪垣补充说："圣贤之怒，从仁上发，故善善恶恶，皆仁之用。吾人之怒，从己意上发，故忿懥贱恶，皆气之动。此理欲所由分也。今执事只当理会仁体，理会自己分事，则性静感寂，相去不远。若于怒时观理，盖为未知用功者设此法门，如知仁体，则已不必言此矣"（黄宗羲：《明儒学案》，第 940 页）。然而，此种倡导在未发时识得仁体的思路却在理学殿军刘宗周那里发生了改变。其中，关于"意"为"心之所发"还是"心之所存"的分歧是造成这一改变的根本原因。蕺山在解释诚意与"好恶喜怒哀乐"的关系时认为：

> 好、恶二端最微，盖动而未形有无之间者。动而未形有无之间，为吉之先见，即至善之体呈露处。止有一善，更无不善。所好在此，所恶即在彼，非实有好、恶

两念对偶而发也。此几一动，才授之喜、怒、哀、乐四者，而刑赏进退生焉，依然只是此意之好恶而已。（刘宗周：《刘宗周全集》，第 621 页）

蕺山以为，人心当中"好恶"两端最为隐微，并且人在"好恶"的过程中能够真切体会到至善的所止之处。另外，蕺山强调"好恶"只是"意"之好恶，喜怒哀乐也是经由"好恶"才得以生发。所以他认为"意不诚，则发而为喜、怒、哀、乐，无往而不陷于有所。于此毫厘，于彼寻丈，故君子必慎其独也。"（刘宗周：《刘宗周全集》，第 593 页。）蕺山将"喜怒哀乐"看作意之所发而非心之所发（情），指出"仁、义、礼、智、信，即喜、怒、哀、乐之形而上者"（刘宗周：《刘宗周全集》，第 607 页），这与宋儒的诠释呈现出明显的差异。值得注意的是，蕺山又通过检讨"理气"关系和"性情"结构，把"喜怒哀乐"与易学中的"元亨利贞"相接。蕺山说：

> 人有四气，喜怒哀乐，中和出焉。其德则谓之仁义礼智信是也。是故元亨利贞，即春夏秋冬之表义，非元亨利贞生春夏秋冬也。左右前后，即东西南北之表义，非左右前后生东西南北也。仁义礼智，即喜怒哀乐之表义，非仁义礼智生喜怒哀乐也。又非仁义礼智为性，喜怒哀乐为情也。又非未发为性，已发为情也。后儒之言曰："理生气，性生情。"又曰："心统性情。"其然，岂其然乎？（刘宗周：《刘宗周全集》，第 118 页）

依蕺山，喜怒哀乐是"气"而不是"情"。如同元亨利贞是春夏秋冬的表称一样，仁义礼智也是喜怒哀乐的表义。此外，也不能截然二分仁义礼智是性（未发），喜怒哀乐是情（已发）。对此蕺山详细论述道：

> 论已、未发曰："中庸言喜怒哀乐，专指四德而言，非以七情言也。喜，仁之德也；怒，义之德也；乐，礼之德也；哀，智之德也；而其所谓中，即信之德也。一心耳，而气机流行之际，自其盎然而起也谓之喜，于所性为仁，于心为恻隐之心，于天道则元者善之长也，而其时为春。自其油然而畅也谓之乐，于所性为礼，于心为辞让之心，于天道则亨者嘉之会也，而其时为夏。自其肃然而敛也谓之怒，于所

性为义，于心为羞恶之心，于天道则利者义之和也，而其时为秋。自其愀然岑寂而止也谓之哀，于所性为智，于心为是非之心，于天道则贞者事之干也，而其时为冬。乃四时之气所以循环而不穷者，独赖有中气存乎其间，而发之即谓之太和元气，是以谓之中，谓之和，于所性为信，于心为真实无妄之心，于天道为乾元亨利贞，而于时为四季。故自喜怒哀乐之存诸中言谓之中，不必未发之前别有气象也，即天道之元亨利贞运于于穆者是也。自喜怒哀乐之发于外言谓之和，不必已发之时又有气象也，即天道之元亨利贞呈于化育者是也。惟存发总是一机，故中和浑是一性。如内有阳舒之心为喜为乐，外即有阳舒之色，动作态度无不阳舒者。内有阴惨之心为怒为哀，外即有阴惨之色，动作态度无不阴惨者。推之一动一静、一言一默，莫不皆然。此慎独之妙，所以即隐即见，即微即显，而慎独之学即中和，即位育，此千圣学脉也。"（刘宗周：《刘宗周全集》，《蕺山刘子年谱》）

依年谱，该条是刘宗周六十岁时的阐述。蕺山这里肯定喜怒哀乐是四德而非七情，从天道运行的气机流行角度，确实给予了新的阐发。故黄百家才说，"提出喜怒哀乐以接元亨利贞，此子刘子宗旨"（黄宗羲：《宋元学案》，第483页）。今以表析之：

四德	喜	怒	乐	哀	中
气体流行					
性	仁	义	礼	智	信
心	恻隐	羞恶	辞让	是非	真实无妄
时	春	秋	夏	冬	四季
天道	元	利	亨	贞	元亨利贞
阴阳	阳	阴	阳	阴	太和元气
慎独					
存发一机（已发未发）				化育万物	

从上表来看，与前人不同，蕺山对于性体所显的"仁义礼智信"中的"信"格外重视，认为"中"是"信之德"。而宇宙当中气之所以能够循环往复的原因，是因为有"中气"的存在，"中气"的存发就是"中和"，此一气是和本体地位相互等同的"理"（超越）。就此，喜怒哀乐存诸人心已经处于"中和"之境，不存在已发未发二分进而

"求中""求和"的情况，而能够使得"存发一机，中和一性"的关键在于慎独。简言之，在蕺山看来，"喜怒哀乐即仁义礼智之别名。以气而言，曰'喜怒哀乐'；以理而言，曰'仁义礼智'是也。理非气不着，故中庸以四者指性体"（刘宗周：《刘宗周全集》，第123页）。亦即说，仁义礼智和喜怒哀乐只是从理气的不同角度说明"性体"的特征。对此，他更进一步解释说："喜怒哀乐，虽错综其文，实以气序而言。至斁为七情，曰喜怒哀惧爱恶欲，是性情之变，离乎天而出乎人者，故纷然错出而不齐。所谓感于物而动，性之欲也，七者合而言之，皆欲也。君子存理遏欲之功，正用之于此。若喜怒哀乐四者，其发与未发，更无人力可施也"（刘宗周：《刘宗周全集》，第359页）。按上，蕺山认为喜怒哀乐不能在已发未发的层面把握管控，因其是"性体"的表征自然流行故而无"人力可施"。在他看来，将"喜怒哀惧爱恶欲"放置在七情的脉络当中理解，实际上歪曲了"性情"的原初意义造成了天人之间的割裂。此外，蕺山一方面以为喜怒哀惧爱恶欲"合而言之皆欲"，另则又强调"喜怒有情而爱恶有意，好恶有理而爱恶有欲"（刘宗周：《刘宗周全集》，第360页），对喜怒、爱恶、好恶进行了严格分判，突出"好恶"的理之正当而"喜怒""爱恶"则分别受"情、意、欲"的干扰。他曾举例说："恶与怒不同，怒一发即止，恶则留滞胸中，尝觉如此"（刘宗周：《刘宗周全集》，第360页）。总体来看，蕺山不遵宋儒"意为心之所发"而言"意为心之所存"，肯定所存之意是分别善恶而成就道德的根本。就此，他提出变化气质要同时考虑先天后天而以先天工夫为第一序列："夫子告颜子为仁，只就视听言动上说。至颜子好学，直蔽以'不迁怒，不贰过'两言，一则就性情上理会，是先一着工夫；一则就四勿中提出转关法，是后一着工夫，合之是善发圣人之蕴"（刘宗周：《刘宗周全集》，第322页）。综上，我们大致可以看到一条从二程至刘宗周的儒家治怒谱系，从围绕《论语》言迁善改过，渐进转到依据《中庸》探究如何兼顾先天后天、本体工夫而达致中和的成德之路。

三、结语

从经验的层面来说，喜怒哀乐（好恶）是人自我表达和呈露心灵状态的最基本的情感。我们很难想象一个不喜、不怒、不哀、不乐的生命体如何在现实世界当中理解、表达和安放自己。事实上，在中国传统思想当中人的情感在存有论的维度被充分加以肯定，因为这是人之所以为人的一个体现，是个体之间之所以能够感通的根本原因。虽如是，人们也充分意识到"情"（怒）本身极其复杂且充满不稳定性，单纯依照情感维系的世界蕴藏着潜在的危机。儒家给"情"（怒）赋予了"仁、义、礼"的规范性原则，并试图建立起一个更加和谐、亲爱的社群关系。换言之，"治怒"基于个体自身生命的滋养和共同体内部秩序的安定，在突出"以人为本"的同时也强调人与人、人与物（名、货、财）的和谐统一。在宋明理学那里，理学家在"性情"概念和结构上的疏解，充分凸显出个体心灵世界的隐秘与复杂。人如何恰如其分地表现"喜怒哀乐"以成就中和的德性，成为宋明理学修身的问题意识。而其"治怒"的生命体证，也接续了孔孟以来儒家克己复礼、修己安人的儒门宗旨。

阳明学人的用兵实践与工夫修炼

刘荣茂 [1]

明代士人谈兵甚至亲自带兵是一个颇为流行的现象。这既源于长期困扰明代的北部边防、东南倭寇、内部盗寇等诸多国防问题，又与明代政府常以文人督抚军务、限制武将兵权的制度安排有关。特殊的时代因素激发了明代士人的兵学思考。作为明代学术传布最广的阳明学，在此方面表现突出。除了军功显赫的王阳明，阳明后学中不乏重视军事的学者。王阳明及其后学不再如先儒一样，对兵学否定而摒弃，而是有限乃至积极肯定与吸纳。值得注意的是，王阳明及其后学对兵学及其与儒学之关系有着丰富而又精彩的讨论。在明代的兵学思潮中，阳明学人之兵学不是技术性或功利性之趋向，他们以儒家思想为底色，对用兵的目的、方式及具体施行赋予人文价值，在儒学精神与伦理的层面上肯定兵学之意义。从阳明学的整体看，他们卓越的军事功勋以及丰富的兵学思考蕴涵着一种论域广泛、观点鲜明的儒家式兵学的向度。本文将从用兵之必要、儒门兵将、用兵工夫三个方面概括阳明学人独特的兵学思想，揭示其兵学实践中丰富的思想意蕴。

---

1 作者系贵州大学中国文化书院副教授。

一、从"善战者服上刑"到"文武合一"

子贡问政，孔子曰"足食，足兵，民信之矣"（《论语·颜渊》），这似乎是对兵事的肯定。不过，孔子随后在三者之间先"去兵"的做法显示，养兵似乎是出于防卫的不得已之计，并非立国之本。卫灵公尝问兵事于孔子，他答之以"军旅之事，未之学也"（《论语·卫灵公》）。对于季康子"如杀无道，以就有道"的提问，孔子反对曰："子为政，焉用杀？"（《论语·颜渊》）。在为政上，孔子明确反对刑罚，并提倡"德政"，所谓"道之以政，齐之以刑，民免而无耻；道之以德，齐之以礼，有耻且格"（《论语·为政》）。以上均表明孔子在治道上力主"文治"而非"武功"，这奠定了儒学反对暴力和刑罚的思想基调。

孟子之世，列国之间"争地以战，杀人盈野；争城以战，杀人盈城"，孟子指斥"此所谓率土地而食人肉，罪不容于死。故善战者服上刑，连诸侯者次之，辟草莱、任土地者次之"（《孟子·离娄上》）。他游说诸侯，和孔子一样"无道桓、文之事"，提出"保民而王"的"仁政"之道，反对通过发展武力来实现国家强大。比孟子更具现实主义精神的荀子，接受了当时列国养兵的现状，他专辟一篇《议兵》论养兵之道。不过，他认为用兵的根本不在于兵家所言的对"天时""地利""敌情"的重视，而是"兵要在乎善附民而已"，君、将、臣、民一体同心才是"仁人之兵""王者之兵"（《荀子·议兵》）。

及至宋代，张横渠年少谈兵，被范文正责之以"儒者自有名教，何事于兵"并劝读《中庸》，遂成一代理学大儒。二程先生曾言："兵也者，古人必不得已而后用"（《河南程氏遗书》卷二）。他们批评当时的兵事曰："方今有古之所无者二，兵与释老也"（《河南程氏遗书》卷六）。

王阳明受命平定地方动乱，难免毁伤生灵，波及无辜。阳明坦言："兵凶战危，圣人不得已而用之者也"[《王阳明全集》（新编本）卷三十九]。他亲自督战，更能切身感受战争之危害："古者不得已而后用兵，先王不忍一夫不获其所，况忍群驱无辜之赤子而填之于沟壑？且兵之为患，非独锋镝死伤之酷而已也。所过之地，皆为荆棘；所住之处，遂成涂炭。民之毒苦，伤心惨目，可尽言乎？"[《王阳明全集》（新编本）卷二十五]。此非阳明之煽情，他在平定南赣汀漳之贼寇时多以告谕劝降，后期征讨广西思恩、田州叛乱时通过解甲休养而安抚思田土官。此外，阳明认为争斗频发乃由于教化不明，民风未善，所以他在地方安定之后广兴社学，转化一方风俗。诸此均表明阳明之事功不是唯仰赖其武力，而是贯穿着儒家仁政之关怀。

南中王门唐荆川以带兵讨伐东南倭寇而知名。他亦言用兵杀敌之不得已是为保全更多人的生命："生者，阳道；杀者，阴道。天生、天杀，虽云并用，而上帝好生，不得已而杀之……上古有罪者，一人不杀，则千万人不能生，故杀人所以生人也"(《重刊荆川先生文集》卷十四)。在兵战中，仁民爱物仍是第一义的。对于兵事征伐，阳明学人以"全生"为尚。王阳明非常推崇《孙子兵法》中"不战而屈人之兵"的仁道精神，他对此评论道："孙子作《兵法》，首曰'未战'，次曰'拙速'，此曰'不战，屈人兵'。直欲以'全国'、'全军'、'全旅'、'全卒'、'全伍'"[《王阳明全集》（新编本）卷三十九]。阳明弟子季彭山发挥阳明之意说："兵，凶器；战，危事。圣人不得已而用之，虽用之，必计万全焉。岂可因贪忿兴兵，而以所不爱及其所爱哉！争地以战，杀人盈野，争城以战，杀人盈城。虽百战百胜，犹服上刑，而况未必尽胜乎！圣人所以慎战，为计万全耳。然临敌而始慎之，则晚矣，亦其所不得已也。是以君子之息争也，不在于微辞请罪之日，而在于修好睦邻之初"(《说理会编》卷八)。"必计万全"不仅仅是尽可能保全我方兵卒之生命，而且使战争损伤最小，尽可能减少敌我双方之伤亡。

阳明和孟子一样认为，要使战争立于不败之地，根本是施行仁政。梁惠王曾向孟子请教在战国诸侯争霸时如何取胜，孟子的回答是："王如施仁政于民，省刑罚，薄税敛，深耕易耨，壮者以暇日修其孝悌忠信，入以事其父兄，出以事其长上，可使制梃以挞秦、楚之坚甲利兵矣"(《孟子·梁惠王上》)。当弟子邹东廓问老师兵法时，阳明的回答如出一辙：

> 益尝问兵法于先师，先师笑曰："何必孙吴，圣门自有节度矣。省刑薄敛，深耕易耨，孝弟忠信，爱亲死长，则坚甲利兵，可持梃而挞，彼民之爱我也如父母，而视寇夷也若仇雠，则狙诈咸作使，而奚宁谥之弗济！"(《邹守益集》卷四)

用兵的根本在于"文治"而非"武功"。尚武只能助长暴力，以暴易暴，没有穷尽。而仁政养民才是平息争斗的长久之道，这既可以止息战争侵伐之戾气，又能够获得民心，巩固国本，为不得已之战争提供坚实的民力基础。究极而言，阳明和传统儒家一样，对用兵或兵事总体上持消极之态度。对他们来说，用兵是应对动乱及侵犯的一种被动的防御方式，不值得提倡与重视。所以，当弟子频频请教兵法时，阳明常转向其他更根本的层面。但是，随着明代南倭北虏边防形势的愈加严峻，阳明后学愈发提高兵事的重要性。

唐荆川除亲自指挥并参与抗击倭寇的战争外，还编纂过一部《武编》，此书汇集历代用兵之指要，分将士、行阵、火药等151门，内容十分详备。在编纂的另一部《历代史纂左编》中，他在"名臣"之外单列"将"之一目，作为国家治理之不可或缺者。好友王龙溪在此书序言中发挥荆川重视兵将之意：

> 自问阵之对出于孔子，学者遂分俎豆、军旅为二事。不知此特有为而言耳。观夫文事武备之请，岂真未尝学者耶？圣人之学不传，儒者徒以雍容肆习、盘辟委蛇为文。而抱桴鼓、挥长戈专为武夫之所守，儒者益摈而不讲。不知雍容、盘辟非所以议俎豆，而抱鼓挥戈亦非所以尽军旅之事也，两失之矣。(《历代史纂左编凡例并引》)

以龙溪之意，儒学最初完备的礼、乐、射、御、书、数之"六艺"，被后世割裂为文武二途，以礼乐为儒者之文，射御鼓戈为武夫所守，两者不相往来，遂失儒学文武皆备之原旨。唐荆川和王龙溪以儒学融摄兵学的努力不是孤鸣之音。黄梨洲在《明夷待访录》中总结明代乃至历代兵制之得失时特别指出，明代军力疲弱的一个原因是文武分途，文臣专任计饷节制，武将只能操兵。表面上看此可犬牙相制，实则导致明代武人拥兵自重、朝中缺乏忠义勇略之将的败局。梨洲认为文武分途的制度也致使儒学重文轻武之弊病：

> 自儒生久不为将，其视用兵也，一以为尚力之事，当属之豪健之流；一以为阴谋之事，当属之倾危之士。夫称戈比干立矛者，士卒之事而非将帅之事也，即一人

以力闻,十人而胜之矣。兵兴以来,田野市井之间膂力稍过人者,当事即以奇士待之,究竟不当一卒之用。万历以来之将,掩败饰功,所以欺其君父者何所不至,亦可谓之倾危矣……使文武合为一途,为儒生者知兵书战策非我分外,习之而知其无过高之论,为武夫者知亲上爱民为用武之本,不以粗暴为能,是则皆不可叛之人也。(《明夷待访录·兵制三》)

梨洲的文武合一,一方面是要儒者谙习兵书战策,另一方面则培养武人的人文情怀,融化杀伐之气,使两者相互补充,增强国力。晚明阳明学人的重武风尚随着清朝的建立而趋于衰竭,但在清末民初国家遭受内忧外患时又引起强烈的回响。不论是在康有为、梁启超的维新派,还是章太炎等人的革命党那里,王阳明俱被推崇为强立尚武之典范。阳明之武功、阳明学之勇猛无畏精神在近代民族主义思潮的背景下再次被激发起来。从晚明重武的历史看,阳明学在近代的"登场",除了日本明治维新的外在刺激,也离不开历史的内在因缘。

二、儒门兵将

相较于近代推崇王阳明时仅仅崇尚武功、事功,阳明学人是以儒学的视角看待兵学,自觉地以儒学融摄兵学。王阳明及其诸多后学都认为儒学与用兵存在相通之处。王龙溪对兵家之学有一个大胆的判断:"《孙子》十三篇,兵家之《六经》也。其言必原诸天,而曰:'将之道,智、信、仁、勇、严'。斯五者,是即吾儒之德行也。'治心'、'治气',即吾儒'养心'、'养气'之旨也。'无智名、无勇功',即吾儒'忘己'之实也。'其君信吾说则从、不信吾说则去',即吾儒进退之节也。审若是,将之为将,是即吾儒之俎豆也,顾可专以军旅之事少之乎?"(《历代史纂左编凡例并引》)。龙溪认为,《孙子兵法》所言将之德性、修为以及立身等为将之道与儒学观念十分接近,所以儒家不能因为兵学涉及杀伐而排斥之,同时儒家之道也有助于兵学的研习。事实上,阳明及有兵事经历的后学多以儒学修身作为将领之素养。

钱绪山曾问乃师用兵之术，阳明答曰："用兵何术，但学问纯笃，养得此心不动，乃术尔。凡人智能相去不甚远，胜负之决不待卜诸临阵，只在此心动与不动之间。昔与宁王逆战于湖上时，南风转急，面命某某为火攻之具。是时前军正挫却，某某对立矍视，三四申告，耳如弗闻。此辈皆有大名于时者，平时智术岂有不足，临事忙失若此，智术将安所施？"[《王阳明全集》（新编本）卷三十八]。"不动心"不仅是儒家修身之目标，在此也成为兵将临阵不惧的必备素质。

阳明再传弟子王敬所担任过江西右布政使、右佥都御史，平定江西动乱，巡视宣府、大同。身履兵事的他亦自觉以儒统摄兵学。王敬所特别撰写《儒将》一文，从儒学立场申发用兵之道。他提出七种成为将帅的品质："将者，兵之柁也，柁运则舟从；心者，将之机也，机从则柁应。坐作击刺与夫旗鼓进退有法可循者，姑置弗道也。而由主将者之心，其必不可已者，盖有七焉。凡当机欲圆，赴机欲迅，应卒欲闲，持议欲定，秉气欲壮，怀忠欲烈，虑势欲远……凡此七者，得二焉可以将，得半焉无不胜，全则无敌于天下。自非久于学以明其心，完其养，以定其气，其奚以及此！"（《敬所王先生文集》卷十五）。此七种为将之品质适用于兵刃相交的战场上，而它们需要通过一般的明心、完养、定气之修养工夫而获得。

季彭山弟子徐文长与王敬所的观点十分契合。徐文长曾作为胡默林的幕僚参与后者指挥的东南抗倭战争，这段经历促进了他对兵学的思考。徐氏专辟一长文辩说将帅修养的重要性。他认为勇敢、气势鼓荡、决断等一般人看重的将帅品质，仅是"将之粗"。而将帅的关键则在"治气"与"治心"。治气治心以孟子的"浩然之气"与"不动心"为目标："古之将多矣，无不治其气与心，而其治气与心，无不养之于闲，而始责期于猝，炼之于缓，而始求其效于临时……孟子儒于将，能将而未尝将者也，其欲跻齐宣而王之也，犹反手，此非将之效，而何效乎？至于尽授其诀于公孙丑，则特有'善养气'与'不动心'二三言耳。孰谓养气者非将之治气，而所以致其心之不动焉者，非将之治心耶……彼孟子者方且孺其服，士其冠，缓其带，安其履，委委蛇蛇，进而与齐梁之君谈道而论德，退而与其徒学孔而希周。明而以对于人，幽而以谨于独，办事之非义，而决不敢妄于一行，辨人之非辜，而决不敢妄于一杀。其致密于一尘一芥之微者既如此，而其昼夜之所从事，乃在于'助'与'忘'，'帅'与'充'，'至'与'次'，'蹶'与'趋'、'得于言'与'不得于言'，'揠苗'与'不耘苗'者也，而非有他也。研其几于有无之间，而致其谨于鬼神所不得窥之际，视其气息之柔，若属纩而欲绝，而心之澄且烛也，若渊之未澜而旭之始登，以至于枉直辨，义利明，则大者塞于天地，然后机之敏而断也若舍括。而胆之所向而所决也，虽百贲育于吾前而无所用其勇也，然后敢开口而决之曰，齐可王，而王可反手也。盖为将者之气与心，必至此而后可以言治，而治气与心，必如此而后可以尽将之道而无遗。噫，此诚未易以言也。古之言将者，儒与将一也，儒与将一，故治气与治心一也"（《徐渭集》，第892—893页）。徐氏以为，孟子"儒于将""能将"，只是没有成为将帅的机会。这个论断可能有争议，但是他认为孟子在进退出处之中涵养的浩然之气和不动心与将帅之气与心并无二致，这一观点却意蕴深厚。

徐文长和王龙溪、王敬所等阳明后学的看法总体一致，文武应当合一，将帅当以儒家理念为底色。值得注意的是，三人对儒学与兵学的会通中特别突出以儒学修身工夫作为将帅修养的重要性，他们共同指出，孟子的"养气""养心"（"明心""治心"）说不仅是一种儒家工夫论，而且是将帅制敌取胜的要诀。《孙子兵法》本有"治气""治心"之说："善用兵者，避其锐气，击其惰归，此治气者也。以治待乱，以静待哗，此治心者也。"（《孙子兵法·军争第七》）此"治气"指克治敌军之气势，"治心"指克治敌军心理和情绪，两者均以制敌言。龙溪认为《孙子兵法》之"治气""治心"即儒家之"养气""养心"，显然有误。不过，他将孟子的"养气""养心"说转变为一种为将之道，可谓是一种"创造性的误读"。阳明后学宣称军旅不在"俎豆"之外，并非空泛无实之口号。王敬所和徐文长对"儒将"的分析均指出，将帅在战场上必备的处乱不惊、相机而动、深虑果决等品质，要靠平日修养之积累，而孟子提出的"勿忘勿助""扩而充之""志帅气充"等修身方法恰恰是将帅修炼的最好指南。孟子原本极力反对战争，高呼"善战者服上刑""杀一无罪，非仁也"，等等，不承想其人格修养的诸种方法在阳明后学处，竟能转变为兵事活动中的实践能力。

阳明学人主张儒学与兵学之相通，除了儒将合一之论，还认为儒学有助于兵法谋略。季彭山指出，兵法要以仁义为指导，"兵法以仁为主而以严行之。非仁则人心离，非严则人心玩，皆取败之道也。严与仁，礼乐之别名也。而谓行兵者，不本于中和之德可乎"！（《说理会编》卷八）仁义礼乐亦是待兵备战的行事原则。徐文长的说法与之相似："盖天下之事无一不成于道，败于不道，而道莫要于孝弟。议者不察乎此，而谓兵之家尚诡与毅，于是率卤莽于家庭，而侥幸于阃毂，一涉孝弟事，则见以为迂阔钝迟，徒老生耳，一切置不讲。而不知赵括长平之败，乃由不善用其父书，而伯禽卒成淮徐之功，则以其敦信义习礼让，推本所致，乃自木叶俯仰中积累而然……夫兵犹博也，孝弟者其资也，胜而成功其采也，资高则气安而必胜，资寡则气不安而必不胜"（《徐渭集》，第562—563页）。徐氏步乃师后尘，也认为孝悌仁义是用兵取胜的关键，兵法兵计离不开儒学伦理。

并不是所有用兵之道都与儒家伦理相符。兵法中的诡道计谋常遭到儒家批评。荀子对兵事的重视程度超过孔孟，但他批评战国兵家以变诈袭击对方的谋略："仁人之兵，不可诈也；彼可诈者，怠慢者也，路亶者也"（《荀子·议兵》）。荀子认为用兵攻占之本在于士民归附，而用变诈则会使君臣离德、敌方丧失归附信心。随着战争愈加复杂，后儒对计谋诡道也有所接受。宋儒二程认为，两军对阵，用计谋是必要的，但是当学生问及"间谍之事"，二程说"这个不可也"。然而，阳明之用兵善于用智谋，而且还善于"用间"。不过，阳明对此三缄其口，密守不传。相反，他强烈批评阴谋诡计之行。或许阳明担心说出用兵计谋会"长乱导奸"，所以才"不形于奏，不宣于语"（钱德洪：《平濠记》）。

阳明弟子对于计谋诡道则相对激进，为其必要性予以辩护。季彭山说："以力角力，取胜为难。虽或胜之，而弟子之舆尸必众，此仁者之所不忍也。故攻其无备，出其不意，多方以误之，力争者之要法也。夫诡道，非圣人之所尚。然不能弭乱于未萌，酿成其势，至于不得已，则急于救人者必有仁术，故诡道不可尽废焉"（《说理会编》卷八）。用谋不仅可以增加取胜筹码，更重要的还在其能减少敌我伤亡人数。唐荆川在《历代史纂左编》将"谋臣"单列，王龙溪将其与盗贼之谋相区别："神圣有神圣之机，盗贼有盗贼之机。神圣之机亦神圣之谋也，盗贼之机亦盗贼之谋也。故机慎则谋审，机藏则谋深，机密则谋不疏，机圆则谋不滞。或握其机，或窃其机。神圣握之以妙应，盗贼窃之以神奸。举不能外也。是造化之阴符，未尝轻以示人……或者以为神圣、盗贼之机混而为一，孰从而辨之？是不然。必为善，必不为恶，人之本心而天之机也，由君子以入于神圣。其握而用之，乃其天机之自然而不容已。彼小人之为盗贼，则所谓失其本心，窃之而已矣"（《历代史纂左编凡例并引》）。龙溪认为君子之心本具有不可测之机，心机之妙运难测即是君子之谋，小人用于恶才产生欺诈之术。由先儒反对诡道到彭山、龙溪等阳明后学的大胆肯定，亦是后者重视兵学、以儒摄兵的一个方面。

三、用兵工夫

阳明学是修身成德的圣贤之学，阳明学人追求"无一时不在于学，无一事不以学为证"（《王畿集》卷十六），兵事活动为他们的修身之学提供了特殊的境遇。王阳明兵事之暇不忘与门人讲习讨论，唐荆川于嘉靖三十年（1560）在维扬（今扬州）任佥都御史巡抚并筹划兵务时，亦与王龙溪共讲良知之学。对于阳明及其后学来说，在兵事中为学不仅包括讲学论辩，更在于即兵事中做修身的工夫。这一点可从荆川与龙溪在维扬的对话得到清晰的展现：

> 荆川唐子开府维扬，邀先生往会。时已有病，遇春汛，日坐治堂，命将遣师，为防海之计。一日退食，笑谓先生曰："公看我与老师之学有相契否？"先生曰："子之力量，固自不同，若说良知，还未致得在。"荆川曰："我平生佩服阳明之教，满口所说，满纸所写，那些不是良知？公岂欺我耶！"先生笑曰："难道不是良知，只未致得真良知，未免搀和。"荆川愤然不服，云："试举看？"先生曰："适在堂遣将时，诸将校有所禀呈，辞意未尽，即与拦截，发挥自己方略，令其依从，此是搀入意见，心便不虚，非真良知也……荆川怃然曰："吾过矣！友道以直谅为益，非虚言也。"（《王畿集》卷一）

王龙溪对唐荆川致良知工夫的剖析全文较长，此处省文为便。龙溪指出，从战前筹划（"制木城、造铜面、畜猎犬"）、请兵誓师（"闻兄请兵，意气横发"）到战争期间的商讨（"议论未合，定着眼睛，沉思一回"）、应对（"奋棹鼓激、厉声抗言"）及决策（"官将地方事体，请问某处该如何设备"），再到事后赏罚（"有时行不测之赏、加非法之罚"）等整个兵事活动的过程中，荆川之修身工夫"搀入"诸多主观因素（"搀入意见""搀入典要""搀入拟议安排""搀入气魄""搀入格套""灵根摇动"等），而不能达到"心虚""神机""无凝滞""心正"等"真良知"的境地。龙溪对荆川的言行（"辞令""举动")、身体仪态（"定着眼睛"）乃至心理活动（"懊恼不快活"）进行了全方位审视，既揭橥其兵事行动中的多种工夫弊病，又展现出荆川在兵事活动中丰富而又致密的修身事项。对于唐荆川的兵事行动，龙溪之剖析如抽丝剥茧，细密深入，他不仅以他者的角度辅助荆川提高其致良知之学，而且提供了一个生动的"事上磨练"、在实践中用功的事例。

兵事活动作为性命攸关、充满危险的处境，在其中的修身工夫与日常之修养多有不同。王龙溪在与唐荆川的探讨中特别强调："若是真致良知，只宜虚心应物，使人人各得尽其情，能刚能柔，触机而应，迎刃而解，更无些子搀入"（《王畿集》卷一）。他认为，在敌我军情瞬息万变的情况下，将帅最重要的素养是顺应事态、快速而准确地应对，而要做到"触机而应"，需要将领之良知虚明无凝滞。王龙溪的观点与前文王敬所"当机赴机"说、徐文长的"治气治心"说异曲同工，他们认为用兵者"知机"与沉着镇静是取胜的关键所在。在阳明后学中，"机"本指个人意念端倪初露、意向未定之征兆，属自我意识，而在用兵行动中，"机"则转指兵事事态发展之趋向或征兆。尽管他们并未做出这一区别，但用兵之事关生死的利害关系导致其对事态本身的关注是十分明显的。不过，在阳明学人看来，洞察兵事几微的前提是用兵者能够临危不惧、镇定从容，他们不约而同地认为这恰恰是孟子"养气""养心""不动心"等修身说所指之处。不论是王敬所、徐文长等兵事的亲历者，还是如王龙溪、钱绪山一样的旁观者，均指出此心不动在危险的兵事处境中的关键意义。我们还可从王龙溪对乃师的回忆得到印证：

> 夫人心本神，本自变动周流，本能开物成务，所以蔽累之者，只是利害毁誉两端。世人利害不过一家得丧尔已，毁誉不过一身荣辱尔已。今之利害毁誉两端，乃是灭三族、助逆谋反，系天下安危。只如人疑我与宁王同谋，机少不密，若有一毫激作之心，此身已成齑粉，何待今日？动少不慎，若有一毫假借之心，万事已成瓦裂，何有今日？此等苦心，只好自知。譬之真金之遇烈焰，愈锻炼愈发光辉。此处致得，方是真知；此处格得，方是真物。非见解意识所能及也。自经此大利害、大毁誉过来，一切得丧荣辱，真如飘风之过耳，奚足以动吾一念？（《王畿集》卷十三）

依龙溪之理解，阳明用兵常胜的关键不是兵法秘技，而是临危不惧的心理素质，这和上文绪山所言高度一致。不论是绪山所说的"此心不动"，还是龙溪此处说的不"动一念"，抑或徐文长申辩的"治气"与"治心"等，都清楚地说明在孟子那里原本并非核心观念的"不动心"，在兵事行动中变得尤为首要。阳明学人的"不动心"其实也有理学工夫论的渊源，它与程明道的《定性书》颇为近似，两者都指向一种内心的安定状态。区别在于，《定性书》要破除一种抗拒外物、封闭内心的错误做法，而用兵中的"不动心"则须克服患得患失、畏惧死亡的心理恐惧。显而易见，后者的处境更艰险，对修身者的历练也更彻底。如龙溪所言，两军对峙的危险境况也给修身者提供了一个检验自我、突破自我的极端机会，阳明生命之跃升离不开他经历的种种战事。阳明自言："某于良知之说，从百死千难中得来，非是容易见得到此"（《传习录拾遗》）；"我自用兵以来，致知格物之功愈觉精透"（《王畿集》卷十三）。当然，长期的征战生涯促进阳明思想之转进的同时，阳明修身工夫对于其平定宸濠之乱等卓越的军事功绩亦关系匪浅。就后学唐荆川、王宗沐等用兵者而言，兵事行动与为学工夫也成为一个相互促进、相得益彰的回环。

四、总结

王阳明及其后学中的用兵者自觉以工夫论的角度融摄兵学，这是阳明学人军事实践的一大特点。阳明从不夸耀自己的军事武功，他认为用兵是不得已的防卫性行为。但王龙溪、唐荆川、黄梨洲等人愈发强调兵事的重要地位，他们希冀儒家文治与兵家武备能够统一。阳明后学既遵循先秦儒家对兵事的基调，认为用兵是不得已，要以"全生"为上。同时，他们又逾越先秦儒家和宋儒对兵学的批判和抵制态度，大胆承认现实中兵事的必要性。不仅如此，王阳明及其后学自觉地发掘儒学与兵家相通的元素，将修身工夫作为将领的关键素养，并提高到比兵法兵技更重要的地位，这与重视兵法、重视分析军情的传统兵学理念有着显著的区别。兵事行动作为利害攸关、充满危险的处境，给王阳明、唐荆川等人提供了一个特殊的工夫修炼的境域。儒家"养气""养心"之修身工夫能让兵将在险境中成就"不动心",沉着镇静,从容应对。同时,应对纷繁复杂的兵事活动又是检验其工夫修炼最佳的磨刀石和试金石。王阳明及其后学的用兵实践是阳明学"事上磨练"之工夫论旨趣的一个生动呈现,它既彰显儒学工夫论的实地用功的特质和实践效力,又是对传统兵学的拓展。总之,阳明学人的兵学实践十分丰富,不仅体现了阳明学的实践性格,而且是儒家工夫修炼的一次特别的开展。

用脑、用心与学以致用

大　树[1]

记得《原学》第一辑发刊词里开宗明义地写道："《原学》的'学'是修身之学，德性之学，智慧之学，是生命的学问。"两年前正是这段文字引发了我对《原学》的浓厚兴趣，也令我对《原学》平添了一分亲切感。

作为一个中国人，"学而时习之，不亦说乎？"的至理名言，自小就一直回荡在我的心中，尽管此处的"习"可以理解为复习、练习等多种含义，但是我更愿意把它理解为践行或实践，因为成长的经验告诉我，学以致用真的是件令人很快乐的事。

然而，随着年龄的增长，我却越来越体会到，理论与实践、知道与做到之间的距离往往会成为这个世界上最远的距离。这一困境，在修身的过程中尤为明显，就好像那句尽人皆知的名言："江山易改，本性难移"。

所谓修身，正是要调整、修正自己身心的局限、不足与错误，然而如何将圣贤先哲的言教落实到自己的身心，却是件极不容易之事。这里既有未能切实领会圣贤先哲用辞之意趣等因素，也有自身习气的惯性使然，还有一个极易被忽视的因素——缺乏如何将以文字概念为载体的言教转化为自身身心内在运作的落地方法。

我曾被上述三类障碍困扰了许多年，为自己学得不少、能做到的却很少而苦恼。直至多年前偶然接触到传统文化中的禅宗实践方法，经过几年的实践，萦绕在内心的迷雾

1　作者系自由学者。

才开始渐渐消散……

下面我将尽力把这些年来在摸索如何将修身之学落实到自己身心的过程中所进行的思索、使用的主要方法与实践的心得整理出来，以期能抛砖引玉，引发更多同行者的探索。

要谈"学以致用"，有必要先界定清楚"学"的内容与目的。既然是在修身之学的范畴里谈"学以致用"，"学"的内容就不是一般意义上的知识或技能，"学"的目的也不是探索、解释外在世界，或是将知识技能转化为物质、服务或文化等产品。而是以圣贤的言教为学习内容，以修治身心，启迪智慧，乃至立人达人、利于社会为学习目的，以自己的身心为实践对象。

从我个人的实践经验来看，学以致用的关键包括了两大部分：一、掌握用脑与用心的转换与协调；二、学会把控自心。

对于身处信息化与知识大爆炸时代的我们来讲，用脑是再熟悉不过的事了，无论是从小到大的学习，还是踏上社会后的工作，几乎无一处不需要用脑，尤其在互联网自媒体兴盛的今天，我们的大脑每天都会接收、处理，甚至是输出大量的视听信息。然而，作为现代人，我们对用心以及如何用心地关切却在逐渐淡却。

即便如此，"心"与"用心"，似乎仍是我们中国人天生就能理解的一组概念，通常根本不需要解释。但是，如果有人问我们："什么是心？要如何用心？"我们又该如何回答呢？就好像我第一次接触禅宗时，老师问我："你会不会用心？"我突然有种被问懵的感觉，心想：说我不会用心吧，这肯定说不过去，但如果说会用心吧，我似乎也说不出个所以然来。

我们从小到大虽然学习过各种各样的知识，接受过五花八门的教育和培训，训练过如何使用大脑以及各式各样的工具，但是我们却极少学习和训练如何用心。这使得我们在将修身之学向内落实到自己的身心时，往往抓不到要领。

我们都知道"起心动念"这个说法，但是我们很少会去关注它其实是由"起心"和"动念"两个部分组成的。"起心"并不完全等同于"动念"，而且很显然"起心"发生在"动念"之前，这就好像我们第一次遇见让自己怦然心动的异性，那种小鹿乱撞的心动感明显要早于后续引发的脑海里的各种念头。从"起心"到"动念"是我们的内心活动由细向粗不断滚大的过程，这两者虽然无法截然二分，却又存在着明显的不同。

当我们讲"动念"的时候，通常指的是大脑思维运作的这一阶段，也就是常说的"用脑"。而在"动念"之前，还没有动到思维的"起心"阶段却很少被我们关注。

那么，我们要如何认识"心"与"用心"呢？

岐伯在《黄帝内经灵枢本神篇》云："任物者谓之心"，所谓"任物"用现代话来讲就是接收、处理和反映信息，而这个过程就是我们常说的感觉、知觉、思维和情志活动。

王阳明在《传习录》中云："心者身下主宰，目虽视而所以视者，心也；耳虽听而所以听者，心也；口与四肢虽言动而所以言动者，心也。"同时又云："心不是一块血肉，凡知觉处便是心。如耳目之知视听，手足之知痛痒，此知觉便是心也。"

在中国传统文化中，"心"显然不是指某个身体器官，更不是某个具象的事物。因此，我们大致可以把"心"理解为：能接收、处理各种信息并做出反应的一种整体的生命活动和能力。在我们现代人常用的概念中，广义的"认知"所表示的内涵与中国传统文化讲的"心"最为接近。

广义的"认知"指的是人最基本的心理过程，它包括感觉、知觉、记忆、思维、想象和语言等活动。而认知的过程就是人脑通过眼、耳、鼻、舌、身接受外界的信息后，经过头脑的加工处理转换成内在的心理活动，进而支配人的行为。这是一种建立在脑神经科学研究基础上对人类生命活动过程的解读。

从上述解读中我们会发现，中国传统文化所讲的"心"其实涵盖了现代人所讲的大脑功能和活动，那为什么在探讨"学以致用"的时候，还要区分用脑与用心呢？

这其实是由于现代人过度偏重于大脑思维，使得我们整体的身心活动明显失衡，注意力和能量过于集中在思维活动中，以至于不仅导致了一些普遍的现代病，譬如失眠，而且还造成了在学习修身之学的过程中知道与做到的严重割裂，并且有把头脑知道当成实际做到的明显倾向。因此，为了排错以及为了找到恢复平衡的方法和下手处，才不得不对两者进行区分，而事实上两者是无法截然二分的。

从我们中国的传统来看，古人很少会讲"用脑"，因为这个概念主要是随着现代脑科学的发展才逐渐凸显的。而过去讲"用心"往往已经涵盖了思维、记忆等大脑活动。譬如古人学习一门学问或技能大都是通过师父带徒弟的方式，这种方式往往更注重通过观察师父如何做以及感受自己的实操练习来体会和领悟，而纯概念的灌输和逻辑思维在学习中的占比相比现代人要少很多。

所以，我们中国人讲的"用心学习"首先指的就是要集中注意力观察、聆听和感受，其次才是概念理解、思维分析和记忆。而前面这部分的学习重点并不在于概念，主要依靠的也并非是大脑的逻辑思维等功能，而是在于充分调动自身的感官能力，直接、充分地获取所需的外界信息甚至是内在的直觉信号。就好比在品茶的时候，我们并不需要去思考任何的概念或进行任何的逻辑推理，而只需要静下心来直接通过眼睛、鼻子、嘴巴、身体去充分地感受这杯茶。

因此，当我们区分"用心"与"用脑"时，前者侧重讲我们身心活动的感受与直觉部分，而后者则侧重于身心活动的概念理解、形象思维、逻辑推理、记忆等部分。当我们想强调不要仅仅停留在头脑的概念、逻辑或想象而要用心观察、感受和行动时，我们会讲："请用点心"。当我们想强调不要只是低头做事，还要运用头脑思维的理解、分析或想象能力时，则会讲："请动动脑子"。

我们都知道概念是由事物特征的组合而形成的知识单元，是把一群事物的共同特性抽象出来而形成的人类认知思维体系中最基本的构筑单位。概念相对于其指向的事物而言是很粗糙的，因为其形成的方式就是对事物的诸多特征进行抽取和过滤，所以单一的概念必然只能体现出事物的某一个面向，或某一类特性。

例如："岩茶"这个概念，其指向的是喝起来有岩韵特征的一类茶，而如果是从其制作工艺的特征来定义，这类茶则称为"青茶"。但是，如果一个人从来没有喝过岩茶，仅凭概念是无法真正了解什么是"岩韵"的，也就不可能真正地知道什么是岩茶，更无法在品茶的过程中进行辨识。可见，人如果只是停留在概念思维，是无法将知道转化为做到的。

另一方面，如果人只是停留在对听觉、视觉、触觉、嗅觉和味觉的觉受中，不会使用大脑思维，那么就跟动物没有多大的区别，譬如两岁以前的孩子就主要是依靠感觉来生活的。而人类相对于地球上的其他生命来讲，最大的优势恰恰是我们的概念思维、形象思维、逻辑推理以及文字表达等能力。人之所以能够调适身心、弃恶修善、涵养德性、启迪智慧，都是离不开人类大脑特有的思维能力的。

一、掌握用脑与用心的转换与协调

那么，区分了用脑与用心，对落实"学以致用"有哪些实际的指导意义呢？

区分并不是为了强行割裂我们身心活动中的思维逻辑与感受直觉，更不是要否定或排斥任何一方的活动或作用，而恰恰是为了让我们更为清晰地了解在从知道到做到的过程中，如何有效地发挥两者的不同作用，什么时候该发挥思维逻辑的作用，什么时候该发挥感受直觉的作用，以及如何做到两者的有效转换与协调。

1. 如何用脑？

从知道到做到的过程，实际上就是用脑与用心不断相互转换的过程。有效转换的前提，对我们现代人来讲通常是建立在正确思维的基础上的，而正确思维的前提，又往往是建立在对文字概念的准确理解上。

1.1　依止于文

佛家用"闻思修"来阐述从知道到做到的过程。第一步是"闻"，《解深密经》中对此有非常细致的描述："闻所成慧依止于文，但如其说，未善意趣，未现在前，随顺解脱，未能领受成解脱义。"

我们都知道学习的第一步是听闻，所谓"依止于文"就是依靠、依赖语言文字去了解道理。通常在此过程中，会涉及很多概念，虽然有些是我们已知的概念，但由于一词可能有多义，所以我们仍应根据全文的旨趣及上下文来准确把握其内涵。例如，学习《论语》时读到"子绝四：毋意，毋必，毋固，毋我"，我们就应把此处的"意"理解为主观臆测，而不是意愿或意向。

对于未知的新概念，我们则应根据字典、相关的注疏或专业人士的解读来认识其内涵，而不能仅依靠自己的臆想或觉受来定义、认识一个未知的概念。例如，学习《金刚经》时读到"我于尔时，无我相、无人相、无众生相、无寿者相"，我们就不能仅凭自己的臆想把"寿者相"理解为贪图长寿的想法。

在学习新概念的时候，我们通常会有一种想要快速在头脑的概念仓库里安置好其位置的习惯，而常用的方式就是通过相关或相似概念之间彼此的参照来定位，或者通过自己的觉受来定位，我把这种方式称为"概念连线"。虽然这种方式的好处是既方便省力又快速，在实践中有它的价值，但是这种学习方式过于粗糙，很容易产生错谬。

以佛门的主要概念"空"为例，如果望文生义地把"空"理解为是空空如也、一无所有，或者将其与空间、虚空等概念进行连线等同，那么将造成对此关键概念的严重曲解。如果带着这样的认识，在实践中修习观空，就很可能会在头脑里想象出一个空的意境，并将心安住在此意境上。虽说这也勉强可算是一种令心安止的方法，但却与真正的"观空"大相径庭，懂行的人把这戏称为"催眠空"。

实际上"观空"的目的是破除我们内心的执着，是通过观察、分析、抉择，来体会自性不可得。所谓"空"指的是：我们坚定地认为事物内在存在的那个独立的、恒常不变的、不依赖于其他因缘条件的、能自己成就自己的特性是没有的。所谓"观"就是要去观察、分析并体会上述道理，而不是要观一个"什么都没有"。观一个什么都没有，就好像是看着一堆空气发呆，自以为是什么都没看，而实际上是把"什么都没有"当成了一个对象来看。可见对概念的错误理解，不仅无法开显智慧，还会将实践引入歧途，这就属于不会用脑的典型表现。

当然，仅仅能够依文解义是不够的，因为此时还只能照本宣科、鹦鹉学舌，而未能深入理解和领会文字概念的趣向，更没有获得亲身的经验和体会，也就是经文所说的"但如其说，未善意趣，未现在前"。因此，必须要进入第二步"思"。

1.2　能善意趣

《解深密经》中对"思"也有非常细致的描述："思所成慧亦依于文，不唯如说，能善意趣，未现在前，转顺解脱，未能领受成解脱义。"如果说"闻"还停留在大脑对文字概念的字面理解，那么"思"则是在此基础上结合自己的相关经验，进一步发挥大脑的演绎、归纳、联想、类比等思维能力，对圣贤的言教进行深度思考，从而领悟其意趣。

同样以《论语》中的"子绝四：毋意，毋必，毋固，毋我"为例，如果把"意"理解为主观臆测，把"必"理解为认为事物必定如何，把"固"理解为固执己见，把"我"理解为以自我为中心，那么我们可能会进行这样的思考：孔子为何要否定这四个方面？它们之间又有怎样的关联？

从我个人的思考来看，这四个方面是环环相扣紧密相连的。如果一个人总喜欢对其他人、事、物进行主观臆测，那么由于其视角过于单一，就容易产生认为事物必定如何的偏见，并且还会坚持认定自己的看法是对的，而这些都会强化以自我为中心的习气。反过来看，这几个方面的统领又恰恰是"我"，正因为以自我为中心，才会引发"意、必、固"，因而这三个方面都是"我"的具体显化，它们与"我"之间是一种相互依靠，彼此强化的关系。一方面"意、必、固"是因"我"而显化，另一方面正是因为主观认定有一个"我"，并且坚固的执着于这样的认知，"我"才得以安立。

从上述思考可以看出，孔子是从不同的侧面来描述以自我为中心的习气，目的是为了告诉我们修身要从这四个方面着手，才能逐渐调整我们身心，开显内在的智慧。

如果结合《金刚经》的"无我相、无人相、无众生相、无寿者相"来看，我会这样来理解，"毋我""毋意"侧重在讲要破除对主观能动或自我意识的执着，因此与"无我相"具有相近的含义，而"毋必""毋固"则侧重在讲要破除对人、事、物或自己的观点等所认知的客体对象的执着，因此与"无人相"具有相近的含义。

当然上述只是我个人的理解，假设这样的理解能符合圣贤言教的旨趣，那么就做到了虽依赖于圣贤的言教，但又能根据自己的理解，用自己的方式进行表述。也就是经文所说的"亦依于文，不唯如说，能善意趣"。

"思"是知道与做到之间非常重要的一环，是连接知道和做到的桥梁，因为只有透过对文字概念的思考并把握其趣向，才能够在实践中准确的指导我们的行为。同时"思"和"闻"实际上是相辅相成的，正如孔子所言："学而不思则罔，思而不学则殆。"

在学习修身之学的过程中，当我们完成了深度思考，接下来就必须要进入实践，因为即使是再深刻的思考，也仍还未落实到自己的身心，未能获得直接的体验，未能真正地将身心调整到圣贤的标准，也就是"未现在前，未能领受"。

然而，由于我们现代人过于依赖大脑思考，在从"思"到"修"的过程中仍可能会走入把逻辑思维结果或形象思维结果等价于做到的歧路，所以在实践之前我们有必要为自己建立一道理性的护栏。

1.3　理性护栏

所谓"理性护栏"指的是要始终牢记自己学习的目的，认清自己当下所处的位置，保持实事求是的态度。

我发现当我们自以为已深入理解圣贤的言教时，内心可能会不自觉地把自己放到与圣贤相同的位置上，以为自己所说的就等同于圣贤所说。这实际上是一种极为严重的自我蒙蔽，是自我认知出现的极大偏差，是没有实事求是的结果。因为，圣贤言教的背后是有实证经验做支撑的，是圣贤抵达之后为我们绘制的地图。我们即使已经把地图上的每一个细节、每一条路线都了然于心，也不能等同于已经实际走过这些路线，更不能等同于已经翻山越岭抵达目的地。

同时，由于我们学习了圣贤的言教，在生活中有可能会很容易觉察出他人的错误，并形成以圣贤的言教来指责他人的惯性反应，而忘记了自己学习的目的，忘记了反求诸己。所以我们必须要时刻牢记学习是为了修善自己的身心，始终应聚焦自身，这样才能在实践中正确落实圣贤的言教。

2. 如何用心？

如果要将以文字概念为载体的言教转化为自身身心的内在运作，除了要学会用脑外，还需要学会用心。虽然我们每天都在用心，但是"用心"并不能完全等价于"会用心"。这就好像虽然我每天都喝茶，但不代表我会喝茶。因为当我们讲一个人会喝茶的时候，并不是指这个人有喝茶的能力，而是指这个人比较懂茶、会鉴别茶、会品茶。

2.1　感受力

会用心的第一个标准在于能够充分调动自己的感受力，也可以称之为注意力。感受力不同于感受，它是一种内在的注意力，是主动调动眼耳鼻舌身意等官能的身心活动。而感受则是这种身心活动的内容，例如我们在品茶的过程中，放松身心专注品茗，这就是调动感受力，而我们闻到的香味、尝到的滋味、身体的觉受等就是感受。

再来看一个例子，我们都知道在学习中国传统武术时，除了外在的拳脚招式外，往往还需要学习内在的心法。武侠小说里常常把绝世武功的心法描绘得极为玄秘，令其蒙上了一层神秘的色彩，实际上所谓心法就是用心的方法，主要指的就是调动感受力或注意力的方法。譬如学太极拳时，需要学会松腰，可是初学者却往往不知道如何才能做到，此时老师就可能会让你去体会"用你的肚脐去贴你的命门"，这就是一种调动内在触受的用心方法。

那为什么说能够充分调动自己的感受力是会用心的标准呢？这与学以致用又有什么关联？

我们都知道，用脑学习的好处在于能通过抽象概念来认识事物、了解道理，而不一定需要亲身经历和体会。但是，概念比较抽象，往往无法与感受一一对应，我们所学的概念和道理如果没有自己亲身的感受和体会作为支撑，往往就只是空中楼阁，无法在实践中落地。而实际上落地的第一步，又恰恰是要先获取与概念和道理相应的切身感受。

例如在前文中提到的概念"岩韵"，想要真正了解什么是岩韵，就必须要喝一泡上好的武夷岩茶。但是，即使亲口尝过了武夷岩茶，就必定能感受到什么是岩韵吗？答案是未必！因为茶汤的韵味是非常细腻和缥缈的，如果你不能充分调动自己的感受力，将自己的嗅觉、味觉、触觉专注于品味这杯茶，你就很难从一堆你熟悉或不熟悉的感受中捕获并识别出这种既独特又无法绝对量化的感受。因此，即使你喝过岩茶，也未必真正了解什么是岩韵。

与捕获对外在茶汤的感受不同，在修身之学的实践过程中，我们往往更需要运用感受力觉察自己内在的身心感受。例如孔子讲的"意、必、固、我"，我们首先要能觉察到自己内在与这些概念对应的身心活动，才能有的放矢地进行自我调整。

可见，能够充分调动自己的感受力是精准捕获、觉察感受的先决条件。除此之外，它还有助于唤醒我们的直觉。

理性、感性和直觉是人类学习的三大途径，理性对应于用脑，感性和直觉则对应于用心，而后两者都与感受力紧密相关。虽然我们通常是从理性入手开始学习圣贤的言教，但是修身之学并不必然都是先从概念和道理入手的，直觉在学习过程中同样占据了重要的位置。

譬如，当我们参访孔子故居或是在家参读禅宗公案时，如果能不被眼前的场景或文字所局限，能透过场域或故事让自己沉浸到古时的情境之中细细体会，就有可能会获得某种直觉体验，从而让我们瞬间领悟某些道理。当然，这样的领悟还需要经过后续思维与实践的验证。

2.2　转变力

我们不仅要能调动感受力捕获对事物或身心的感受以及内在的直觉，而且还要在此过程中，将概念、道理与自身的感受进行对应，使头脑中的概念和道理转变为切身感受，并将这种感受力的调动过程转变为自身身心的内在运作，其后还有可能需要将所获得的全新经验再转变为语言概念。这就是会用心的第二个标准。

正如前文所言，学习的过程包含了概念、逻辑、感受、直觉、行动几大要素，虽然对于我们现代人来讲，通常都是从概念学习入手，而实际上学习也可以从感受入手，例如孩子小时候主要就是靠感受父母的行为来学习的。学习还可以从直觉入手，甚至是直接在行动中起步。也就是我们通常讲的，先理论再实践或者先实践再理论，无论是从哪个入手，后续的学习往往都是两者相互转变、循环往复的过程，这个过程离不开心的转变力。

我们知道很多概念都是从感受中提炼出来的，譬如上文所谈的"岩韵"，最早出自乾隆皇帝《冬夜烹茶》中的一段描述："就中武夷品最佳，气味清和兼骨鲠"，后人就把乾隆提炼的"骨鲠"称为岩韵。提炼就是将身心感受转变为语言概念的过程，在此过程中用心所占的比重通常要大于用脑。

而从概念到实践的过程，就有点类似于软件领域的逆向解码工程，要用心将二维的概念转变还原为多维的直接感受，并以此来调整我们的身心运作方式，就好像前文所谈到的"松腰"。在此过程中，最为关键的环节就是心法，它就好比是逆向工程的解码器，它同时包含了心的感受力与转变力。

2.3　断止力

会用心的第三个标准往往容易被我们忽视，但又非常重要，尤其是在实践的过程中，如果没有断止力，我们的前行将举步维艰。所谓"断止"指的就是能停止错误的身心动作并回到正确的动作上来。

例如，第一次上台面对公众演讲时，很多人都会紧张，这个时候如果试图通过理性来告诉自己"放松！不要紧张"，往往很难产生效果。但是，对于一个训练过如何用心的人来讲，此时只需要调动心的断止力，就比较容易截断紧收的内心动作，并回到专注于演讲的内心状态上来。

又例如，我们在践行"毋意，毋必，毋固，毋我"的过程中，如果恰好与他人发生观点上的冲突，当我们觉察到内心对自己的观点生起强烈的执着时，就可以提心力断止掉内心执着的动作，回到开放的心态上来，从而避免固执己见。

感受力、转变力、断止力是如何用心的三个方面，是心力的不同表现，也是将以文字概念为载体的言教转化为自身身心内在运作的关键落地环节。与脑力和体力一样，心力的提升同样离不开长期的针对性训练。

3. 何时用脑？何时用心？

何时用脑？何时用心？这看似是个很简单的问题——在需要概念、逻辑、形象等思维的时候用脑，在需要感受、直觉、行动的时候用心。但是，在实践中要把握好用脑和用心的分寸与协调，要在行动时不被头脑里的各种妄想杂念干扰，或者在需要思考时不陷入内心的感受和情绪却并非易事。

以佛家的布施为例，《金刚经》里有这么一段："菩萨于法，应无所住，行于布施，所谓不住色布施，不住声香味触法布施。须菩提！菩萨应如是布施，不住于相。"这段讲的是发菩提心的人要行不住相布施。

如果想要践行这段言教，我们通常会先开动大脑进行如下的思考：

（1）什么是布施？

（2）什么样的布施是不住相布施？为什么要不住相布施？

（3）我想要布施的对象是谁？为什么？

（4）我能布施的内容有哪些？我打算怎么做？做到什么程度？

（5）我什么时候开始行动？行动有哪些具体的步骤？

（6）我怎么才能做到不住相布施？

当我们用脑思考完上述问题，甚至做好了实地调查，并作出明确的决定后，接着就要落实具体的行动。虽然我们知道要用心去行动，但是在行动过程中，却常常会被头脑里的各种想法或内心的各种情绪干扰而无法趋近于不住相布施，例如：

（1）会对受施者进行种种判断，会忍不住琢磨对方是不是值得自己布施；

（2）布施的时候会生起疑问："我这样做对他真的好吗？会不会反而帮了倒忙？"；

（3）如果布施的是自己喜爱之物，布施时会产生犹豫，会衡量是不是可以少布施一点；

（4）布施时会生起傲慢心，隐隐地认为"我比你强""我这样做很高尚"；

（5）产生上述心态后，会产生自我批判，觉得自己不应该这么想；

（6）会期待有所回报，想要得到他人或社会的认可，甚至会想"会不会有媒体来采

访报道我的善行";

（7）如果觉得布施的过程比预想的麻烦很多，就会纠结要不要继续做下去；

（8）在事后需要做行动总结，思考如何改进布施方式时，脑海里却一直回放着自己的布施过程，陷入沾沾自喜的情绪。

面对这些障碍我们如何做才能趋近于"不住相布施"呢？以下是可供参考的三个步骤：

第一步，先想清楚上述所列的问题；

第二步，去做，在做的过程中把注意力集中在执行预定的动作上，而不要去思考动作的内容，若有疑问放到事后总结时再思考；若有情绪生起，用心力断止，把注意力拉回到预定的动作上来；

第三步，做完之后，若需要总结就开动大脑总结，总结的目的是为了后续的提升，对于之前布施过程中的一切则要统统放下。

上述三个步骤看似简单，可是如果不善于把控自心，我们很难把布施做得如此的纯粹和干净，反而还可能会强化了对我相、人相、众生相、寿者相的执着，并滋生出很多的烦恼，就更不用谈能真正做到不住相布施了。

二、学会把控自心

因此，学以致用的第二大关键在于学会把控自心，也就是要学会让自己该想的时候就想，不该想的时候就不想，该做的时候就做，不该做的时候就不做。这种能力就是佛家讲的"定"，定能够护持"慧"落地，能够让我们避免落入"王者意识，青铜操作"的窘境。

然而正如尼采所言"你所能够遇见的最恶劣的敌人，将始终是你自己"，我们可以改变和掌控世界，但是我们却很难改变和掌控自心。这其中最主要的原因就是我们很难抵抗和扭转自身习惯的力量。

当我们在生活中用圣贤的言教来要求和反省自己时是理性的力量在作用，当我们受到圣贤事迹的触动而萌发向圣贤看齐的强烈愿望时是感性的力量在作用。但是，在习惯的力量面前，理性和感性的力量都非常脆弱，因为习惯是一种无意识的本能反应，是我们身心运作的底层力量，它的速度更快、力量更大。

习惯的力量是日积月累形成的，是一系列层层叠加、相互纠缠的深层力量，所以我们要将修身之学落实到自己的身心来改变原有的习惯，也绝非是一朝一夕可达成的。因此，与其把"知道"到"做到"看成是从一个端点到另一个端点的横向跳跃，不如把此过程看成是由浅入深、层层递推、逐次转变的纵向演化。

因为，所谓"知道"未必只是对概念或道理的知道，也包括了感受层面的知道，譬如在嗅觉和味觉上知道什么是"岩韵"，甚至还包括了直觉层面的知道，譬如遇事时内心隐隐地知道应该如何选择，但头脑却不知道为什么。然而即使已经获得了思维、感受，甚至是直觉层面的知道，我们在行动时仍然未必能做到，甚至还可能会做出错误的抉择。

而所谓"做到"也往往不是一个固化的终点。譬如：能一次做到并不一定每次都能做到；面对某些人能做到，并不一定面对所有的人都能做到；在某些场景中能做到，并不一定在所有的场景中都能做到；在不涉及切身利益的情况下能做到，并不一定在涉及切身利益的时候也能做到。

那如何才能学会把控自心，逐渐推进从知道到做到的纵向演化呢？佛家把此过程归纳为"戒定慧"，这给我们提供了很有价值的参考。

1. 持戒的力量

所谓"戒"指的就是要警惕、防备、戒除我们在身、口、意三方面的不良行为，譬如孔子说的"己所不欲，勿施于人"，抑或是佛家讲的"五戒"。通常我们一提到"戒"就会觉得是对自己的一种束缚，让我们失去了自由，却没有意识到实际上戒的作用在于防护，能让我们避免陷入不良习惯的泥潭。譬如对好喝酒的人来讲，虽然知道喝醉酒不好，但只要一喝酒就很容易把控不住自心。

我们可以把戒律看成训练把控自心的一种自动报警机制，譬如我们把"己所不欲，勿施于人"当成一条戒律，那么当我们与他人产生矛盾，想要出口伤人之时，就会触发内心的警觉，就有可能及时制止自己的错误行为，即使我们仍被情绪或习惯打败，戒律也能让我们生起惭愧心，一个人如果能生起惭愧心，那么当他再次面对同样的习惯时，就能增加一分与之抗衡的力量。

因此，当自身还没有足够的力量做到孔子说的"从心所欲不逾矩"时，我们就很有必要为自己设立一些防护措施，而戒律就是圣贤为我们提供的专业防护方案。而我们持戒的过程，也就是一种学习如何在面对不良习惯时把控好自心的日常训练。

2. 定心的力量

当我们经过一段时间的持戒，就会在生活的某些方面获得一种定心的力量。"定心"是一个禅修的专业概念，它的浅层含义指的是排除了昏沉和散乱，内心处于一种稳定、平衡的状态。

所谓昏沉是指失去了觉知的能力，就好像我们上课打瞌睡，就不知道老师在讲什么了。放到持戒的过程来讲，也就是指犯了戒却不知道自己犯戒。而散乱则是指丢失了应该专注的目标或丢失了警觉力。放到持戒的过程来讲，也就是由于被某些事物所吸引，而忘记了要持戒。例如我们去参加舞会，当跳舞跳到非常尽兴时，朋友突然给递来一杯酒，我们很可能会借着兴头一饮而尽，却忘记了自己持了不饮酒的戒。

持戒是培养定心的重要方式之一，一个能够持好戒律的人，既不会忘记要持戒，更不会犯了戒还不知道自己犯戒。持戒能够帮助我们使自己的内心长期处于一种稳定、平衡的状态，这种状态是我们落实圣贤言教的重要保障，也是我们面对自身不良习惯时，重要的正向力量来源。就好像孔子说的："知止而后有定，定而后能静，静而后能安，安而后能虑，虑而后能得。"

持戒能够培养定心的力量，而定心的力量也能帮助我们更好地持戒。除了持戒以外，禅修是培养定心最重要的途径。佛家尤其是禅宗为我们如何培养定心提供了一系列的心法，当一个人能够熟练掌握这类心法后，就能借助定心的力量深入自己内心深处（或者叫潜意识），直接扭转深层的错误习惯，而不需要等习惯的能量冒出来后再进行对治。那么如何才能熟练掌握这些用心的方法呢？主要有三大训练项目：

2.1 正念

正念是把控自心的基础训练项目，所谓"正念"就是指要让心专注于指定的目标或对象，除了专注于目标的这一心念外，其他任何的心念都是妄想杂念。正念的训练有点类似于孔子说的"止于至善",也就是要训练自己的每一个起心动念都始终能专注于至善。又例如,我们写书法的时候,只专注于写字,内心没有动任何其他的念头,这就是正念。

2.2 正知

但是我们的心往往习惯于不间断地左思右想、左顾右盼,因而很容易发生忘失正念的情况,所以就需要训练正知的力量。所谓"正知"就是知道自己在做什么,知道自己处于什么状态,一旦心随妄念而去,或者出现昏沉,需要知道自己丢失了正念。

2.3 正断

当正知起作用后,一旦发现自己丢失了正念,就需要停止妄想或昏沉,回到正念上来,这就是正断。正断与专注不同,专注是把注意力锁定在一个对象上的力量,而正断是改变方向的力量,是一种转换的力量,也就是上文提到的心的断止力。正断是用心力来决断,如果一个人的心力不足,就会发现明明知道自己在打妄想,可就是停不下来。

譬如工作对我们来说很重要,我们专注于工作的时间也很长,甚至晚上做梦都还在想着工作的事情,这种专注力是很深的。可是,如果这个时候需要立刻转换对象,譬如转换到陪伴孩子上,很多人是很难一下子转换过来的,这就说明转换的力量不够。正断的训练,就是要培养能够转换心的动作的正断力,让我们在偏离圣贤的言教时,能够把心转换到正确的动作上来。

把控自心的训练实际上就是正念、正知、正断三环相套、周而复始的训练过程,所谓的禅修也就是这样的一种训练。我们不仅可以在禅修中采用这样的训练,也可以把它用在实践圣贤言教的过程中,实际上它可以应用在生活的各方各面,也就是能通过这样的训练把修身之学落实到我们人生的方方面面。

3. 智慧的力量

修身之学的实践并非是一朝一夕可完成的,在此过程中我们必然会遭遇各式各样的挑战,虽然随着实践的深入,我们内在的智慧会逐渐显发,但是智慧的羽翼尚未丰满,在面对重大挑战时,仍有可能不知所措、迷失方向。

当我们无法依靠自身的力量把控自心时,就需要借助他人的力量来帮助我们进行抉择。譬如,颜回迷茫的时候就向孔子求教,须菩提做不到"无住生心"时就向释迦牟尼求教。佛家把这种有足够的智慧帮助我们抉择，能引导我们始终走在修身之道上的人称为"教授善知识"。当我们迷失方向、陷入迷惘时，教授善知识就是为我们照亮前行之路的智慧明灯。

因此，在实践修身之学的路上，我们很有必要跟随、亲近这样的善知识。善知识代表的是智慧，是我们自身智慧尚未圆满前可以借助的外在力量，尤其当我们遇到难以跨越的挑战或障碍时，善知识往往能为我们提供不可思议的助力。

随着上述训练的不断深入，我们就能逐渐趋近于佛家讲的"修所成慧"，《解深密经》中对此也有详细的描述："若诸菩萨修所成慧，亦依于文亦不依文，亦如其说亦不如说，能善意趣，所知事同分三摩地所行影像现前，极顺解脱，已能领受成解脱义。"

也就是指我们通过闻、思、修的修学过程，已经能够把控自心，掌握用脑与用心的转换与协调，并且能真正地将修身之学转化为自身身心的内在运作，能够将自心从错误的认知和习惯模式中解脱出来，真正体会到佛家讲的"任运自在"，或是孔子所说的"从心所欲不逾矩"。

本文仅从作者自身经验的角度出发，一管之见错误在所难免，愿以此文抛砖引玉，以资前辈师友们的深入探讨。

人物·现象

海子义疏

柯小刚[1]

一、孔子，庄子，海子：打开沉思的中国门

中国早已打开国门，走向富强。然而，一直，迄今，有一扇门尚未打开。而只要这扇门还没有打开，中国就还只是列强竞争的砝码，尚未成为称量人类文明的天平。

这扇门，海子称为"沉思的中国门"。

这个向来生活在沉思和行动中的民族，在革命之后，在全球化的战争、贸易和疫情之中，在世界工厂和世界一流大学的经费中，尚未开打，甚至根本就没有想过，要去寻找那扇门的入口。

而海子曾经找过。让我们跟随海子的步伐，再来尝试，经验，即使等待我们的只有失败，即使我们只能满足于打开一首长诗的开头。

在长篇组诗《传说》中，有一首题为《沉思的中国门》。海子以庄子的话"静而圣，动而王"作为题记，作为叩门的石头。这句话出自《庄子·天道》："天道运而无所积，故万物成。"静而不溺，思而能感，故圣；动而不过，运而能载，故王。

使中国成为中国，使华夏成为华夏，使天下成为天下的"内圣外王"之道，正是庄

1　作者系同济大学人文学院教授。

子在《天下》篇中首先写出的表述。《天道》，《天下》，这是两个户枢，装在"沉思的中国门"上，一边一个。

内圣是沉思，外王是中国，内圣而外王就是打开沉思的中国门。打开沉思的中国门，就是打开沉思，打开门，走向中国之为中国，走向天下。天原本就是大地通向远方的门和道路，所以，人类的门窗无不朝向天空敞开，朝向道路和远方敞开。

打开人类的门窗，望见天空和远方，然后，沉思的心灵方才渐渐苏醒，自我发现"天命之谓性"，从最远的远方返回最近的近处，成为自己，"成己成物"，成为仁通爱物的生灵，成为人，成为中国人。"中国"在此并非现代民族国家意义上的狭隘国别，而是天下文明意义上的、人之为人意义上的存在。存在先于本质。

海子给长诗《传说》起了一个副标题："献给中国大地上为史诗而努力的人们"。海子的史诗并非希腊、罗马、印度意义上的英雄叙事诗。海子的史诗是献诗，献给大地、人类和天空的心斋祭品。史诗记录过去，而心斋的牺牲朝向未来。在长篇诗性小说《太阳，你是父亲的好女儿》中，海子唱道（是的，他的小说也是吟唱着的）："我是不是该讲一个崭新的，只属于曙光和朝霞，只属于明天早晨，只属于下一个世纪的发疯者的故事呢?"

从孔子编《诗》《书》、作《春秋》开始，中国诗歌和历史就是朝向未来的献诗。他们说"中国没有史诗"，也许，但为什么有史有诗而没有"史诗"？因为中国的史诗是献诗。献诗是心灵的献祭、心斋的牺牲，于是又被不恰当地称为"抒情诗"。

海子为什么抗拒"抒情诗"？因为他的"抒情诗"本质上是"献诗"意义上的"史诗"，一如这片土地上的歌者从《诗经》以来一直所做的那样。所谓"献给中国大地上为史诗而努力的人们"，几乎就是献给所有以心斋奉献的形式来作诗和读诗的人们。在《沉思的中国门》中，海子如是开始他的歌唱：

> 青麒麟放出白光
> 三个夜晚放出白光
> 梧桐栖凤
> 今天生出三只连体动物
> 在天之翅

在水之灵

在地之根

神思，沉思，神思

因此我陷入更深的东方

兄弟们依次狰狞或慈祥

一只红鞋

给菩萨穿上

合掌

有一道穿透石英的强光

她安祥的虹彩

自然之莲

土地，句子，遍地的生命

和苦难

赶着我们

走向云朵和南方的沉默

麒麟，东方青色的仁兽麒麟，是中国的象征。《春秋》结尾的最后一个春天"西狩获麟"，孔子为之叹息哭泣，叹的就是中国，哭的就是华夏。整部《春秋》的写作，皆与此有关。

凤则是孔子的象征。《论语·子罕》："子曰：凤鸟不至，河不出图，吾已矣夫"，是自比于凤。楚狂接舆对孔子唱"凤兮凤兮"，是他人比其于凤。凤喻孔子，大概是当时人的共识。

《庄子·逍遥游》中的鹏，实际也就是凤，古人多已言之（如方以智《药地炮庄》）。凤字初文，鹏字初文，长得一样，都是一只展翼飞翔的大鸟。

但《逍遥游》的大鱼和大鸟只是"在天之翅"和"在水之灵"的两体，尚未生出同为"在地之根"的三体。今天，通过走地之兽麒麟的引入，海子生出了"在天之翅""在水之灵"和"在地之根"的三体。从此，鱼和鸟都穿上鞋子，走遍大地，走过大地的苦难，"走向云朵和南方的沉默"。

"南方的沉默"指的可能是回归生命原初的子宫。在长诗《但是水，水》的最后，在"六篇神秘故事"的最后，海子写了一篇题为《南方》的故事。这篇故事似乎写的是八十一岁的老子回归南方，重新成为儿子。从北方到南方，时光一路倒流，最后望见"母亲坐在门前纺线，仿佛做着一个古老的手势。我走向她，身躯越来越小。我长到三岁，抬头望门。马儿早已不见"。在那篇故事的开头，海子写道："我八十一岁那年，得到了一幅故乡的地图。上面绘有断断续续的曲线，指向天空和大地，又似乎形成一个圆圈。"这幅地图可能就是中国门的地图。

在一首短诗《思念前生》中，海子写到回归母亲子宫的庄子。"庄子在水中洗手""庄子在水中洗身／身子是一匹布"，然后，"光着身子／进出／母亲如门，对我轻轻开着"。这扇门在庄子那里被称为"天门"（《庚桑楚》），又叫作"天池"（《逍遥游》）。这扇门在南方，多云的南方，沉默的南方。图南的大鹏全程无语，一路望见下面的大地"野马也，尘埃也，生物之以息相吹也"，而燕雀的呕哑嘲哳也因距离遥远而寂然无闻。

多年前的一门研究生课上，我曾带学生读《逍遥游》，读出了大鹏的无声图南所展开的，竟是"中国作为工夫论的政治哲学概念"（参《江海学刊》2018 年第 4 期）。这或许也是中国门的一种打开方式。还有一年的研究生课上，我曾带学生读《应帝王》和《天地》篇，读出了中央浑沌之帝的死亡，竟然就是昆仑黄帝的出生。昆仑即浑沌，黄者中央之色，古人言之详矣。诚然如此，则《庄子》之为书，不啻《春秋》之外传也。而海子的中国门之思，亦不妨《春秋》之流裔也。

孔子，庄子，海子，一层一层打开的，都是"沉思的中国门"。每一次打开都注定会遮蔽，所以需要反复地"垂空文以待后世"，待后死者与于斯文，重新沉思，重新打开，重新中国。《诗》云："周虽旧邦，其命维新"，非旧邦新命之人，孰与新哉？

二、最后的春天：海子绝笔诗《春天，十个海子》义疏

春天，十个海子全都复活
在光明的景色中

嘲笑这一野蛮而悲伤的海子

你这么长久地沉睡到底是为了什么？

春天，十个海子低低地怒吼

围着你和我跳舞、唱歌

扯乱你的黑头发，骑上你飞奔而去，尘土飞扬

你被劈开的疼痛在大地弥漫

在春天，野蛮而复仇的海子

就剩这一个，最后一个

这是黑夜的儿子，沉浸于冬天，倾心死亡

不能自拔，热爱着空虚而寒冷的乡村

那里的谷物高高堆起，遮住了窗子

它们一半用于一家六口人的嘴，吃和胃

一半用于农业，他们自己繁殖

大风从东吹到西，从北刮到南，无视黑夜和黎明

你所说的曙光究竟是什么意思

（海子绝笔诗《春天，十个海子》）

春天，十个海子全部复活

在光明的景色中

嘲笑这一野蛮而悲伤的海子

你这么长久地沉睡到底是为了什么？

  "春天"是未来的某个春天，还是当时那个春天，抑或万物持续返回的每一个春天？"复活"自然意味着此前已经死去，然后才有所谓复活。然而，写诗的当时，诗人自然还活着。可见，有一个海子早已死去，而现在，或者未来，总归是在一个春天或所有春天，"十个海子全部复活"。

  十是传说中的太阳被射落前的数字，十个海子就是十个太阳，而九个已经被射落，只剩下一个，冷冷的小小的橘子般的一个，握在自己手中。

也许每个人都是这样被射落后遗留下来的一个，等到春天，听见其余九个的呼声，感到他们在生命深处的萌动。这也许就是"春天""十个"与"复活"的史前联系。从史前的复活节到二十四节气之前的清明，从后羿的弓箭到今天的太阳和人类，"你这样长久地沉睡到底是为了什么？"

十个海子"在光明的景色中 / 嘲笑这一野蛮而悲伤的海子"，而这个海子却已先行死去，并已持续复活，复活为十个，但也仍然是这一个，最后一个。这是一个野蛮而悲伤的海子，也是十个光明景色中的海子。这是一个已经死去的海子，也是十个将要复活的海子。这个海子有过去和未来，但就是没有当下；有死去和复活，但就是没有日常的存在。

在那个春天，已经先行死去的一个和未来复活的十个海子交织成当下，而当下本身却是两手空空，"悲痛时握不住一颗泪滴"（《日记》），也握不住"空气中的麦子"（《四姐妹》）。那个春天如同秋天，"该得到的尚未得到，该丧失的早已丧失"（《秋》），剩下的只有一个，最后的一个，比数之极的九还多出的一个，自始就是多余的那一个。而正是这一个，只有这一个，执意留在冬天的这一个，被带向春天。那将是最后的春天。

> 春天，十个海子低低地怒吼
> 围着你和我跳舞、唱歌
> 扯乱你的黑头发，骑上你飞奔而去，尘土飞扬
> 你被劈开的疼痛在大地弥漫

"十个海子"是海子，"你"也是海子，"我"也是海子。这是海子的狂欢节，时间的狂欢节，生与死的狂欢节。

"十个海子"是复活的海子，亦即未来的海子。此"未来"并非对过去或现在而言的时间维度，而是永远持续的到来：在过去到来，在现在到来，在未来到来。复活之义，即此持续的到来：在未来到来，在现在到来，在过去到来。而到来之为到来，恰恰意味着尚未到来。所以，复活是未来着的过去、未来着的现在、未来着的未来。复活就是持续未来着的、复活着的生命本身。复活是一切时间之为时间、春天之为春天、一个之为十个的生长本身。

所以，这复活的"十个海子"实际已经包含了"你"之为海子和"我"之为海子，但却是以永远尚未到来的方式到来，"低低地怒吼／围着你和我跳舞、唱歌"，以永远尚未包含的方式来包含，以毁坏你的方式来复活，"扯乱你的黑头发，骑上你飞奔而去，尘土飞扬"，使"你被劈开的疼痛在大地弥漫"。

"你"其实是过去的海子，此时正在未来海子的到来中分解、死去。只要未来未来着，"你"就总在死着、过去着。只要"你被劈开的痛苦在大地弥漫"着，"十个海子"就总在到来着。《春天，十个海子》并非为十个海子而作，恰恰只为"你"而作。"你"是唯一的痛苦之源，也是唯一的诗歌倾听者。所有诗歌都为"你"而作，所有日子都为"你"破碎。

而"我"则是为"你"写诗的人。是"我"而不是"十个海子"为"你"写诗。"十个海子"并不写诗，他们就是诗。"我"为"你"写诗，就是为"你"唤来"十个海子"，而"十个海子低低地怒吼／围着你和我跳舞、唱歌"，撕碎你，劈开你，使"你被劈开的痛苦在大地弥漫"。

"我"是作诗者当下的自称，更是海子，但又最不是海子，因为这个当下的"我"只出现一次，目睹"你"的死亡，见证"十个海子"的复活，然后稍纵即逝，踪迹全无。诗人海子最深的悲剧在于有"十个海子"或未来诗歌的持续到来，有"你"或过去者的持续撕裂和痛苦，但就是没有一个持续现在着的、写作着的、因而也就幸福着的"我"。这个诗人的作诗并不是出于"我"的现在生存，而是出于过去和未来的撕裂、生与死的驱迫。这个人并不写诗，这个人被诗写。这并不幸福，这是痛苦。

> 在春天，野蛮而复仇的海子
>
> 就剩这一个，最后一个
>
> 这是黑夜的儿子，沉浸于冬天，倾心死亡
>
> 不能自拔，热爱着空虚而寒冷的乡村
>
> 那里的谷物高高堆起，遮住了窗子
>
> 它们一半用于一家六口人的嘴，吃和胃
>
> 一半用于农业，他们自己繁殖
>
> 大风从东吹到西，从北刮到南，无视黑夜和黎明

你所说的曙光究竟是什么意思

海子的不幸并非个人史的偶然事件，而是时代的命运，"空虚而寒冷的乡村"的命运。这是最后的乡村，已经死亡的乡村。这是最后的粮食，已经死亡的粮食。这是最后的海子，"野蛮而复仇的海子"，"沉浸于冬天，倾心死亡"的黑夜之子。这是最后的春天，"大风从东吹到西，从北刮到南，无视黑夜和黎明"的春天，使"你"看不到曙光的春天。

在这个春天，"谷物高高堆起，遮住了窗子"。黑黑的室内空虚而寒冷，一家六口摸黑吃下高粱饼，填饱各自的胃，而村庄益发空虚而寒冷。在这个最后的乡村的最后的春天，谷物自身的繁殖无日无夜，吞没了人类的黑夜和黎明，遮蔽了生活的窗户和曙光。

无法重建的日常，无法重建的家园，无法重建的自我，无法重建的生活，只有最后一个橘子，冰冷地握在手中，伴随最后一个海子，"就剩这一个"，在"阎王的眼睛"中等待不再降临的曙光。而此时，也许只有此时，"我"才能出现，即使只是短暂地出现，目睹"你"的死亡，写下最后的诗篇，等来最后的但也是永远不会终止的、持续到来的春天，看见十个海子，全部复活。

谈海子《日记》

邓新文　张云清 等

　　2023 年 2 月 8 日，张云清同学在福泉国学交流群上发了一段视频及一段随感，引起了我的共鸣。末尾所引诗人海子《日记》中的两句话有一句让我不解。回到房间，面对群上的讨论，忽然觉得自己理解到了，便把我的想法发到群上。除了先前明道和雅芳有极简的回复，一直未见其他朋友参与讨论。估计大家或忙或不感兴趣，于是私下里继续跟云清讨论。我们的讨论，不仅问题真实，而且解决问题的心意真切，言不苟发，但求一是，不杂意气，自我感觉颇有先儒论学之风。考虑到所谈问题关乎斯文，关乎人心，今辑录备忘，亦愿与感兴趣的朋友交流。辑录时对微信原文疏漏处略加修订或补充，并尽量注明引文出处。

邓新文谨记　2023 年 2 月 9 日

〔张云清〕　收假返校前去乡下体验了传统的手划木船，感叹先人真是有智慧啊，一根竹竿、几块木板就可以"游历江湖"，真是大道至简！行船过半这位船夫大妈有些劳累，我和朋友便拿上木桨一起帮忙划，我起初激情澎湃，想着将桨深深插入水中，使大力往前推可能会更快些，谁知道推了两下，船非但没怎么向前，还累得我满头大汗，后来发现将桨放在水下、水刚好漫过桨的位置划起来最省力——放太浅不行，放太深也不行，这其中有一种极其微妙的"度"。这让我联想到了老师之前上课讲的"筷子夹汤圆"好像跟汤圆在"商量"一般，今天我也体会了和水"交流"的感受：一种对水的尊重和实会，回想过去自己探寻事物的方式大多是干预性的，总是企图让"我"参与进去，而忽略了被参与者的自性本身，从头到尾都是"我"在做梦！现在我终于有一点懂海子在《日记》中说"把石头还给石头，让胜利的胜利"的意思了。

〔邓新文〕　很细的观察和体验。但海子这篇《日记》三句中独这句"让胜利的胜利"我始终读不懂，作为白话汉语诗，我甚至怀疑："的"字是"者"字的排版错误，还是作者故意卖弄晦涩？

〔明　道〕　我理解：服输。
　　　　　　敬畏自然。

〔张云清〕@邓新文　老师，我之前的浅见是，把胜利之为胜利的自性还给它自身，正如把石头的自性还给石头自身一般。看来我可能理解得太简单了。

〔邓新文〕@张云清　他如果有这样的觉悟，绝不会如此纠结。所有的"理想主义"，既是美酒也是毒酒。或问"理想"与"现实"，马一浮先生使用禅宗的机锋转语答道："理即非想，现即非实。"堪称"理想主义"者的当头棒喝！

〔邓新文〕　我刚洗了个澡回来，似乎理解了海子"让胜利的胜利"这句为什么会让我感觉晦涩，好像他本人在这一点上就是晦涩的。他是诚实的，他并不是卖弄。观察"我把石头还给石头，让胜利的胜利，今夜青稞只属于她自己"这三句很有意思：石头是无机物，青稞是植物，夹在中间无休止地追逐"胜利的胜利"的是动物，尤其是人类。诗人的内心充满着矛盾的张力：他惦记"胜利"又畏惧"胜利"，他渴望"胜利"又厌恶"胜利"。他真正关心的不是石头，不是青稞，而是人类的"胜利"，但他又是如此地厌恶人类这样地"胜利"，他是如此纠结和焦虑，所以不自觉地用了一个"的"字来隐藏"者"字。他这句话的潜台词就是"让失败的失败",但他又实在不忍心,似乎那样太残忍,因为他认为自己就属于"失败的"。所以他最终还是没"把石头还给石头",没"让"自己自然终老成自己,却残忍地"让"火车的车轮一轮又一轮地碾断了自己的脖颈。他这不叫"服输",不叫"让胜利的胜利",而叫深恶痛绝的仇恨、惨烈而愚蠢的抗争。他之所以选择卧轨自尽,大概就因为火车是"胜利的胜利"一路高歌猛进的罪魁祸首,是现代文明碾压传统文明的绞肉机(圣雄甘地就说过"铁路延伸到哪里,罪恶就延伸到哪里")。可他似乎忘记了他自己就是坐火车到达"德令哈"的。《日记》的最后两句"今夜我不关心人类,我只想你",还是自相矛盾、自我纠结的话,因为他太"关心人类",只是"今夜"在"德令哈",他才决定结束他"唯一的,最后的,抒情",所以他需要在"德令哈"休息一下。他不甘心就这样在"德令哈"悄无声息地长眠,他需要一场轰轰烈烈的胜利来打败所有"胜利的胜利",让所有"胜利的"为自己的"胜利"感到羞耻。他想以此来呐喊他对"人类"的"关心",只因他糊涂地爱上了那个本不是姐姐的"姐姐"。他不仅爱错了,而且死错了。

〔雅　芳〕　一声叹息。

〔邓新文〕　@雅芳　点睛之笔。

〔邓新文〕　@张云清　云清好,昨晚我就海子《日记》所发微信评论你看懂了没有?理解了我的深意没有?

〔张云清〕　老师好,谢谢老师的关心!昨晚看了您的解读我其实没敢说自己懂了,我晚上一直在思考。从老师对"让胜利的胜利"的解读中,我看到了海子的纠结似乎介于"希望"和"绝望"之间,"用'的'来隐藏'者'"从情感上有一种隐晦的逃避感、不确定感,这是我之前从没有读出来的。因为我一直对海子有一种敬畏,但是这样的敬畏似乎已经变成了"迷信",因为在我的固化思想里坚信他的"自杀"不同于常人，是一种坦然的，"看破"了的离开（比如他去世前写的"面朝大海，春暖花开"很让人觉得这不是一种绝望）。所以我从没想过他内心的那种纠结，所以看到老师的解读一是给我提供了一个新的思考维度，二是通过老师的解读以及后来回复我的解读时的话，让我对"理想主义"有了新的思考，这种自杀式的抗争，恰恰是一种对理想主义的坚守，而这样的坚守恰恰成了老师所说的"毒酒"，也还是迷梦。自我反省来看，现在的我也正处于这一问题中，所以晚上我一直在沉淀……思路不是很清晰，便不敢在群里妄加回复说自己"懂了"，因为在思路上即使通了，自我反省的情感还在内心纠结，阻滞感还仍未褪去。

〔邓新文〕 云清好，从你的回复来看，你对这个问题已经有了自己比较独立、比较深入的思考。但你对我说的"'理想主义'既是美酒也是毒酒"那一句，尚未真正理解，或者说理解得还很浅。我不是因为"这种自杀式的抗争"才指控"理想主义"是毒酒，而是因为"理想主义"本身就具有美酒与毒酒的两面性。你显然没有理解我引马一浮先生答人问"理想与现实"时所说那句类似禅宗机锋转语的话，否则你不会说，"对理想主义的坚守"却"恰恰成了老师所说的'毒酒'"。"现即非实，理即非想"，这是宋明理学和大乘佛学的共识。冯达庵先生说："真如之显，必破想蕴；想蕴若在，必障真如"（《心经广义》）。"理想主义"这种意识形态本身之沦为"毒酒"，不是因为"理"，而是因为"想蕴"，以及基于"想蕴"的"主义"这种固化的意识形态。宋明理学所说的"理"，是实证实见体认到的，而不是推理推想想出来的，是"先天而天弗违，后天而奉天时"的"若性命肌肤之不可易"的。你还记得我讲《孟子》"乍见孺子将入于井"那一段为什么要大讲特讲那个"乍"字吗？孟子用"乍"这个字意在表明，就在"见孺子将入于井"那一刹那，连"我"都还没有意识到，更别说"想"什么"内交于孺子之父母""要誉于乡党朋友"之类了。然虽"我""想"还没出现，而"怵惕恻隐"之心却已然现前了！不从此中体认，大程子所谓"'天理'二字乃自家体贴出来"就是一句人云亦云却不知所云的空话，就根本不明白宋明理学是何物！今天下大讲宋明理学者多矣，基本上都是揣摩影响，盲人摸象，自说自话，真正懂得宋明理学的只是凤毛麟角。"心外无理"，宋明理学所谓"理"，真正亲体亲见者也不过大程子、象山先生和阳明先生以及王艮等寥寥几人。以我所见，程朱都还是信念大于亲见，何况其余？实见此理者，自然不是"理想主义"，不是意识形态，而是生命亲证，真真切切，自然而然，既不自高亦不自卑，既不自贵亦不自贱，举手投足，洒扫应对，待人接物，莫非此理，莫不心安理得。焉有"心外之理""理外之事"？焉用舍近求远？焉用读书穷找？焉用"为了梦中的橄榄树流浪啊流浪"？（写至此句不禁落泪）唯有"反躬修己""诚意慎独""明明德"一条路而已！马一浮先生说"古来贤圣唯有指归自己一路是真血脉"，泣血推心之言也。陆九渊奉劝朱熹的那首举世闻名的诗，朱熹当时听到"墟墓兴哀宗庙钦，斯人千古不磨心。涓流积至沧海水，拳石崇成泰华岑。易简功夫终久大，支离事业竟浮沉"，还有两句没听完，就已经"失色"。陆九渊的记载是："举诗至此，元晦失色。至'欲知自下升高处，真伪先须辨只今'，元晦大不怿。"（见李绂《陆子学谱》卷五）我今读到此处，禁不住深为朱子叹息：多好的一次破除积习、更上层楼的机会啊！此老就这样在"失色"（顾及脸面而脸色难看）和"大不怿"（大大地不高兴）中错过了（实则是讳疾而忌医）。我之所以指出"理想主义既是美酒又是毒酒"，是因为我们很容易将"一念良知"固化为意识形态而不断演绎（俗话说"想多了"），甚至强加于人，裹挟万众同仇敌忾地奔赴，而违背了夫子"为仁由己而由人乎哉"的告诫，忘了董仲舒《仁义法》所说的"仁之法在爱人，不在爱我；义之法在正我，不在正人"的法意。小平同志所说的"防左甚于防右"，在某种意义上说，也是对这种"理想主义"危害性的沉痛经验与格外警惕。我对海子之才不无欣赏，我对海子之死深感悲悯，但我对海子之智却只能表示叹息。与其这样德不配位地"关心人类"，不如老老实实反躬修己，尽己本分，有多大能力做多大事，箪食瓢饮不改其乐多好啊！何必自苦而苦人呢？他的惨烈之死，成了中国文学史乃至思想史上惊心动魄的一页，激起了多少人为之痛苦与愤懑啊！我知道今天还有很多海子的"粉丝"，我对海子的这番评论肯定会激起他们的强烈抗议或反唇相讥，所以我并不打算广泛发表，只是对敢于独立思考和志于反躬修己的本群朋友们说出来。我甚至不是为说而说，而是情不自禁、不得已而说之。

〔张云清〕 谢谢老师这么详细地向我解答这其中的机要，同时感念老师的苦心。这段文字我受益匪浅，我现在大多观念也是想当然，还需要进一步去修炼体证，以亲证为目标。我还有一个问题，我明白了理想主义之"毒酒"一面是"'想蕴'，以及基于'想蕴'的'主义'"这种固化的意识形态，但对于"美酒"一面还是未能理会真切，所谓"美酒"一面可不可以理解为在理想主义最原初时候的"良知发动"？而"想蕴"的产生就已经是对这个良知的固化处理，也正是其"毒"所在？请老师赐教。

〔邓新文〕 君之颖悟，我所教诸生中罕见。你这条微信，是名副其实的"心有灵犀一点通"，深契我意！尤其是把我所谓"理想主义既是美酒"的"美酒"理解为"理想主义最原初时候的'良知发动'"一句极为精彩！作为老师，得君这样的英才而教之，真人生之一大乐也。

〔方　莹〕 老师好，看到您和云清的讨论，我也有一点感受。
"让胜利的胜利"，情感上有一种失落感，颇似朱自清《荷塘月色》里"热闹是他们的"。人与我的分别就这样来了——下一句"而我什么都没有"被隐去，但仍然存在。分别一来，对立也来了，失落感和撕裂感也随之而来。在中国的文学作品里，常常可以见到失落感，如伤春悲秋之类，但未至撕裂。而撕裂感在一些西方的文艺著作中长期存在，这种撕裂感，既是蜜糖又是砒霜，让人又痛又爽，欲罢不能，最终宿命般地走向末路。现代西方不少颇有灵气的思想家和艺术家，不是发疯就是自杀，比如尼采与梵·高。中国接触西方以后，中国的文艺作品也开始有这样的撕裂感，比如海子诗歌和电影《隐入尘烟》。巧合的是，尼采与梵·高也是海子所推崇的。因此老师曾经谈到，担心《隐入尘烟》导演自杀，我也隐隐有这样的担心。
话说回来，这种分别是怎样产生的呢？因运用理智思想而有分别。老师引用"乍见孺子将入于井"，"乍"是一个电光石火的刹那，想蕴尚未起。马一浮说

"现即非实，理即非想"，因为"想蕴若在，必障真如"（冯达庵先生语）。六祖说："不思善，不思恶，正与么时，那个是明上座本来面目。"

老师说："可他似乎忘记了他自己就是坐火车到达'德令哈'的。"这一句令我反思。很多文艺青年相信诗和远方，想要逃到一个安静的角落，远离都市，其实是心中不安，想寻求片刻的平静。但他们从大城市逃到小城镇的这件事本身，依然是都市社会衍生的产物。天地之间是一大囚笼，活在人间，无处可逃。生命真正的安不在于寻找，不在于流浪。无脚鸟儿看似潇洒自由，内里的痛苦只有他自己知道。

最后，谈谈我自己。我似乎很容易感知到这种撕裂而绝望的感情。比如说我不一定能读得懂海子的诗，但能感受到那种撕裂和绝望；读《偶像的黄昏》，我直觉作者的结局不是自杀就是发疯，查询后发现尼采果然精神分裂。这也是我为什么本科时期选择学习数学，而不是文科类专业。这大概是潜意识里的一种自保行为，为避免自己过分感知这一类情感，就选择了一个不怎么需要感情的专业。

感谢老师带我进入更高级的学问，超越了发疯与自杀这两条末路。生命真正的安不在于寻找和流浪，安住当下才是正道。

〔邓新文〕 方莹的这条微信，是我自若干年前看过她的文字至今让我觉得最情真意切、理定词畅的文字。真让我有"士别三日当刮目相看"之感。看来她从前的文字一直没对准频道。他这条微信，在对比中西文学方面有几句话写得十分确切和精彩！如"分别一来，对立也来了，失落感和撕裂感也随之而来。在中国的文学作品里，常常可以见到失落感，如伤春悲秋之类，但未至撕裂。而撕裂感在一些西方的文艺著作中长期存在，这种撕裂感，既是蜜糖又是砒霜，让人又痛又爽，欲罢不能，最终宿命般地走向末路。现代西方不少颇有灵气的思想家和艺术家，不是发疯就是自杀，比如尼采与梵·高。中国接触西方以后，中国的文艺作品也开始有这样的撕裂感，比如海子诗歌和电影《隐入尘烟》。巧合的是，尼采与梵·高也是海子所推崇的"。这几句，我赞其"确切"与"精彩"，就在"但未至撕裂"这一句的分寸感拿捏与承前启后的转折非常好，至少与我对中西文学在这一点上的观感相契。《诗经》是中国文学之母，是经过孔子删定的，经过了圣人的取舍，贯穿着中庸之道，发乎衷情，适可而止，将心比心，不至偏激。文学一旦丢失了中和之道（《中庸》谓之"天下之大本"与"天下之达道"），便很难不走向偏激。中国人言情，有一个很值得玩味的批评，只有一个字，那就是"过"。情最容易"过"，"爱之欲其生，恶之欲其死"；"不及"反而比较少，"中"就更为难得。"不及"又何尝不是一种"过"呢？所以孔子才说"近之则不逊，远之则怨"。"近之"和"远之"，看似相反，其作为情之"过"却无不同，所以孔子才说"过犹不及"。文科生得这类"情过"之病比理工科生的比率估计要高出很多。至少从我在大学里开设的几门通识课程的经验来看是这样。

方莹这条微信的最后一段也很发人深省——"生命真正的安不在于寻找和流浪，安住当下才是正道"。这是中华民族虽多灾多难，历经千辛万苦，却能在1919年那样内忧外患民不聊生的时局中，让来到中国仅仅住了十个多月的英国哲学家罗素感慨"中国虽然比西方贫困，卫生条件也比西方差很多，但中国人却普遍比西方人快乐"的根本原因。

讲
演
实
录

君子何以不忧不惧

——浅谈孟子的养性之学 [1]

邓秉元

之所以讨论这个话题，其实与我们许多人当下的处境有关。因为一说到生活，几乎很少有人不处在焦虑之中的，这就是所谓忧，忧的反面便是乐。虽然"乐天知命"是许多人期望的境界，但又似乎难以做到。与此同时，一旦说到生死，又几乎很少有人不感到恐惧。死亡是人类一个永恒的话题。譬如基督教讲天堂地狱，佛家讲极乐世界与轮回之苦，但对于现代人来说，最恐惧的恐怕还不是十八层地狱，而是根本没有地域，人死如灯灭，进入纯粹的虚无。假如真的如此，那么我们有限的人生还有何意义？有的人说这样岂不更好，可以肆无忌惮、及时行乐，但一旦清夜扪心，便往往感觉无比的空虚。这些都是存在主义思想家常常讨论的话题，大家不难在海德格尔、萨特等人的著作中看到。与之相比，儒家提出了一种理想的精神境界，所谓"仁者不忧，知者不惑，勇者不惧"，值得我们重新加以探讨。

我的报告大概分三个部分，首先是讨论在孔子、孟子那里，儒家对君子的基本理解；其次是从理论上探讨一下，为什么君子可以做到"不忧不惧"。这需要我们重新回到儒家对宇宙及生命的整体理解，因此这一部分是讨论一个知识的框架。第三个部分则是孟子所揭示的修养工夫，也就是如何才能做到不忧不惧。

---

1 本文系 2023 年 3 月 17 日于"慢书房"视频号直播的讲座整理稿，作者系复旦大学历史学系教授。

一、什么是君子？

我们知道，君子是儒家所推许的一种理想人格，在中国文化传统中具有十分特殊的位置。千百年来，无数华夏士大夫为了成为君子而努力。那么君子到底是什么境界呢？我们平常说话，也总是喜欢说这个人是君子，那个人是伪君子，看起来好像有一个标准，但仔细思量，好像这个标准又不容易把握。

讨论这个问题之前，我们先要知道，君子这种称谓在历史上是发生过重大转折的。君本来是指可以为君，子是男子之美称。因此，君子最初的含义是指有重要地位的"大人君子"，与君子相对的便是小人。小人则是指庶民、野人，也就是普通人。君子、小人的称谓都是从社会地位角度着眼的。与此同时，在周代的王官体制中，文化也是被贵族阶级垄断的，这就是所谓"德位一致"。这里的德并不是简单的道德之义，而是指文化，指学术，具体来说，便是周人所引以为傲的礼乐。但春秋以后，西周王官体制解体，在礼乐崩坏、社会动荡之中，原有的不少守礼、有文化的贵族降入民间，而在位者却可能无法完全遵守礼乐，堕落为"德不配位"的世俗统治者。譬如《诗经》便借民众之口，批评那些不劳而获、尸位素餐的所谓"君子"："彼君子兮，不素餐兮！"（《魏风·伐檀》）。与此同时，还伴随着士大夫的精神自觉，人们逐渐发现，有没有德行并不是看是否行礼如仪，而是要看内心的修养。在这个过程中，德主要看精神的修养，这也就接近我们今天的道德含义。

所以我们看到一个现象，那就是在孔子和儒家那里，君子、小人更多地是指道德含义，有很高道德修养的才可以称君子，普通人便是小人。但此时小人其实主要并不是贬义。从地位含义使用君子、小人的情况也有，但至少在《论语》里只有很少的几个例子。相反，在道家、墨家等战国时代的文献中，君子、小人的判分还主要由于身份地位，从这个角度来说，孔子尽管强调复礼，甚至被近代人视作保守顽固，但其实反而是社会变革的倡导者，这一问题是很值得深思的。这种君子、小人含义后来逐渐被固定下来，所以我们看到汉代学者班固，也就是《汉书》的作者，在经过朝野辩论之后钦定的

《白虎通》一书中，便这样给君子下定义："或称君子何？道德之称也。君之为言群也；子者丈夫之通称也"（《号》）。这里不妨稍作解释，所谓"君之为言群也"的"群"字是动词，荀子所谓"人能群"，也就是"合群"，或者说使人群结成一体。君、子二词分别用的是原始含义，但合起来后，却成为"道德之称"，这是孔子意义上的君子概念。

应该指出的是，由于君子、小人常常对举，儒家又总是勉励人努力成为君子，所以小人逐渐成为贬损之语。在《论语》中，小人本来可以包括常人、恶人、儿童等多种所指，后—意思在现代一些方言中也还保留着。小人其实就是没有成为"大人"的人。但既然成为贬损之语，普通人喜欢相互恭维，也喜欢互相标榜，于是人人君子、遍地圣贤。既然所有人都自居君子，谁来做小人呢？小人便成了骂人的话。

当然，在孔子和儒家的观念中，君子有时并不是最高的境界。而且君子的语义在不同的时候也会有变化。广义的君子可以指包括君子、大人、圣人在内的所有阶位，狭义的君子则主要是指在行为上合乎君子之道的人，因此，君子还可能是"未仁者"，也就是尚未达到仁的境界。狭义的君子还算不上仁人、大人。孔子说："君子而有未仁者有矣夫，未有小人而仁者也"（《论语·宪问》）。所以真正达到仁者的地位并不容易，孔子对真正仁者的形容是，"君子去仁，恶乎成名？君子无终食之间违仁，造次必于是，颠沛必于是"（《论语·里仁》）。按照这个标准，孔子说自己的弟子大都是"日月至焉而已"，只有颜回能做到"其心三月不违仁"（《论语·雍也》），那显然是很高的境界。

上面所引孔子这句话中，所谓"君子无终食之间违仁"，并非是说君子都能做到"无终食之间违仁"，而是说君子应当以此为目标。由于现代人未必熟悉文言文的语言习惯，类似表述很容易遭到误解。这样的例子在《论语》中比比皆是，譬如：

> 君子坦荡荡，小人长戚戚。
> 君子泰而不骄，小人骄而不泰。
> 君子和而不同，小人同而不和。

这里所提到的君子，只是告诉我们君子会有什么样的境界，但并不意味着能够达到这样境界的人便是君子。譬如君子应该坦荡荡，但能做到坦荡荡的未必是君子。有些小人也可能完全肆无忌惮。同样，我们说"君子不忧不惧"，但有些浑浑噩噩的人也能做到不忧不惧，但却并非君子。因此，在这些表述中，孔子并没有为君子下定义，而是描画出理想中的君子应该有的境界。当然，在日常语言中，有些时候为了表示对某些行为的赞许，也会说"君子哉若人"之类的话，但这只是赞叹的话。君子在孔子心目中的地位其实是很高的。譬如孔子在赞叹弟子宓子贱"君子哉若人"之后，甚至会感慨说，"鲁无君子，斯焉取斯？"（《论语·公冶长》）言下之意，鲁国并未看到真正的君子，他是从哪里学到的呢？

正是因此，君子在孔子那里其实是一个很高的境界，不是普通人可以自居的。尽管孔子的弟子常常称他为君子，譬如"君子望之俨然，即之也温，听其言也厉"，等等；但孔子却从未以君子自居，而且还常常说出这样的话：

> 君子之道四，丘未能一焉：所求乎子以事父，未能也；所求乎臣以事君，未能也；所求乎弟以事兄，未能也；所求乎朋友先之，未能也。（《中庸》）

孔子这里说的是自己未能做到推己及人的恕道，不止如此，他还说：

> 君子道者三，我无能焉：仁者不忧，知者不惑，勇者不惧。（《论语·宪问》）

也正是在这个意义上，今天有志学习儒学的人，应该学习孔子的不以君子自居，而且以常人（即小人）自处。孔子说："若圣与仁则吾岂敢？抑为之不厌，诲人不倦，则可谓云尔已矣。"古人教人，总是从立志开始，教人立个必为圣贤之志。今天的人未必都能发这样的心，但即便发了这样的心，也要知道立志成为圣贤君子，与真正的君子还差了很大的距离，要把自己放低。有的人可能不服气，凭什么我就是个小人？那么不妨反躬自问，你是否做到了不忧、不惧、不惑？是否真正做到了泰而不骄、和而不同？

二、回复本心：君子何以不忧不惧？

说到这里，就必须要探讨一个问题，忧、惧、惑是怎样产生的？为什么君子可以做到不忧、不惧、不惑？其实佛家也有自己的方法，来对治这三个问题。这就是《心经》中所说的，"心无挂碍，无有恐怖，远离颠倒梦想，究竟涅盘"。其中"心无挂碍"就是不忧，"无有恐怖"就是"不惧"，"远离颠倒梦想"就是"不惑"，只不过儒家与佛家对于不惑的理解并不一样。关于不惑，孔子说过自己"四十不惑"，孟子则是"四十不动心"，里面有很深的含义，我们暂时不做讨论。今天主要讨论一下"仁者不忧，勇者不惧"。

仁和勇在字面上都不难理解，但其实又很难定义。我们只能说哪一种行为是仁的，仁的境界是可以意会，但又难以言传。孟子所谓"亲亲而仁民，仁民而爱物"（《尽心上》），对自己亲人的亲爱，对普通人的仁爱（或博爱），与对事物的爱惜，其实是不同的，但从抽象的角度说，又都是"仁德"的体现。汉儒为了使人明了仁的含义，于是提出了一个"相人偶"的说法，仁就是使人我相偶，也就是结为一体的东西。在这个最接近仁的定义的表述里隐含着仁的最基本特征，就是仁是把事物连接起来的一种东西，但相反，把世界联系起来的东西其实很多，未必都是仁。按照这个思路，把世界的一体性推广到极致，便是宋儒程颢所说的，"仁者以天地万物为一体"。另如孔子说过"仁者爱人"，这句话很容易望文生义，其实这里的人也不局限于人类，而就是指他人，或者确切地说，指代他者。仁者便是以爱的方式与他者相连接的人。当然，在儒学中还有一个层次，那就是把仁推广到整个宇宙，成为天道的本体，这就是宇宙的生生之仁。应该指出的是，经学中对仁的上述理解，体现了一种特别的思维方式，仁不是一个定义，而是一类具有共同精神图像的境界总名。我们还可以再举一个比较容易的例子，比如《周易》的乾卦，既可以代指宇宙本体的乾元（所谓"以元统天"），也可以指代三画卦（即八卦）及六画卦（六十四卦）的乾象，而三者的含义显然是不同的。

至于勇者，也不是一般意义上的勇敢之士。一般来说，可以分两种，一种是外拓之勇，一种是内敛之勇。前者的表现是强大的冲击力，后者则是内在的坚韧性。譬如一员猛将，三军阵中斩将搴旗，是所谓外拓之勇；但一个没有武艺的人，有时却能不畏强御，"自反而缩，虽千万人吾往矣"，这就是内敛之勇。后者便接近孔子所强调的"不惧"。金庸小说《倚天屠龙记》里形容张无忌修练的九阳神功，所谓"他强任他强，清风拂山岗；他横任他横，明月照大江。他自狠来他自恶，我自一口真气足"，说的就是这个意思。

所以，假如我们要了解仁者何以不忧，便需要理解古人心中仁者的境界到底怎么样。孟子有句非常有名的话：

> 万物皆备于我矣，反身而诚，乐莫大焉。(《尽心上》)

所谓"万物皆备于我"，也就是人与天地万物为一体的意思。在这个一体之境，人的体会是一个乐字。但乐并不是我们一般意义上的喜欢，这一点常常容易引起误解。譬如古人常说喜怒哀乐，喜和乐常常是并举的，假如两个词的意思相同，那么这种对举便是无意义的重复。《庄子》记载，孔子曾经说过，"同则无好也"(《庄子·大宗师》)，好就是喜好之义，意思是说在一体的状态，是没有对事物的喜好的。换言之，喜好对应的是某个对象，是有指向的；但乐没有指向，只是对自身的体验。但显然，乐所体验的是一种万物发抒、欣欣向荣的境界。在这种乐的状态里，我们体会不到各种烦闷的情绪，体会不到对具体事物的忧愁、担忧。因此，说颜回"安贫乐道"，道并不是指具体事物，而只是在道的状态里体会到了乐。同样，孔子说自己"发愤忘食，乐以忘忧，不知老之将至"也是如此，因为乐与忧是两种难以同时并立的精神状态。

同样是颜回，在《庄子》的记述里，提到了自己的"坐忘"：

> 颜回曰："回益矣。"仲尼曰："何谓也？"曰："回忘仁义矣。"曰："可矣，犹未也。"他日复见，曰："回益矣。"曰："何谓也？"曰："回忘礼乐矣。"曰："可矣，犹未也。"他日复见，曰："回益矣。"曰："何谓也？"曰："回坐忘矣。"仲尼蹴然曰："何谓坐忘？"颜回曰："堕肢体，黜聪明，离形去知，同于大通，此谓坐忘。"仲尼曰："同则无好也，化则无常也，而果其贤乎！丘也请从而后也。"(《大宗师》)

这段话很有名，虽然是《庄子》的记载，而庄子又常常说一些"荒唐之言，无端崖之辞"，所以许多人以为是虚构；但随着越来越多学者对庄子与儒学（特别是颜氏之儒）关系得到理解，庄子的这些记载其实未必没有根据。在这段对话里，颜回忘掉了一切具体的对象，甚至连自身也浑然不知，这是一种完全与物同体的境界。

对这种万物一体的境界，经学的另一表述便是"同"。所以《礼记·乐记》说："乐统同，礼辨异"，所谓周代礼乐文明，对应的是一个既有一体性，同时又存在事物差异的世界。与此相应的，便是《周易》所说的"乾道变化，各正性命"，在这里乾道代表着宇宙的一体之仁，而"各正性命"意味着具有不同自性的事物各自得到实现。这就是天道，也是儒学与佛老两家，乃至基督教等的区别所在。《乐记》还有个说法，叫"制定作礼，功成作乐"，所谓作乐，也就是制定宗庙之乐，这种宗庙之乐，意味着这一政权对自身合法性的某种反思。所以古代的音乐可以分三个层次，也就是乐、音、声。第一种是声，也就是今天所说的声音；第二章是"声成文谓之音"，也就是时下所说的音乐；但乐却是超越于世俗音乐之上，可以与天地神明相沟通的东西。真正的乐在古代是用来降神的。《周易》曾经用一个卦来表达类似的境界，这就是豫卦："雷出地奋，豫。先王以作乐崇德，殷荐之上帝以配祖考。"豫的象，是雷在地上，就相当于二十四节气的惊蛰，因为雷打在地上，所有冬眠的动物都从沉睡中醒来，正是万物发抒，"春日迟迟"（《诗经·豳风·七月》）的境界。中国人喜欢春天，中国文化赞美春天，传统文人留恋春天，伤春悲秋，都可以在这个地方得到理解。试问，在豫乐的境界中，又怎么会有忧惧呢？

但问题是，圣人的境界还是太高了。连孔子都不愿自称君子，普通人又当如何？所以，一个应该直面的问题，便是理解忧惧是如何产生的。其实讨论这个问题之前，还是需要理解，为什么同样是彼此相异的个体，圣人却可以站在万物同体的视角来面对世界，而普通人却只能追逐一己之私？司马迁所谓："天下熙熙，皆为利来；天下攘攘，皆为利往"（《史记·货殖列传》）。

正是在这里，彰显出儒家法天之学的意义所在。儒家看到了世界在利益竞逐中残酷的一面，天下各是其是，各非其非，相互臧否，相互辩难，这就是《周易·否卦》所要表达的境界。否者泰之反，否就是相互臧否，相互否定。臧否之否和否定之否本来是一个字，读音本来也是相通的。但儒家的理想则是事物否极泰来，回到和谐的状态。而这种状态，在自然世界中本来便是存在的。正是通过对生物链的观察，儒家领悟了"乾道变化，各正性命"的真义。这个生物链，便是最小意义上的天，与仁、乾等名相一样，天也是一系列象的总名，最大的天便是那个充满生机又不可思议的生命宇宙本身。所谓"各正性命"，便意味着万物各得其利，同时也便是各得其宜，义者宜也，孟子的义利之辨在此实现了统一。

总的来说，儒家所理解的天是与人不即不离，即内在而又超越的天。所谓内在，是指每个个体，都并未丧失和天（宇宙）的一体性联系；所谓超越，是指具体的生命状态与於穆浑沦的天道之间永远会有距离。儒家所理解的宇宙是这个充满生机的生命宇宙。有的人会问，目前科学观测，在地球以外还没有发现生命存在，怎么可以说宇宙充满生机呢？殊不知，没有可观测的具体生命和宇宙是否具有生机是两回事。至少由于地球的存在，使我们看到宇宙的生命发窍于此，这也就是王阳明所说的，"人心是天地之发窍"。即便地球毁灭，但生机不会消亡，因为假如没有生机，那么生命就不会曾经存在。

对"发窍"最好的一个比喻，是《周易》的井卦。井卦上水下木，是用桔槔到井下取水的象。井卦之前是困卦，"泽无水，困"，是一个湖泊干涸的象。生命为什么会进入困顿？便是因为在具体生命中生机发生了枯竭。湖泊如果干涸，不妨打一口井；为了生命的润泽，便需要接通生命的本源。假如没有这个本源，生命也不曾存在。

生命的本源，用《周易》的表述来说，便是乾元。我们看自然界，正是由于乾元的力量，所谓"乾道变化"，才能实现每个生命如其所是的展开自身，这就是"各正性命"。因此个体的自性虽然各不相同，但却一同秉有宇宙的生机。正是乾元，把无量无边的事物自性统一起来，因此被称为"乾元性海"。儒家所谓"以元统天"，说的也是这个意思。由于乾元的作用，宇宙实现了自身的"同而异"。这里所谓同，便是使人与天地万物成为一体的那个一体性，为了与自性相区别，不妨称之为"通性"。子贡所谓"夫子之言性与天道，不可得而闻也"；《中庸》所谓"天命之谓性"，都是指这一通性。

回到孔孟两夫子的心性结构上来。由于通性的存在，人和人之间常常具有某种感通的能力。《周易》所谓"圣人感人心而天下平"，"感而遂通天下之故"。这种能力常常在亲人中存在，但有时路上遇到陌生人，也会突然心头一震，有人称之为第六感，有人则称之为气场。最近一些年，也有人利用物理学中的"挠场"理论来对此作出解释。《庄子·大宗师》中提到子桑户、孟子反、子琴张三人"相视而笑，莫逆于心"，大体也可以从这个角度理解。更为常见的感通包括人对他者的同情、厌恶、亲近等种种形式。哲学家或心理学家也注意到这一问题，但往往用移情的术语加以解释。其实移情充其量算是一种描述，只不过把这个现象用一个概念表达出来，还说不上是真正有力的解释。从经学的角度来说，感通已经在事实上有着能量的交换，而保证这种交换可以实现的便是通性的存在，而通性的具体形式便是气。孟子所谓"存夜气"，所谓"浩然之气"，都与这个层次有关。所谓气，其实是最纯粹的能量形态，不能简单设想为有形之物。之所以使用气这个词来表达，是因为在直观世界的物质当中，云气更能使人意会到这种形态的存在。按照《说文解字》，气乃是云气的象形。这就像古人用"天者颠也"或"彼苍者天"来表达那个作为宇宙统体的天一样。在此我们不必限于19、20世纪的心物之争。因为假如非要用心物的概念来理解，"天命之性"（或"通性"）本来便是精神与物质合一的结构。

正是由于通性的存在，人类才会表现出恻隐、辞让、羞恶、是非之心，这就是孟子所说的"四端"。四端分别对应仁义礼智四德，具体德目其实是春秋以来逐渐反思的结果。所以孔门四科中有个以颜渊、闵子骞、仲弓、冉伯牛为代表的德行科。孔子已经明确具有三达德、五常这些观念，但这些观念显然在德行科有了进一步的精细化，这就是思孟五行说。此处的五行，其实就是仁义礼智圣与仁义礼智信两种五常。

有的人可能会问，难道残忍的人也会有恻隐之心吗？譬如孟子证明人皆有恻隐之心的时候，便举例说：

> 今人乍见孺子将入于井，皆有怵惕恻隐之心，非所以内交于孺子之父母也，非所以要誉于乡党朋友也，非恶其声而然也。（《孟子·公孙丑上》）

也就是说，人看到小孩儿要掉落井里，总是会救一下，此时救人的行为不会是因为要结交孺子的父母，不是因为想在乡党中间获得赞誉，也不是因为害怕不救他会有不好的名声，只是纯粹的恻隐之心。当然，也许有人故意要说，难道不是有恶人，会把别人的孺子推落井里的吗？这样的人怎么会有恻隐之心呢？其实这是误解了孟子的观念，所谓恻隐之心不是说时时都不丧失，这种可能就接近仁者的境界了。相反，人之所以为人，恰在于具有恻隐的能力。譬如有人也许会残忍漠视孺子入井，但假如这个孺子是自己的孩子呢？假如他会去救，那也就仍然是恻隐之心。

恻隐之心如此，辞让、羞恶、是非之心都可以类推。之所以是仁之端、义之端、礼之端、知之端，是因为要真正把这些落实到实践之中，还需要扩充的工夫。所以才叫端。明代学者陈献章曾经倡导"静中养出端倪"，这个端倪，也就是孟子的四端。

在此已经可以看到孟子思想中的心、性之别。由四端呈现，我们看到了人的本心。本心其实也就是性体在精神上的呈现，所以我们也说"良心发现"。良并非好的意思，良者实也、诚也，良心就是本心能够如实地显现。但在自然状态下，本心其实并不能时时保持，譬如有时候我们会对现实中的许多事情感到无力，对本应该拍案而起的事情视而不见，甚至连内心的波澜都不会升起。这就是麻木不仁。所以宋儒程子曾说："医书以手足痿痹为不仁，此言最善名状。"身体麻木也就是气血不通，生机受到遏制。同样，假如精神生命麻木了，也就无法和其他事物相互感通。

精神的自然状态，又叫作习心。习心就是后天习得的，这是相对于出生赤子就有的、那种通过孺慕父母而显现出的本心而言。所以孔子说："性相近也，习相远也。"孔子这句话以往多数都以为是孔子在描述人性，于是有人说孟子讲性善、荀子讲性恶，而孔子只是说人性相近。这未免误解了孔子的本意。其实远、近此处都不妨读为动词，人我之间本来一体，因为性的存在使人相互接近，因为习的因素，使人渐行渐远。在习的过程中，可以看到外物对原有精神状态的影响，甚至是形塑。这也就是孟子所说的，"耳目之官不思而蔽于物，物交物则引之而已"，只有通过心官（精神）之思，才能"先立乎其大"（《告子上》），守住本心。此处可以看到习心、本心之间的相互影响。

在《告子上》，孟子系统探讨了本心丧失的各种情形，大致总结起来，可以包括以下几个方面。首先是环境对本心的陷溺。譬如好年成大家手头宽裕，容易行善；年成不好，性情也会跟着变坏。其次是不断斫丧本心，如牛山之木本来郁郁葱葱，但天天砍伐，加上牛羊放牧，逐渐变成光秃秃一片。人其实也一样，随着夜间休息，人的生命节奏逐渐与天地同流，精神也摆脱日间的营营役役，接近了固有的"秉彝之良"，这就是"夜气"；但白天的所作所为无不是与此相反，那岂不是和牛山之木差不多吗？第三种则是知道应该存养本心，但却无法持守，不能做到有恒。一日暴之，十日寒之；三天打鱼，两天晒网。后一情形还有一种表现，便是本心在与习心的交战中败下阵来。而如前所述，本心的丧失，便意味着一体性的不复，那么忧惧也就随之而生。

三、君子如何不忧不惧？

也正是因此，如何回到不忧不惧的状态，也就是如何回复本心。而由于本心是性体所发，所以回复本心的根本，除了精神上的自觉存养（"存心"），便在于如何养性。孟子说：

> 孟子曰："尽其心者，知其性也。知其性，则知天矣。存其心，养其性，所以事天也。夭寿不贰，修身以俟之，所以立命也。"（《尽心上》）

所谓"夭寿不贰，修身以俟"便是《中庸》说的"君子居易以俟命"。儒家承认普通个体都受到天命的限制，老子所谓"我所以有大患者为吾有身"。但真正的君子能够做到"我有一口真气足"，做到无惧。这就是把个体的生命在天地之间挺立起来，这就是顶天立地，或者说"立命"。从形象的角度而言，一个真正做到顶天立地的君子，就像在天地之间搭了一个梯子，这是上古"绝地天通"以来人类的精神理想。

弟子曾经问孟子有什么和别人不一样的地方，孟子说：

> 我知言，我善养吾浩然之气。（《孟子·公孙丑上》）

所谓知言，是儒家名辩之学的发展，此处是指了解不同学派的根据和逻辑，荀子所谓"持之有故，言之成理"。孟子这句话本身对应着儒家的三达德，知言对应知，浩然之气对应的是仁和勇。这种气至大至刚，倘若"直养而无害"，则可以"充塞于天地之间"。

1. 存心

孟子曾经与弟子专门讨论过养勇的问题。孔门中子路是三达德中勇的代表，与颜回之仁、子贡之知鼎足三分。子路死后大概由漆雕氏之儒继承了他的精神传统，讲究"不肤挠，不目逃"（《韩非子·显学》），这也是当时不少勇士（如孟子提到的北宫黝）训练精神意志的方法。后来墨家兴起，在这方面更有发扬，据说墨子门下数十百人，不仅都能做到赴汤蹈火，而且"死不还（旋）踵"（《淮南子·泰族训》）。孟子在这一讨论中揭示了儒墨在培养勇气、毅力方面的义理根据，那就是气与志之间的互相影响："气壹则动志，志壹则动气"（《公孙丑上》）。身体变化会影响心志，这一点很常见，譬如一个人摔倒吓了一跳，这就是"气壹则动志"的例子；但孟子则强调精神对身体的影响，这就是存心、养志。

孟子关于心性问题最透彻的讨论主要在《告子》上下、《尽心》上下，共四篇。特别是《尽心上》，完全是按照上面那句话的逻辑展开的。所以尽心、知性、知天、存心、养性、立命，可以视为总纲；从尽心、知性到知天是讲天、命、性、心本体的各个层次；而存心、养性、立命则可以视作具体的工夫。

存心的前提首先是知耻，《论语》所谓"博学于文，行己有耻"。儒家教人并不是对所有人都说"立个必为圣贤之志"，这些话本来都是信念已经比较确定的士大夫的相互激励之语。对于普通人来说，人之所以要往高处走，是因为需要知道"人禽之分"，并捍卫自己作为人的尊严。所以存心的第一关是要激发人的知耻之心。知耻其实也就是反身的第一步，因为四端之中，恻隐、辞让、是非都是有具体内容的，只有羞恶之心才指向人的自身。

在具体的存心工夫中，孟子讨论了"志道""尽其道""有恒""执一""假义"等几个层面。举例来说，人在存心的时候有时候会发生自欺的现象，所以《大学》强调慎独。孟子借伊尹把殷王太甲流放到桐宫一事，说明"假义"的可能性。假如君主不称职，废掉君主也是很正常的，伊尹便是把太甲放逐三年，等到太甲悔悟之后才又还政给他。但还政本身，说明伊尹并非要篡夺商朝自身的政统。假如一个试图篡位的人，以伊尹为口实，那就是假义。这种隐微的心术外人可能难以判断，但存心的人本身是清楚的。我们时下还经常说的一句成语，"存心不良"，其实也就来自孟子。同样，做一件事是否"尽其道"，做到无过不及，做事者本人也是清楚的。上文因孟子"志壹则动气"，本心的不断磨砺，会使性逐渐得到滋养，并在身体的层面表现出来。在这个意义上，养心与养性在根本上又是相通的。

当然，让普通人"以仁存心，以礼存心"并不容易，那么不妨首先降低欲望，所谓"养心莫善于寡欲"。不仅如此，养心其实还有不少具体的办法，譬如孟子便提出"说大人而藐之"，宋明许多学者觉得君子不是应该有恭敬心吗？怎么可以这样？其实便是不知道这是一种心理调适。就像佛家教人不起分别心，但一个少年男子，或者好色之徒见到美色怎么办呢？那也只能教他"做骷髅想""做清淤想"等九种不净观。这就是养心之法。

2. 养性

何谓养性？简单说来，养性就是要养出生命的实感。譬如有人去蹦极，即便安全措施做得再好，甚至自己也知道万无一失，但只要登上高处，许多人还是会感到恐惧。这种恐惧便来自我们生命的实感，并非显性意识所能控制。大家去商场、地铁里乘扶梯，即便很高，年轻人可能不感觉有手扶的必要，但年纪大的人可能就感觉立身不稳。所以许多人并非不想见义勇为，而是心里明白，但身体做不到。这就是我们常说的"良心未泯"，与完全的麻木不仁还有一间之别。

也正是因此，养性总是体现为教化，或者说一切教化本身都是在养性。教化的真义是教而能化，只有化，才能形成生命的实感。教化其实可以分几个层次，这就是《中庸》所说尽己之性、尽人（人类之人）之性、尽物之性。通过尽己之性解决自身与天命的关联，这是儒者的内圣之学；通过尽人之性实现人群的安定，这是儒家的外王之道；通过尽物之性来参天地之化育，这是儒家的伟大理想。易终未济，圣不可成，宇宙不息，生命不止。

尽己之性的极致，便是践形、生色。孟子曰："形色，天性也。惟圣人然后可以践形。"（《尽心上》）形色是人的自然本性（孟子称之为"才"），也就是宋儒所谓气质，虽然也是天之所命，但一旦脱离母体，便具有了独立性，逐渐具有与宇宙分立的倾向，并随着生命的成长，生命力不断萎缩。所谓践形、生色（或"践色"），其实就是把天命之性直贯到身体中来，最终达到"其生色也，睟然见于面、盎于背。施于四体，四体不言而喻"（《尽心上》）的境界。践形指"施于四体"，"睟然见于面、盎于背"即是"生色"。在孟子看来，"惟圣人然后可以践形"，反过来说，假如无法做到践形，即便不忧不惧，也还算不上圣人。当然，这一问题在经学上仍有争议。譬如大禹便有偏枯之病，还算不算圣人？孔子曾说，"博施于民而能济众，……必也圣乎，尧舜其犹病诸！"（《论语·雍也》）。那就显然是指大禹而言。后来的道家，则把大禹的偏枯视为通天的仪式，称之为"禹步"。极可能与孔子的这一思想有关。

至于尽人之性，除了王政制度之外，孟子分析了五种教化的形态：

> 孟子曰："君子之所以教者五：有如时雨化之者，有成德者，有达财者，有答问者，有私淑艾者。此五者，君子之所以教也。"（《尽心上》）

至于尽物之性，则涉及知性及不惑的层次，《孟子·离娄下》所谓：

> 人之所以异于禽兽者几希；庶民去之，君子存之。舜明于庶物，察于人伦，由仁义行，非行仁义也。

应该指出，孟子的心性结构并非宋明儒及现代一些学者所谓的纯粹的德性之学，而是德知一体的精神结构，关于这一问题在此暂不申说。

也正是因此，孟子的养性之学其实并非只是心上做功夫，而是主张内外交养。这一问题可以从他对居、志、气三个层次的揭示中可以看出。

> 孟子自范之齐，望见齐王之子，喟然叹曰："居移气，养移体，大哉居乎！夫非尽人之子与？"孟子曰："王子宫室、车马、衣服多与人同，而王子若彼者，其居使之然也。况居天下之广居者乎？鲁君之宋，呼于垤泽之门。守者曰：'此非吾君也，何其声之似我君也？'此无他，居相似也。"

养性的过程中，精神的努力必不可少，但环境的因素也不可小觑。所以孟子曾以学习语言为例，说一个楚人想让孩子学齐国之语，但"一齐人傅之，众楚人咻之"（《滕文公下》），总是学不会；一旦放到齐国的街巷之间，很快就学会了。另如古人强调女儿要富养，其实也是希望她能在生长的过程中因为寡欲而得以养心，涵养妇德。

养性的方法固然很多，但总的来说便是集义。集义不是努力做正确的事，因为这种情形或许只是义袭；集义是指在一件一件做正确之事的同时，能够做到返之本心，存心以仁，"居仁由义"。久而久之，则能达到"沛然莫之能御"的境界：

> 舜之居深山之中，与木石居，与鹿豕游，其所以异于深山之野人者几希。及其闻一善言，见一善行，若决江河，沛然莫之能御也。（《尽心上》）

以上我们讨论了三个问题：首先是君子的一般界定；其次是儒家对心性的基本理解；

再次则是孟子的养性工夫。按照孔子的说法，所谓"不忧不惧"自己也还未能，到底是孔子早年的自述还是孔子的谦虚之语？今天我们已经不得而知。但无论如何，了解君子何以不忧不惧，都不止具有经典学习本身的意义，对于我们解决自己安身立命的问题，也未尝不是有益的参考。

杨践形先生的生平与著作[1]

张文江

我今天讲的这个人——杨践形先生，除了专门学《易》之人，大家可能不怎么知道。但是这个人，实际上非常重要。如果理解 20 世纪中国的易学，不应该绕过他。

为什么如此重要之人，现在人都不太知道？这里有各种原因。其中一种原因，是他的著作大部分没有传下来。没有传下来的著作，估计有五分之四。去年一年，我在疫情封控期间，一直在搜集他的著作和文章，尽管缺损严重，编纂下来还是有整整四卷。

对于学术人物来说，著作和生平有关联性。如果没有相关的著作，人物的生平往往乏善可陈；如果不了解生平，著作中的很多精彩，会显示不出来。

关于杨践形的生平，他的好友，编纂《佛学大辞典》《说文解字诂林》《道藏精华录》等大型著作的丁福保，写过一副寿联："宿世早应成佛去，今生单为着书来。"这里提到的"成佛"，应该是文人间的恭维，可以看成推崇杨的精神修为；"今生单为着书来"，是对他著述生涯的高度认可。杨践形的学术著作，包含他对人生和学术的理解，尤其是对《易》学的理解。

今年讲会的主题是"学而时习之"。两年前的讲会上，我曾经说，"学"是《论语》开篇第一字，应该重视其大义。如果进一步引申，"学"是学习自然、人生的根本原理，以及相应广大世界的变化。

1　本文据 2023 年 3 月 18 日第二期"原学讲会"主题讲座的录音整理而成。作者系同济大学人文学院教授。

"学"的字形变化，从简体回到繁体，再回到《说文解字》，可以看出来与易学的联系。"学"的古字，上边是爻，爻变的爻，下边是子。爻，两个叉叉，一个变化再加一个变化，一个节点再加一个节点。这两个叉叉，如果横过来看，与"网"的字形变化，也有关联性（参见拙稿《八卦、结绳、书契》）。世界犹如网络，彼此联系，难以穷尽。

这样说来，"学"的根本，可以通往学《易》。《易》与《论语》相通（参见拙稿《"论语"说"易"析义》）。

"学"和"习"之间有"而"字，刚才邓新文老师说，"而"是功夫的转化。"习"有着身体性，把"学"的内容化入身体的气脉。"学"和"习"相关联，既有精神部分，又有物质部分。

对"学习"的理解，今天扩大一些，打破几个可能的限制，尝试有所会通。

一，打破对书本的限制。通常谈到学习，往往以书本为主。而古代的学习，尤其是孔子倡导的学习，书本只是一部分，不能脱离实际事务，不能脱离做人、做事情。

二，打破对学生身份的理解。作为学生、作为青年，当然要学习；不仅如此，如果扩大来看，人可以一生把自己当学生，就是现在提倡的终身学习。广大世界的深邃变化，这样才能有所相应。

我们学习的经典文献，是对世界根本原理及其变化的提炼。普通人如何适应时代？可以从尝试理解杰出人物如何适应他们的时代开始，包括理解杨践形如何适应他的那个时代。

所有的人都在自觉不自觉地学习中，尽管事先不知道自己走的路正确不正确，难以避免犯错误。如何动态理解自身的时代，以及人与世界相契合的关系？不得不终身学习。

三，理解世界各大文明的核心内容，对其他学派有借鉴和吸收。"学习"是中国尤其是孔门的特殊用语，相对于其他学派，大体相当于修行。所以，可以把学习看成修行，是在日常生活中的修行，甚至是高等级的、彻上彻下的修行。

我们再来理解杨践形先生的著作和生平。如果把一生看成学习的过程，那么著作和生平就是作者和时代的相遇，其中有是非、得失、成败，不可能一帆风顺。从《周易》来说，就是"既济""未济"象的变化。

从整体出发，在不同层次看，"既济"的象，在某一个局部，也可以看成"未济"；

而"未济"的象，在某一个局部，也可以看成"既济"。"既济""未济"，依然可以从不同角度看，从而灵活运用，这也是判断事物的复杂过程。

《周易·系辞》说，"神而明之，存乎其人"。做事情，有成功，有失败。有时候局部的失败，就是成功；有时候局部的成功，就是失败。最后的标准，在于是否与时代相应，能不能有所贡献。刚才说是非成败，是非比成败更重要，是非作用于长时期，成败作用于短时期。

杨践形先生于 1891 年出生，于 1965 年去世，是近代最重要的易学家之一。因为种种原因，关于他的生平记录严重残缺，留下来的著作也严重残缺。我在去年的封控期间，努力搜集这些残缺的材料，大体把线索理清楚了。

杨践形的生平，可以分为两段，以 1949 年为界。1949 年以前，他留下的著作严重不全，仅存五分之一左右；1949 年以后，完全没有保存，目前只找到他给潘雨廷先生写的两篇序。

他本来另外有名字，后来流行的名字是杨践形。"践形"这个词出于《孟子·尽心上》："形色，天性也。惟圣人然后可以践形。"这应该是他心仪的人生目标，终身以之。至于"践形"的深远意义，在座的邓秉元老师是《孟子》专家，可以向他请教。

理解杨践形生平的线索，我把它简化为两篇序：一篇是他朋友写的序，一篇是他自己写的序。今天重点介绍第一篇序。

这篇序是《学铎社丛书序》，作者是杨的友人徐玑衡。"学铎"这个词，来自《论语·八佾》："仪封人请见，曰：'君子之至于斯也，吾未尝不得见也。'从者见之。出曰：'二三子，何患于丧乎？天下之无道也久矣，天将以夫子为木铎。'"木铎是警醒世人意思。而杨践形把自己的易学著作称为《学铎社丛书》，表达的是他效仿孔子的意愿，目的是唤起民众。

他出生于无锡杨家，杨氏的祖上，是东汉的杨震，号关西夫子，此人最有名的话就是"四知"。有个人送杨震东西，杨表示不能收。那个人说：在场只有你我两个人，收下来没有人知道。杨说：不行，至少有四样东西知道，天知、地知、你知、我知。

北宋的杨时更有名，他把理学家二程的学说，传播到了东南。杨时在无锡开创了东林书院，有一房子孙后来留在了本地，那就是无锡杨家的起源。

杨践形从小就天资聪颖，他真正的学术道路从 1911 年开始。1911 年，他做了一个梦，梦见了伏羲，然后确定了一生的学术方向。

杨践形读了当时能找到的所有《易》书，从传统中认为最早的伪《子夏易传》开始，一直到日本高岛的占卜书，总共读了500余种。自己也写成《易学丛书》36种，这些著作只刊行了一小部分，大部分后来失传了。

1917年，他来到上海，组织了灵学会，是中国近代文化史上留下痕迹的事件。举办灵学会，最初的设想来自他的父亲，另外参与的还有两个朋友，一个叫俞复，一个叫陆费逵。他们都是中国最早的出版机构之一——上海文明书局的成员。

俞复现在知道的人不多，他当年参与过南北议和的秘密谈判。武昌起义后，清政府同南方革命党人，在上海达成和平协议，俞复参与副署。陆费逵后来开创了中华书局，就是今天还在的中华书局。文明书局的最初开创者是廉泉，他的妻子就是秋瑾的结拜姐妹。秋瑾去世以后。他们夫妇俩把秋瑾埋葬在杭州。

灵学会关注的是什么内容？大致有些像20世纪80年代流行的特异功能之类，当时受到了《新青年》同人的大力批评。几十年之后看下来，这些批评应该是对的，这条路存在很多问题。

从灵学会的开创者来说，他们都是正宗的读书人，所抱持的理想也是救国救民。在1917年的当时，五四运动还没发生，民国初建，中国社会处于向各方面摸索的过程中，灵学会应该也是试错的方向之一。

当时灵学研究是世界性的风潮，在中国的参与者中，也有很多留学生。除了发起人俞复、陆费逵等，参与的人还有严复，还有溥仪的老师庄士敦。灵学会办了两年，后来维持不下去，就停办了。

杨践形遍读《道藏》，是二十世纪中国读完《道藏》的少数人之一。他研究各种各样的学问，涉及世界十大宗教，最后说："观于海者难为水，日月出而爝火熄，其惟孔孟之学已乎。"回归中国传统，回归孔孟，而传统中最深入的学问就是《易》。

1921年夏，他和康有为在茅山住了一个月，畅谈"孔易微言"，"每及穷理尽性以至于命"。然后回到上海，和杭辛斋讨论《易》学，特别重视象数。康有为和杭辛斋是两个老师辈的人。两人之外，还与章太炎有关系。杨践形《易学讲演录》首页，有章太炎的题字。

了解经学的人都知道，康有为和章太炎，一个是古文经学，一个是今文经学，两个人绝对谈不拢。然而。杨践形对两个人都很尊重，对两方面的学问都有所吸收。

章太炎一生，主要有三次讲学。第一次在东京讲学，参加的人是黄侃、朱希祖、钱玄同、周树人、周作人；第二次是1922年在上海讲学，参加的人是刘半农、钱玄同、马幼渔、曹聚仁，杨践形参与的应该是第二次。章太炎和杨践形，两个人都喜欢古文字，杨践形收集了不少篆文、钟鼎文的材料。第三次是在苏州讲学，一直讲到1936年去世。

三个人中间，与杨践形关系最密切的是杭辛斋。如果从《易》学史的角度说，杭辛斋可以看成近代《易》学的开山。他年轻时在天津，和严复、袁世凯喝酒谈论，都是好朋友。以后袁世凯做了总统，杭辛斋参加反袁，被抓入牢里。他在牢里遇到了一个老者，传授他《易经》的绝学，出狱以后就成了易学家。杭辛斋的《易》学非常好，我推荐他的书，读了会有启发。

在《易学演讲录》里，收入杭辛斋和杨践形的通信，杭辛斋也给《学铎社丛书》题字。杭辛斋出狱以后，去广州参加二次革命，在孙中山领导的反袁运动中，担任国会议员。国会议员们白天讨论政事，晚上一群人讨论《易经》。当时的人既搞政治，也愿意读书。以后到上海，杭辛斋委托杨践形帮他找人，一起讨论《易经》。杭辛斋在晚年，把《易经》托付给杨践形，对他有很高的期待。

1923年，有一个很有名的传教士李佳白，邀请杨践形在上海讲《易》，后来就留下了《易学演讲录》。以后到40年代，又有沈恩孚请杨践形讲《易》。沈恩孚是民国元老，是同济大学的某任校长，是上海图书馆的前身鸿英图书馆的创办人之一，也是民国南京临时政府国歌的词作者，还是哲学家沈有鼎的父亲。他也非常崇敬杨践形。

1949年前，杨践形的多次讲《易》。而讲《易》的传统，是从杭辛斋开始的。

《易学演讲录》还有第三个人的题字。这个人叫王西神（蕴章），是《小说月报》的首任主编，此刊物的第二任主编是茅盾。王西神也是无锡人，和杨践形关系很好。王西神的妹妹嫁给了钱基博，这位妹妹就是钱锺书的母亲。

我把现在所能找到他的书，非常辛苦地收集起来。目前编下来有四卷，有一定的数量。

1949年以后，杨践形还写了好多著作，没有机会出版。他的主要活动是和另外一个易学天才薛学潜先生的讨论。薛学潜、杨践形，后来还有潘雨廷先生，他们一直在小范围里讲《易》，一直讲到"文革"发生之前。

最后要讲一下，杨践形读《易》的过程。在1949年前后，中国存世的《易经》有多少？当时的估算，大概接近千种。《四库提要》加上存目，有682部，加上乾隆以后，四库以外的《易》著，存世的《易经》，大概接近千种。

在第一篇序中，提到杨践形读《易》有500余种，在1943年的第二篇序中，提到他读《易》已经有600余种。在40年代有一个记载，说他读《易》达到700多种。1949年以后，给潘先生写的两篇序中，提到他读《易》达到800多种。

随着年岁的增加，杨践形读《易》也逐渐增加。50年代的两篇序，写于1958年、1959年，此后一直到1965年去世，虽然不再有记载，估计他读《易》的数量，还会有增加。杨践形读过的历代《易经》，有记录的是800多种，他应该是20世纪中国读《易》最多之人。

另外，在杨践形的晚年，他和潘先生合作，写过一本大著作，我姑且称它为最后之《易》。这本书力图解决传统《易经》中的所有难点，可惜由于客观条件的限制，没有留存下来。

读《周易》卦爻辞，比如说"元亨利贞"，乾卦有"元亨利贞"，坤卦有"元亨，利牝马之贞"，加"利牝马"三个字是什么意思？过去有很好的解释。然而，四个字的组合与拆开，遍布全经，其间关联如何？比如说，有"元吉""贞吉"，还有"亨利贞""利艰贞"，种种的不同。这些不同的关联，纷繁复杂，彼此不矛盾，全能解释通，作出严密的论证，在这本书里都完成了。我当年还看到他们为此书做的小纸条。

这本书完成后，潘先生发现了新的道路，另外写作了《周易终始》，并得到了杨践形的首肯。然而，书虽然没有留存，这些花过的工夫，终究没有白花。在《易道履错》等著作中，多少还有些痕迹。很多解释前无古人，真是启发心智，美轮美奂。

最后复述杨践形的两句话，来看看他的思想境界。一句话是潘先生1987年4月19日说的（见《潘雨廷先生谈话录》）。他引述杨先生话，我看不出杨先生讲多少，潘先生讲多少，好像水乳交融，但开头肯定是杨先生讲的：

> 杨先生言：地球南北有个道理，即两极。东西有个道理，就是中国和美国，两头隔着太平洋，紧紧挽住。上古白令海峡是通的，中断后，中国这块地域大发展，

美国是空的。近代美国大发展，成世界中心，中国有渐空之势。但是中美仍有关联，中国的发展，从深圳、广州来似不行，从苏联来则落后，主要还是看美国。中国古代确为世界中心，澳大利亚人种和中国有关。现在这块地域摆在那里，台湾、日本、朝鲜等地区虽发展，终不行，最后仍在大陆。知道一点历史的人，决不敢轻视中国。人类发现美洲、澳洲，不过几百年的历史，故全球观念的意识有时间性。

这句话不是今天讲的，是 1987 年讲的，我们试试看对比现在的形势，是相合呢，还是不相合呢？

另外还有一句话，是 1986 年讲的。潘先生和杨先生一起写《易》，最终没有合拢，两个人思想没有碰到一起。关键在哪里？时代两样了。不能从地主阶级的角度讲，而是要从资产阶级的角度讲。当然，这里的提到阶级，是当时的比喻用法，实际对应的是时代，背后是农业文明和工业文明的演变。而到了今天，尤其应该注意，已经发展到了信息时代。

潘先生说，对于易学，不能仅仅从传统角度讲，要注意现在的时代潮流，青年关心什么，无论如何要注意现代科学的最新成就。这三点非常重要，也是我们今天学《易》之人，或者从事传统文化的人应该注意的。

2000 年以来，时间好像被加速了。世界在持续动荡中，而科学和技术的最新发展，日新月异，前所未见的新事物不断地出现，我们几乎天天在见证历史。因此必须更新自身的认知，不断地学习。

我的汇报完了。谢谢大家。

志道游艺

中国武术的特色与哲学

——以太极拳为主

熊　琬[1]

道通乎艺　艺与道合

人法地、地法天、天法道，道法自然

——中国文化"天人合一"的特质

　　中国武术的特点：均衡发展身体与心智，包括身心灵的均衡发展，消灭死角，手、眼、身、法、步的密切结合——打拳时不同于西方体育的肌肉美，只重生理的锻炼，只属一般的运动而已！至于武术，从骨骼、肌肉外，训练恒心、耐心、毅力、胆识、气魄，发扬尚武精神，也有心智的训练，灵敏度、反应度等（一般运动或有其一部分罢了）。武术的拳术，也注重一种艺术之美与道的精神。直是身体文化的展现：可谓集易理、道家、佛学、经络学、心理学、兵法、内功，包括筋络、气脉、医理与艺术之美。道德修养等之大成于一体，固不仅限于武术一端而已。

　　从体质变化到气质变化，更进而提升心性修养。简言之，武术（或曰武艺）包含"技术"（拳架）、"艺术"（圆的优美姿态）、与"道术"（哲学的内涵与深度）的结合，所谓"艺通乎道，道与艺合"是也（参阅当今佛教艺术家、教育家、华梵大学创办人晓云

1　作者现为台湾华梵大学东研所兼任教授。

导师《佛教与艺术论集——艺与道合》)。《老子》所谓:"人法地、地法天、天法道,道法自然。"这即是中国文化之特质。

所谓"哲学"乃是所有学问的根源——中国传统哲学之根本在"道"。凡"象"(现象的外表:拳架)中必有"理"(哲理:所以然的道理);中间乃以"气"行乎其中。——理、气、象三字诀是也。凡为武术莫不皆然,尤以太极拳为然。

一、一般武术之特色

(一)多元化的武术:

1.拳术中一举一动,都配合手、眼、身、法、步的一致统合动作,乃一气呵成的。

2.结合体育、力学(四两拨千斤)、智育(圆的善巧运用)、美学(柔性美学)、医学(养生)与哲学(太极之理),并包括导引、气功,尤其静坐及哲学(道)的文化等。亦即整个"身体文化"的展现。

3.所谓"道"者,《陈氏太极拳图解》:"深有合于儒家身心性命之学,……技也进乎道矣。"又《太极拳名义》:"虽曰拳为小道,而太极之大道存焉。"吴国忠《太极拳道几》:"先师郑公曼青常说:太极拳是宗黄老学说,综合儒、释、百家于一炉,是言而落实的哲学,这道是人生的方向,是提高真善美最高境界的方法和路线,是放之四海皆准的方针。"

(二)充分展现中国多元创意智慧的武术:

1.中国武术门派众多,琳琅满目,无所不有。以门派论有武当、少林、峨眉、南拳四大门派;或崆峒、武当、少林、峨眉、昆仑,五大流派。其中,又分"内家拳",如:太极拳、形意拳、八卦拳;"外家拳",如:螳螂拳、八极拳、少林拳、白鹤拳、通臂拳、咏春拳等;即以动物命名的有龙、虎,豹、鹤、蛇;又有马拳、猴拳、狗拳、鸡拳、鸭拳等。而其中,端从螳螂拳言,就有软、硬螳螂拳,如秘门螳螂拳、八步螳螂拳、梅花螳螂拳、七星螳螂拳、摔手螳螂拳、六合螳螂拳、太极螳螂拳等。而太极拳有:陈(含老架、小架)、杨、吴、武、孙等,不一而足。其他,又有摔角、鹰爪等。

另就武器言，又有刀、枪、剑、棍、戈、矛、扒、拐、弓箭、藤牌等十八般武器；可说极富创造性。比之日本只有柔道，空手道；朝鲜、韩国跆拳道，寥寥可数，至于西洋拳，更是单纯，除了直来直往比力道与快速外，只供竞技表演用为主。与我中华武术的多用途，从技术、艺术，更可通于道术。

2. 善于模仿动物、植物等万物之自然之美：如：

（1）螳螂拳之发明，乃王朗祖师借螳螂捕蝉，领悟发明出来的。太极拳据传则是张三丰因观蛇与白鹤斗，展现以柔克刚、灵妙之美而生的灵感。

（2）如郑子太极拳要弟子观察鱼在水中游动时，何处先动？白鹤、老鹰刚展翅时，何处先动？以此借悟出拳理。借荷花在亭亭净植水中，随风吹拂而动时，以悟"大乘法"之秘诀。又借风箱之理以明"囊钥功"等。——悉借径于大自然中，故《易·系下》曰："仰则观象于天，俯则察法于地，观鸟兽之文与地之宜。近取诸物，于是始作八卦，以通神明之德，以类万物之情。"武艺何独不然耶！

3. 充分而巧妙的善用人体各部位：指、掌、腕、拳、肘、臂、（上：旋腕转臂）；肩、腰、脊（旋腰转脊）；踝、膝、胯、足（旋踝转胯）。要在"三旋合一"。就养生上，亦属充分运动到全身的每一个部位了。所谓："一动无有不动"之理，无论施之于拳术或养身，都系绝佳的方式。

4. 整劲的善巧运用：全身整体一致与虚实相应的运用。"其根在脚，发于腿，主宰于腰，形于手指。由脚而腿而腰，总须完整一气。"在"尾闾中正""上下一条线"。"立如平准，活似车轮。"原则下，一切动作从"脊椎"（中轴：中心点）发出[1]，而有的"旋腰转脊"，同时配合手之"旋腕转臂"，与足之"旋踝转胯"及"九曲珠"般环环相扣的密切结合，即能"一动无有不动"，在避实击虚的原则下，可说在力学上能运用全身的劲道于一处；且在实战上，亦能淋漓尽致地充分发挥力道，而无留遗余劲于身中。

5. 攻防一致：一般武技，所谓"防"，固属蓄势待发，"攻"则在攻击，以收克敌致胜之道。其中，无论西洋拳术，以至跆拳、空手道等。大多系攻属攻，防属防，二者分开。然在中国武技：常有左"防"而右"攻"；右"防"则左"攻"；上"防"而下"攻"，外"防"而内"攻"；均属同时一致配合的动作。换言之，"防"时即"攻"时，

---

[1]　"发现之旅"（discovery）节目常见野牛能轻轻借牛角即能将凶猛的狮子挑起半天高，何故？就是利用脊背发出到牛角之力道使然。武术中，谁能善用此力道，谁就能省力的发运力道了。在运动中如此，效果亦佳。

"攻"时即"防"时，攻防一致，同时非异时。盖阴蓄阳攻，阳攻阴蓄，同时动作。此即中国哲学"阴阳相济"之妙。妙就妙在两者密切配合的善用予配合，非但能化解对方的力道，同时借力使力，省时且省力，应手而出之。

6.曲线（圆）的武术技巧：所谓圆乃曲线的来往，非属平面的直来直往。非仅是"平面圆"的概念，乃系"立体圆"的概念。即如太极图所显示者，前条"阴阳相济"即是"圆"的善巧运用。就如水银般呈无限圆，重重无尽（无限大大小小水珠所呈现大小不同的诸圆珠）的概念；武术中愈益能趋向此发展者，愈益能达至高层次之拳艺；以至于其臻其极诣。

7.内气发动配合内劲的运用：所谓"外练筋、骨、皮，内练一口气。"（或说"外练筋、骨、皮，内练精、气、神。"）从外气功至内的气功，从练拳架到发劲的哼、哈、咳等。内修功夫，则是"丹道"所谓"炼精化炁"到"炼神还虚"，内修心灵之升华等，皆不离"（炁）气[1]"之一字。

8.武而可称之为"术"，曰"武术"；亦可称之为"艺"，曰"武艺"。其中，亦有所谓的"拳经"，是涵蕴着"武术的理论（道）"。而所谓"武术"者，下可通于"术"：即武术的技巧。上可通于"道"，即武术的哲学。中则直属"艺"，即其具有优美方姿势，在或雄浑（如一般拳术），或柔美（如太极拳），或快慢相间，各自有其优美的节奏、韵律，一气呵成，多彩多姿，或楷书，或行书，或草书，甚或狂草，各具特质；盖可谓兼技术，艺术与道术而有之。

（三）练拳者的条件：一般拳术，自以少年练之，效果自佳。但太极拳则较不拘年龄、性别、体形、场所的普及性运动，并随着性格特征、年龄需求等，固可因人因材施教。

二、太极拳的武术特质

（一）创造综合性的武术：配合动作、呼吸与意念（心理、精神）。将导引、气功、

1　道教为区别先天的气与后天的气，采用古字"炁"代表先天的气，意谓无极，气则被当成是后天的气，为太极。

与拳术相结合。太极拳尤重内功心法，发挥此理更是淋漓尽致。

（二）螺旋、缠丝、绌丝般的弧形旋转运动——即"圆"的概念的充分发挥：螺旋弧形的运用——合乎物理学的原理，如旋腕转臂、旋腰转脊、旋踝转胯（其中，旋者即是"圆"的概念）——三旋合一（行气如九曲珠——九大关节之松活）。太极拳全讲求意念带动内在之旋转，故更为内敛，外形不易看出。乃所谓的"缠丝劲""抽丝劲"：或如缠丝般圈圈相套不绝，旋转自如；"运劲如抽丝"：如抽丝般细腻且绵密的劲。

（三）用意不用力的柔韧松活哲学：由内敛的旋转，故具圆活之趣，不仅练成"对拉拔长"与弹性的作用。更大大提高持久力、灵敏度、速度、韧性、弹性等。所谓"慢到十分，灵到十分"。能慢才能灵，能慢才能快。故能"动急则急应，动缓则缓随"。急缓随对手的情况而定。（或谓：太极拳如是之慢，如何应敌？不知此故也。）而所谓"意气君来骨肉臣。"即是以意导气，以气运身之故也。若论松柔圆活而有趣，不仅在筋骨外表的牵动，尤在以意气的引导下为之。故以意气为主而以骨肉为之辅佐。

（四）所谓"整劲"（全身一致）的哲学："一动无有不动，一静无有不静。""凡治众如治寡，斗众如斗寡。"身体绝无单独动作的，只要一动，必需由涌泉带动全身九大关节——踝、膝、胯、腰、脊、颈、肘、腕、肩配合一致动作。故用是一点，却是全身整体"依体起用"的连绵不断的劲在运作着。所谓整体者，在气势上、意念上是"吞天之气，借地之力"。（天人合一）其力道自然强劲有力，无坚不摧矣。其意义与实质上，完全突破一般武术多持武勇强劲以克敌的概念。

（五）突破一般武术的技巧。全以意为主、以柔为用的武术：绝无一般武术踢、打、摔、拿等的原则。而是"以柔克刚"，故强调"不用力"，而是"用意"。（就一般武术而言，不用力，如何能打人，但妙就妙在此。）以沾、黏、连、随的方式，借"四两拨千斤"，以对敌应用。故其妙在不动手，而纯以听劲，因敌之变化而变化，应机以制敌（如倒撵猴一招，不必弯腰驼臂即能过肩摔人）。故《十三势行功歌诀》有"因敌变化示神奇"之语。而归结在以意气为主、以听劲（不外沾、黏、连、随四字）为用。"劲断意不断，意断神可接。""内固精神，外示安逸。""全身意在精神，不在气，在气则滞。"至要者，仍以"神"为之主宰也。故太极拳仍不外"精、气、神"三字，养身如是，练拳亦如是。

（六）内、外家拳的差异：力与劲的不同、内功（柔）与外功（刚）的差别。——

力由骨，劲由筋；力有形，劲无形；力散而劲整；力浮而劲沉；力拙而劲巧；力迟而劲速；力在外而劲在内，力阳（看似劲猛）而劲阴（看似无劲却有劲）。又有所谓："里边不动，外边不发。"所谓三旋合一（旋腕转臂、旋腰转脊、旋踝转胯），潜行默运；外则"风平浪静，内则翻江倒海"。全赖内在的运转，如水中漩涡，暗潮汹涌。

（七）劲的阴阳相济的巧妙应用："牵动四两拨千斤。""多四两不要，少四两不肯。""一羽不能加，蝇虫不能落。""蓄劲如开弓，发劲如放箭。曲中求直，蓄而后发。"太极者，即是阴阳的运行与变化，施之拳中。具体言之，即是手则"旋腕转臂"、身则"旋腰转脊"、腿则"旋踝转胯"任何一招，都是默默运行，"三旋合一"。陈氏曰"缠丝劲"，杨氏曰"抽丝劲"。可说将圆的原理，巧妙地善加运用了。

郑子太极拳尤在讲求一招制胜，不拼蛮力。若二三招内未能制胜，即要向对方自认学艺不精，鞠躬下台。盖一招内，即在"阴阳相济"中"阴中有阳，阳中有阴"，其中"大阴阳中有小阴阳，小阴阳中更有微细的阴阳"。重重无尽。所谓："八八六十四卦，三百八十四爻。"俱在里许，佛门所谓："一即一切，一切即一。"圆融无碍之善巧运用也。

（八）用意不用力的哲学："彼之力方碍我皮毛，我之意已入彼体里。""上兵伐谋。""内固精神，外示安逸。须要从人，不要由己。从人则活，由己则滞。""立身须中正不倚，支撑八面。""一片灵机写太和，……有心运到无心处，秋水澄清出太阿。""不遇敌则已，如遇劲敌，则内劲猝发，如迅雷烈风之摧枯拉朽，熟能当之。"

（九）身体的文化之展现："太极即生活，生活即太极。"太极宜活在日常生活中，行、立、坐、卧、吃饭、睡觉、迎宾、送客等，无不是太极拳的显现。譬如：行有"行功"，郑曼青师爷曾云："行如沙漠走骆驼，坐对人间笑弥勒，处则两足虚实分，卧似弯弓向右侧。"这是将太极落实在日常生活中的行、住、坐、卧之间。而这与佛门四大威仪所谓："行如风、坐如钟、立如松、卧如弓。"所谓太极生活化者，举凡行住坐卧之间，都不外虚领（灵）顶劲、沉肩垂肘、松腰坐胯，气沉丹田，盖无时无刻无不如是。即是不可或离的观念及行为准则。故《中庸》曰："君子无终食间违仁，造次必于是；颠沛必于是。""道也者，不可须臾离也；可离非道也。"

（十）与养身、修道有密切关系："欲天下豪杰延年益寿，不从作技艺之末也。"加强肌肉骨骼关节的活动心血管的韧性，增强呼吸，扩大肺活量，促进消化系统的蠕动、内分泌的正常，畅通经络。修身养性，气与血之关系："气为血之帅，血为气之母。""气充则血足，血足则体强，体强则意坚，……可以延年益寿。"进而静坐养性、默坐澄心"收视返听""回光反照""致虚极，守静笃"。从"炼精化炁、炼炁化神，炼神还虚，炼虚合道"。能够通天接地，体会"天人合一"的宇宙人生的真谛。

三、蕴含高深哲理（道）的武术——"拳虽小技，皆本太极正理。"

"拳为小道，而太极之大道存焉。"——从修身以至养性之结合。

《陈氏太极拳图解序》："以易为经，以礼为纬，出入于黄老，而一贯之以敬，内外交养，深有合于儒家身心性命之学。不徒以进退击刺，阳开阴阖，示变化无穷之妙，如古兵家所言，盖技也进乎道矣。"

（一）立身中正不倚："中正安舒""虚领（灵）顶劲""尾闾中正""上下一条线"。"立如平准，活似车轮"。如是乃能"接天之气，借地之力"。有顶天立地之气概。

（二）松的哲学：两臂松、腰松、胯松、全身松。"全身无处不松净。""意气须换得灵，乃有圆活之趣。"上（腕、肘、肩）、中（腰、脊、颈）、下（胯、膝、踝）三关，各有三停。节节放松，要松透，松到底。所谓劲落涌泉，方克接地气。

（三）以柔克刚：摧刚为柔、百炼成刚、揉面。不受力的哲学："四两拨千斤。"太极技之精者，感觉异常灵敏，所谓"一羽不能加，蝇虫不能落"。"用意不用力"。而彼毫不能觉而察之，故曰："微乎！微乎！至于无形！神乎！神乎！至于无声！"（《孙子兵法·虚实》）。并随时能制人而不制于人。风与水的哲学。

（四）圆的哲学：非直来直往。如枪弹出膛，如弹丸出手，无往不利。"九曲珠"的运用——三旋的应用（旋腰转脊、旋踝转胯、旋腕转臂）大圈化小圈，小圈化无圈，无圈而无不是圈。一举动间，都含一小圈圈，功愈深者愈小，半圈化而半圈发。故能随化随发，收放、进退圆转自如。其始则先求开展，次求紧凑。由尺寸而分毫，愈益缜密。所谓极小亦圈，固不出乎太极圆的运用也。

（五）"几"的哲学：《易·系辞下》："几者，动之微。"又曰："夫易圣人所以极深而研'几'也。唯深也，故能通天下之志；唯'几'也能成天下之务；唯神也，故不疾而速，不行而至。""彼不动，己不动；彼欲动，己先动。""将发未发，将至未至。""后人发，先人至。"彼之劲，能辨之于尺、寸、分、毫之间；敌之动虽微，我即能随感而应，不爽锱铢。"彼劲将出未发之际，我劲已入彼劲。恰好不后不先，如皮燃火，如泉涌出。""知己知彼"功夫。这其中都是'几'的功夫。

（六）中道的哲学："沾、连、黏、随，不丢（离开）顶（顶撞），无过不及，随曲就伸。"——不即不离，似松非松（散乱）。"迈步如猫行"，既轻灵（灵活）又稳重（沉稳）。"不矜不张，局度雍容，虽曰习武，文在其中矣"（陈鑫《太极拳图解》）。"遵规矩而不拘泥规矩，脱规矩而自中规矩"（同上）。

（七）"随"的哲学：似被动，而实主动。"舍己从人。""随曲就伸，逆来顺应。乘人之势，借人之力，变化无穷。""机由己发，力从人借。""周身俱要相随，有不相随处，身便散乱。……由己则滞，随人则活。能从人，手上便有分寸，秤彼劲之大小，分厘不错；权彼来之长短，毫发无差。"——无我而后有主宰（打破小我，而成大我）。"无恃其不来，恃吾有以待之也。无恃其不攻，恃吾有所不可攻也。""因敌变化示神奇"（十三势行功歌）。"避实击虚。""善战者致人而不致于人。""因敌而致胜，故兵无常势，水无常形，能因敌变化而取胜者。谓之神。"

（八）"静"的哲学：即是以静制动的思维方式。如："彼不动，我不动；彼欲动，我先动。"以此"料敌制胜"。"太极者，无极而生。阴阳之母也，动之则分，静之则合。无过不及，随曲就伸。动急则急应，动缓则缓随。""发劲须沉着松静，专注一方，所谓静中触动，动犹静也。"

（九）修身与养性，尤在于心。陈鑫《陈氏太极拳图解》云："人之一身，运用全在一心，而传神全在手目，故必凝神注视。""每着全在心胸，用心太过，失之拘束；不用心，失之懈怠。是在有心无心之间，一主以敬，方能得乎中道，运动咸宜。"此谓打拳不全拘于动作、姿势之末，出手必有分寸，与涵养身心，性命修养自在其中；始为其本也。

《太极拳十三势行功心解》云："以心行气，务令沉着，乃能收敛入骨；以气运身，务令顺遂，乃能便利从心。"又："若究其原，周身元气皆出于肾，肾水足则气自壮，养于胃，胃得其养则气亦壮。藏于肝，肝气一动，逆气横生，气不得其平，涵（沉浸）泳

（浸润其中，指深入理解体会）于心，心无妄念，则心平者气自和，……以上经络皆有益于拳，……藏精于志，精神之舍，性命之根。"

太极拳的修养："未打拳时，心平气和，浑然一太极气象。将打拳时，执事敬。至手足动时，方能躁释矜平（浮躁之心得到解放，自矜自傲之心得以平复）。运我太极拳中自然天机，而从容中礼。""打拳时，执事敬，自然周中规，折中矩。（无论周旋转折都合乎规矩）而视听言动，皆在规矩中矣。"

"自初势至末势，所图者皆有形之拳。惟自有形造至于无形，而心机入妙，终归于无心，而后可以言拳。可见拳在我心。我心中天机流动活活泼泼地，触处皆拳，非世之以拳为拳者比也，此是终身不尽之艺。非知之艰，行之惟艰。所图之势，皆太极中自然之机。……气（浮躁抑沉静全在气）非理（拳理），无以载；……理非气，无以行。气不离乎理，理不离乎气。理与气一而二，二而一者也。千变万化，错综无穷，故终身行之不能尽。"又："心为一身之主，肾为性命之原，必清心寡欲，培其根本之地，无使伤损，根本固而后枝叶荣，万事可作，斯为至要。"以上所引诸语，足证太极拳非止于拳艺本身而为已足，必与涵养心性，有着密不可分的关系。非今西方所谓运动之末而已也。

（十）太极拳是内家拳，心不外驰，要在收视反听。乃性命双修之道（命，属生理方面；性，乃属心性方面）。是从术而进于"道"矣。所谓："谨闭五贼：谨于耳，则耳不外听，而精归于肾；谨于眼，则目不外视，而魂归于肝；谨于口，则默契不谈，而神归于心；谨于鼻，则鼻不外嗅，而魄归于肺；谨于意，则用志不分，而意归于脾。精神魂魄意心肝肺脾肾，各有所归，各复其命，则天心自见。"乃进入"道"之境地矣。此与《金刚经》所谓"不住色生心，声、香、味、触、法生心，应无所住而生其心"，即于"六根门头"（眼、耳、鼻、舌、身）收摄身心者，正有异曲同工之妙，不过前者偏重在生理之转换与升华，后者偏重在精神、心灵之转换与升华。详下十一、十二条。

（十一）自丹道实践哲学而论之：

就先天（元精、元气、元神）与后天（凡精、凡气、凡神）言。太极拳在练先天气。就水（精）火（心）相济与气之哲理言："气"有防御、温煦、推动、升华等作用。气是物质（如水）与精神（神）之间的媒介。故意（心）属火，肾属水。意动则火生，意静则如以文火温养；练意以烹炼肾水，借气使肾水"升华作用"；如是则能"练精（水）化炁"。进而"练炁化神"（精神、心灵）、"练神还虚"（太虚）。其过程为"以气练气""以意练意",最后"练虚合道",由吾人身体的"小宇宙"以至与大地之"大宇宙"乃系"天人合一"之境。回复自然之本然,乃《老子》所谓"复命归根"是也。

(十二)从佛家实践哲学言之:如《金刚经》:"不住色生心,不住声、香、味、触、法生心,应无所住而生其心。"此谓从眼、耳、鼻、舌、身、意六根,对之色、声、香、味、触、法之尘,即在六根门头的修行方法。《楞严经》卷五:"都摄六根,净念相继。"同是借"六根"来修持。《楞严经》卷四:"汝今欲令见、闻、觉、知,远契如来常、乐、我、净,应当先择死生根本,依不生灭圆湛'性'成,以湛旋其虚妄灭生,伏还元觉得元明觉,无生灭性为因地心,然后圆成果地修证。"其中,"见闻觉知"者,乃即眼曰"见",耳"闻",鼻、舌、身为"觉",意为"知"——亦即所谓的"六根",即所以能"远契如来常、乐、我、净",此即"无生灭'性'"。为"'因'地心"即可"圆成'果'地修证"。亦即从"形而下"的"六根"圆成"形而上"的"果地修证"。此与丹道所修者,同处在同是利用"六根",但丹道乃属"生理"者,而《金刚经》《楞严经》所谓的"六根"则非仅"生理"的,而是"形而上"的"无生灭性"为"因"者。就果上言,丹道则属"归根复命"(天人合一)之"性"。佛法所谓之"果地觉"乃属"法界"。法界(Dharmadhatu),为真如、佛性、法性、实相等的同义蕴。它包括十法界(佛、菩萨、缘觉、声闻、天、人、阿修罗、畜生、饿鬼和地狱。前四者称为四圣,后六者称为六凡,合称为四圣六凡或六凡四圣。)并包括十方无量世界在内。

圆的运用图:

一、手(肩、肘、腕)

二、身(胸、腰、颈)

三、足(胯、膝、踝)

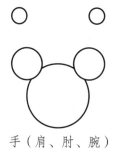

手(肩、肘、腕)

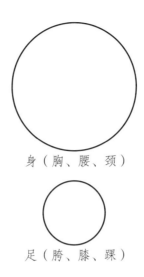

身（胸、腰、颈）

足（胯、膝、踝）

总之，太极之练法步骤：1.从外练到内，2.次从内练到外，3.最后，内外合一。彼乃属"道的哲学"具有融摄性、广泛性、共通性。集武术（省力而效果彰）、艺术（真、善、美的结合）、美学（练拳姿态如写书法般的优美，但属阴柔中带阳刚之美，非复西方体育纯属阳刚性质）、医学（太极即是养生之道）、体育（拳术即是一种体育）、心理（心静、全身无处不松静）、力学（借力使力之轻松之道）、兵学（"因敌变化示神奇""避实击虚"。"致人而不致于人""以逸待劳"）、文学（昔人谓古文，不外阴阳刚柔之变化[1]）、心性修养（静的哲学）、哲学（静的哲学、无为而无不为的哲学）。

四、道通于拳艺——根据《太极拳论》《太极拳十三势歌》《打手歌》等。

兹再借老、庄、兵法等哲学理论一纵论之，所谓"道通于艺与术"：

（一）老子哲学：

1.《老子》："曲则全，枉则直。夫唯不争，故天下莫能与之争。"——太极拳之"随"

1　清姚鼐《复鲁絜非书》："鼐闻天地之道，阴阳刚柔而已。文者，天地之精英，而阴阳刚柔之发也。惟圣人之言，统二气之而弗偏（没有偏重）。然而《易》、《诗》、《书》、《论语》所载，亦间（间或）有可以刚柔分矣。"

字诀，乃是"随曲就伸，逆来顺应；乘人之势，借人之力"。其中奥妙在借太极圆的道理，"随曲就伸"，阴阳相济，阴中含阳，阳中有阴，乃能万应不穷，故能"因敌变化示神奇"，故为不争之争，故"莫能与之争"也。

2.《老子》："图难于其易，为大于其细，天下难事，必作于易；天下大事，必作于细。是以圣人，终不为大，故能成其大。"——太极拳主沾、黏、连、随，"动急则急应，动缓则缓随"。"其要则不外一顺字，我顺彼背，则彼虽有千斤之力，亦无所用。故有四两拨千斤之句。"并非"壮欺弱，慢让快。有力打无力，手慢让手快"。故为"图难于易，为大于细"也。

3."用兵者言：吾不敢为主，而为客。"《孙子兵法形篇一》曰："昔之善战者，先为不可胜，以待敌之可胜。不可胜在己，可胜在敌。"拳理——不自作主张，全在"舍己从人"。其要在听劲敏锐，乃能完全掌握对方劲路，此是知彼功夫；从而窥知对手弱点，因而制之，不论对手万变悉不出掌握之外。似被动，实乃主动。此乃知彼功夫。虽曰"不能自作主张"，实则，既能知彼，自能掌握主动（知己）。舍人从己之奥妙在此。

所谓"由己则滞，从人则活"。"彼不动，己不动，彼微动，己先动"乃能"因敌之变化而变化"，制人而不制于人。故看似被动中，实为主动。盖以"彼微动，己先动"者，乃能"知己知彼"。是以能达至《老子·六九》"行（行列阵势）无行。攘无臂[1]（不动手，出手不见手，手到不能走——盖以太极拳最重在'里边不动，外边不发'。故不在眼见之手，而看不见的里面之阴阳变化之内动）。扔（因就）无敌（虽对敌却无敌可对），掷无兵（虽执兵器却无兵器可执）"。

总言之，此"舍己从人"，乃能"曲则全"，"图难于易"，一以贯之。

4.《老子》："圣人不病，以其病病。夫唯病病，是以不病。"——郑子太极拳一曰："改错拳"，正如练书法：以"永"字八法为基础，千锤百炼，日日向上更上一层楼，但永无止境。在经历不断的锤炼，调整修改，精益求精，水到渠成。道，是"天人合一"的境界，永止尽向此迈进，不达目的不止。

5.《老子》："天下莫柔于水，而攻坚强者莫之能胜，以其无以易之。弱之胜强，柔之胜刚，天下莫不知，莫能行。"——太极拳"以柔克刚"之效也。太极拳亦有"极柔软，

---

1 《老子·六十九章》："用兵有言：吾不敢为主而为客。不敢进寸而退尺。是谓行无行，攘无臂。仍无敌，执无兵。"

然后极坚刚"之说。

（二）庄子哲学：

1.《庄子》：庖丁为文惠君解牛。其所谓"目无全牛"者，乃不见外在的身高体重，乃在乘人之势，借人之力。故能"四两拨千斤"的，因运变化而制敌。

2.《庄子》：所谓心斋者，"一若志（心志专一），无听之以耳，而听之以心；无听之以心，而听之以气。唯道集虚，虚者心斋也"。——太极拳所谓"听劲"者，并非以耳来听，而是听其气息。太极拳，所谓"绵绵若存"，则在气息之间。故曰："听之以气"。听固非用耳听，而是以气听，更进而是用意来听，作敏锐之感触，可说灵敏无比。故曰："一羽不能加，蝇虫不能落"（《太极拳论》）。所谓："懂劲之后，愈练愈精。""求于尺寸分毫"，以至"阶及神明"。至于其内在之修养功夫之极诣，则如庄子所言："唯道集虚，虚者，心斋也。"老子则谓："致虚极，守静笃。"其道固无二致；但必从"一若志（心志专一）"入门，始克达成。

（三）孙子兵法：

1.《孙子·始计》："兵者，诡道也。故能而示之不能，用而示之不用。……实而备之，强而避之。"——太极拳主"心神内敛""周身轻灵"。形于外者，乃含胸、拔背、沉肩、垂肘，为中正、安舒之态。未示人以强勇、好斗、霸气之外表，但示人以熙怡喜悦，且暧暧内含光的容态。所谓"国之利器不轻示人"，令敌有备也。但仍藏其锋而不露，使敌不知彼也。故曰："能而示之不能，用而示之不用。""外示安逸，内固精神。"平日无论行、住、坐、卧，即练拳架，推手以至应敌，无不皆然也。故可说准备于平日，磨砺以须，待时而动也。

2.《孙子·谋攻》："知己知彼，百战不殆。"——太极拳听劲、懂劲，沾、黏、连、随。所谓："彼之力方碍我皮毛，我之意已入彼骨里。"都是知己、知彼功夫。所谓"多四两不要，少四两不肯"。"人刚我柔谓之走，我顺人背谓之黏。""走以化敌，黏以制敌。"在沾与黏时，两臂松、腰松、胯松、全身松，所谓"全身无处不松净"。"不致有分毫拙劲留滞以自束缚。"自能于对敌之际，"轻灵变化，圆转自如"。自能"以逸待劳"，且使敌不知我之动向为何？

太极拳看似被动，实则乃属主动于人不知之地。凡拳中"尾闾中正""含胸拔背"等，均属蓄势待发之际。其与《孙子·九变》所云："无恃其不来，恃吾有以待之也。

无恃其不攻，恃吾有所不可攻也。"又如："善守者，敌不知所攻。""攻而必取，攻其所不守。"

《兵法·虚实》亦有："因敌而致胜，故兵无常势，水无常形，能因敌变化而取胜者，谓之神。"如"能使人自至者，利之也。能使敌人不得至者，害之也"。又云："攻而必取，攻其所不守。善守者，敌不知其所攻。"总之，太极拳正如《孙子·虚实》所云："人皆知我所以胜之形，而莫知吾所以制胜之形。"

3.《孙子·军形》："先为不可胜，以待敌之可胜。不可胜在己，可胜在人。"非消极待敌，乃在制敌机先，乃先敌而知战机所在。盖敌一动，而其弱点暴露在我眼前无遗，即乘其隙而制之。故《十三势行功心解》："彼不动，己不动，彼微动，己先动，似松非松，将展未展，劲断意不断。"又曰："先在心，后在身，腹松净，气敛入骨，神舒体静，刻刻存心。一动无有不动，一静无有不静。"此在太极，盖即借沾黏之功，听劲敏锐。"舍己从人"，乃能"乘人之势，借人之力"。在其劲"将出犹未全出，将到而未全到之际"。"随到随发"，"制敌机先"，乃能应手而出，发劲制敌于不知不觉中。故曰："不可胜在己（使敌不可胜，在我之克敌机先），可胜（令我得胜）在敌（利用敌人之弱点露出时）。"

4.《孙子·军形》："故善战者，立于不败之地，而不失敌之败也。是故胜兵先胜而后求战，败兵先败而后求胜。"——举凡太极应敌之时，一如平日练拳、盘架子之姿势：立身安舒、尾闾中正、含胸、拔背。"根在脚，发于腿、主宰于腰，形于手指。由脚而腿而腰，总须完整一气。""一举动，周身俱要轻灵。"盖已养之有素，行之有年。可说已立于不败之地了。即在未临敌之前，神态以示人以无机可乘。而全身各部位，刻已配合妥当，各就其位矣。即《孙子·虚实》所谓："凡先处战地而敌者佚，后处战地而趋战者劳。故善战者，致人而不致于人。"

5.《孙子·虚实》："故善攻者，敌不知其所守。善守者，敌不知其所攻。微乎！微乎！至于无形！神乎！神乎！至于无声！故能为敌之司命（掌控敌人的命运）。"——《太极拳真义》："无形无象（忘其有己）""全身通透（内外为一）""忘物自然"——太极拳应敌时，往往不做作姿势。示人以无形无象，真是"神乎！神乎！"。《陈氏太极拳图解》："所图者有形之拳，惟自有形造至无形，而心机入妙，终归于无心也，而后可以言拳"。可见拳在我心。我心中天机流动，活活泼泼地，触处皆拳；非世之以拳为拳者比也。此是终身不尽之艺。

6.《孙子·虚实》："夫兵形象水，水之形，……避实而击虚。水因形而制流，兵因敌而制胜，故兵无常势，水无常形，能因敌变化而取胜者，谓之神。"《兵法·虚实》亦有："因敌而致胜，故兵无常势，水无常形，能因敌变化而取胜者。谓之神。"如"能使人自至者，利之也。能使敌人不得至者，害之也"。又云："攻而必取，攻其所不守。善守者，敌不知其所攻。"总之，太极拳正如《孙子·虚实》所云："人皆知我所以胜之形，而莫知吾所以制胜之形。""能使人自至者，利之也。能使敌人不得至者，害之也。"又云："攻而必取，攻其所不守。善守者，敌不知其所攻。"总之，太极拳正如《孙子·虚实》所云："人皆知我所以胜之形，而莫知吾所以制胜之形。"——《太极拳解》："长拳者，如长江大海。滔滔不绝。掤、（手履）、挤、按、采、挒、肘、靠。此八卦也。进步、退步、左顾、右盼、中定。此五行也。掤、（手履）、挤、按，即乾、坤、坎、离，四正方也。采、挒、肘、靠，即巽、震、兑、艮，四斜角也。进、退、顾、盼、定。即金、木、水、火、土也。合之则为十三势。"

王宗岳《太极拳论》："太极者，无极而生，阴阳之母也。动之则分，静之则合。无过不及，随曲就伸。人刚我柔谓之走，我顺人背谓之黏。动急则急应，动缓则缓随。"太极拳即是如水一般，"水无常形""随曲就伸"如上所言也。

7.《孙子·军争》："以迂为直，以患（艰险）为利（便利）。……后人发，先人至。"太极拳讲求"曲中求直，蓄而后发"。又："彼不动，我不动；彼微动，我先动。"伺对手一动，其缺点实时暴露无遗，乘虚而入。而借人之力以使力，是化阻力为助力。非即"以迂为直，以患为利"欤？其所以"后人发，先人至"者，盖早占机先，因力借势而发，敌之一举一动，俱在掌握之中。我能用敌，敌不能用我。故似被动，实主动；似迂曲实直截，似缓而慢实速而疾。故能似后实先也。

8.《孙子·军争》："避其锐气，击其惰归，此治气也。以治待乱，以静待哗，此治心也。以近待远，以逸待劳。……此治力也。"——拳以静以制动，避实击虚为用。即是"避其锐气"之意。全身各部分协同一致，以对敌之散乱不整，即是"以静待哗"。九大关节协调行动，使经络旋转配合，有引伸而长之意，并在放松中运动，自有"以近待远，以逸待劳"之意。《十三势论》："一举动周身俱要轻灵，尤须贯串。气宜鼓荡，神宜内敛。"又云："变转虚实须留意，气遍周身不少滞。静中触动动犹静，因敌变化示神奇。势势存心揆用意,得来不觉费工夫。刻刻留心在腰间,腹内松净气腾然。""先在心,后在身,腹松,气敛入,神舒体静。刻刻在心切记……牵动往来气贴背,敛入脊骨。内固精神,外示安逸。……全神意在精神,不在气,在气则滞。有气者无力,无气者纯刚。气若车轮,腰如车轴。"

9.《孙子·九变》:"故用兵之法:无恃其不来,恃吾有以待之;无恃其不攻,恃吾有所不可攻。"——太极不求战,但日常生活,行住坐卧,随时随地,保持顶头悬,松腰坐胯,沉肩垂肘,尾闾中正以及"迈步如猫行","一举动俱要轻灵"等,从静至动,不外心静、气沉、体松等。合乎中医所言人体骨骼、经络等之正常运作,从生理、心理以及心灵,面面顾到。可说与日常生活打成一片,其阵临敌亦然,可说平时如战时,战时如平时。一旦临敌,实时就位,三军(内则精气神,外则九大关节早已就位)故曰:"无恃其不来,恃吾有以待之;无恃其不攻,恃吾有所不可攻。"

10.《孙子·九地》:"古之善用兵者,能使敌人,前后不相及,众寡不相恃。"善用拳者,交手全身各部位能协同一致,而对手各部位,分散运作,各自为战,以整对乱,自可使之"前后不相及,众寡不相恃"。——太极拳论"心神宜内敛"曰:"不论盘架子或推手时,心神必须专一,万不可心神散乱。否则,气必散漫,益处毫无。盖因太极拳之要点,全在一静字。故曰:'内固精神,外示安逸。'"此制敌于从容之中。

11. 通于文学,如起、承、转、合,太极拳亦然,从起式,至第二式、第三式……至结尾收式,都是绵绵不断,一气呵成。文亦有文气,清代桐城派古文家姚鼐复鲁洁非书有:"鼐闻天地之道,阴阳刚柔而已。文者,天地之精英而阴阳刚柔之发也。"并以神、理、气、味、格、律、声、色为论文八大要素(《古文辞类纂序》)。其中,"神、理、气、味"是文章的内容,属"文之精也"。"格、律、声、色"是文章的形式,属于"文之粗也"。"神",是精神,"理"是义理,"气"是文章的气势,"味"是品味,如喝茶之茶味,品酒之酒味,文自有文学之兴味。"格律"是平仄之规则,"声"是音韵(故有"因声求气"之说),"色"是辞采。其中,虽有粗与精之分。但"苟舍(舍)其粗(迹),则精(髓)者亦胡(何)以寓焉?"太极拳何独不然。太极拳有"十三势"之说。并谓之长拳:如长江大河,滔滔不绝也。一如文章之气势然。十三势者:掤、捋、挤、按、采、挒、肘、靠、进、退、顾、盼、定也。则是其"格律"之姿势也,是其粗迹。其中,自有其韵律之美,顾盼生姿,自具品味与声色也。至其"气",则呼吸间,潜行默运，至于若存若亡。而其"神"求内敛，安详，"收视返听"；并蕴含"拳理"于中；在在自有无上兴味存焉。故《十三势行功心解》："以心行气，务令沉着，乃能收敛入骨；以气运身，务令顺遂，乃能便利从心。……意气须换得灵，乃有圆活之趣。……立身须中正安舒，支撑八面；行气如九曲珠，无往不利。运劲如百炼钢，无坚不摧。……静如山岳，动如山河。……能呼吸，然后能灵活。……心为令，气为旗，腰为纛；先求开展，次求紧凑，乃可臻于缜密矣。"

总言之，太极拳包罗了万理，举凡中医、物理、生理、心理、哲学（佛、道、儒）、文学等，并可旁通兵法、做人处事（圆融无碍）之道，无所不具。简言之，身、心、灵都有。晓云导师[1]常云："道通于艺"，所谓技术、艺术与道术，道术者，儒、道、佛思想是也。可说层次分明，一层进一层。孔子所谓："吾道一以贯之"，这就是我中国文化的特质。

1　晓云导师早年师事岭南画祖高剑父大师，有"岭南女画杰"之雅誉，1935 年曾任泰戈尔大学艺术学院客座教授，讲授中国绘画艺术。1967 年，应台湾中国文化学院（今中国文化大学）之聘任，主讲于哲学与艺术两研究所，为永久教授，同时创办莲华学佛园、华梵佛学研究所。于 1958 年，依止天台宗第 44 代祖师倓虚大师出家，自此更由禅宗而钻研潜修天台教观与止观。1990 年于台北县石碇乡大仑山创办"华梵工学院"，为中国佛教史上第一所佛教界创办之大学；1993 年，华梵工学院更名为"华梵人文科技学院"，招收首届"东方人文思想研究所"；1997 华梵人文科技学院升格改制为"华梵大学"，学校理念为"觉之教育"，并以"人文与科技融汇，慈悲与智慧相生"为创校宗旨，"德智能仁"为校训。

　　晓云法师是教育家、艺术家、哲学家，也是中外驰名之般若禅行者；思想融合中国儒佛文化之内涵，著作等身。法师亦发愿终身不建寺院，不任住持，矢志为佛教教育与社会教育奉献心力，精研"觉之教育"，为佛学教育与艺术教育创造人间净土以为终身志业之禅行者。

黑塞《悉达多》讲记 [1]

张文江

西方对包括印度和中国的东方，真切热爱并有所了解的，有两个大人物。这两个人是同时代人，一个是荣格（1875—1961），一个是黑塞（1877—1962）。他们都用德语写作，而且都跟瑞士有关联，荣格是瑞士人，黑塞后来加入了瑞士籍。

全面定义荣格比较难，从他与几个人的关系中，可以尝试有所透视。一是荣格和弗洛伊德（1856—1939）的关系，从心理分析而言；一是荣格和胡适（1891—1962）的关系，从中西文化而言；一是荣格和黑塞的关系，从医学和文学而言。

第一，荣格和弗洛伊德的关系。两个人在 1907 年相遇，有过一段蜜月时期，促进双方的学术发展。对于他们之间的分歧（1912）乃至分裂（1913—1914），我站在荣格一边。弗洛伊德提出性和梦的学说，开辟了人类认知的新领域，确实是伟大的成就。然而，他试图以此作为教条，不允许他人越雷池半步，终究还是格局太小。他把荣格封为"王储"和接班人，以为天下既定，可以一劳永逸地压制各种怀疑，有志气的后生当然不应该跟着他走。荣格另外探索了一条路，和弗洛伊德之路相比，我的判断是荣格之路更接近文明的源头，更有前途。当然，弗洛伊德后来也修正了自己，他的晚期理论发生了重大变化。

第二，荣格和胡适的关系。在荣格晚年写的自传中，记录了两人在 30 年代中期的

1　原载《上海文化》2010 年第 2 期；2022 年 9 月读客文化出版《悉达多》杨武能译本，以此文为导读。

交往。荣格问胡适，你们中国的《易经》怎么样？胡适回答说，那本书不算什么，只是一本有年头的巫术魔法选集罢了（《回忆·梦·思考》，刘国彬、杨德友译，辽宁人民出版社 1988 年版，第 600—601 页）。此书的译文还可以更完善一些，其中《变化》应当译成《易经》，"我给他做了实验"应当指举行了占卜，"他的话成了六边形状"应当指形成六爻卦，"这个女孩太有威力了，一个人不该娶这种女孩子"，应当指姤卦初爻"女壮，勿用取女"。

在胡适的心目中，所谓"有年头的"，大概就是老掉牙或者过气的意思吧。我相信胡适遇到当时名满天下的荣格一定非常有兴趣，想吸收一些外国的新思想。结果荣格重视中国，反而向他求教，他无论如何不能理解。比较这两个人的程度，应该还是荣格高。荣格是对世界文化作出贡献的人，胡适是对中国新文化作出贡献的人。胡适的贡献在中国影响很大，但是放到世界范围内来看，可能就算不了什么了。

对于这两个人的分歧，我倒也不是简单赞成荣格，我对荣格的肯定有所否定，对胡适的否定有所肯定。因为荣格向往东方的学问，向往中国的《易经》，他多少接触到一点真东西。但是中国的真东西不止于此，其境界之深之广，远远超过荣格所认识的程度。胡适固然不能了解荣格，但是他的否定也有道理，因为他眼中看到的中国文化和《易经》，在我看来确实可以唾弃。荣格和胡适头脑中的《易经》，完全是不同的东西，他们好像在对话交流，实际上针对的是完全不同的角度，好比鸡同鸭讲。

了解荣格的思想境界，要追溯他跟古希腊的关系。对于古希腊的哲人，荣格喜欢的是毕达哥拉斯、赫拉克里特、恩培多克勒以及柏拉图（参见《回忆·梦·思考》，同上，第 119 页），不喜欢的应该是亚里士多德。这一学术进路，确实非常吸引人。问题在哪儿呢？我以为关注荣格的思想，或许要从解析恩培多克勒入手。在古希腊，恩培多克勒的南意大利医派和希波克拉底的科斯医派不同，在某种程度上说，他很像西方的中医。荣格早年喜欢恩培多克勒，有神秘主义的成分，对他以后喜欢印度和中国，可能有所预示。

古希腊是西方思想的母胎，怀特海有名言云，欧洲哲学传统来自对柏拉图的一系列注脚（参见《过程与实在》，杨富斌译，中国城市出版社 2003 年版，第 70 页）。对西方思想家来说，你头脑中的古希腊图景怎么样，你的学问就是怎么样，理解高人必须参考他的古希腊图景。古希腊图景变来变去，在每个思想家头脑中，结构组合都不同。比如说海德格尔（1889—1976），他的古希腊图景是阿那克西曼德、巴门尼德斯、赫拉克利特，其后有亚里士多德，这跟荣格看重毕达哥拉斯、恩培多克勒的图景，有相当的不同。研究西方思想家，可以从他的古希腊图景入手，当然，还有深妙的变化。

第三，荣格和黑塞的关系。两个人1917年认识，彼此欣赏。根据黑塞年表的记载，1921年，黑塞在创作《悉达多》时遭遇心理危机，荣格给他施行过治疗。治疗过程的具体情况，可以再研究，相信其精彩程度，不下他正在写作的小说。黑塞的危机来自他的生活，但是也跟东方思想有关，荣格用西方的药能治好吗？他所开的西方的药中，是否含有中国的配伍呢？在1920年，荣格已经和卫礼贤（Richard Wilhelm，1873—1930）相遇（一说1922年，见芭芭拉·汉娜《荣格的生活与工作》，李亦雄译，东方出版社1998年版，第207页）。但是要迟至1924年，他才为卫氏的《易经》译本写序；更要迟至1929年，两个人才合作完成了《金花的秘密》（来自中国道家的《太乙金华宗旨》）。黑塞《悉达多》1921年写作，1922年出版，在中国正是共产党成立，大革命风云初起之前。

对于黑塞一生的成就来说，他的创作高峰是《玻璃球游戏》。黑塞以这本书获得诺贝尔文学奖，我认为是实至名归。并不是每本获得诺贝尔文学奖的著作，都可以称为好书，但是《玻璃球游戏》不在此列。此书前后写了12年，1932年开始写作，1943年完成，1946年出版，同年黑塞获奖。20世纪的小说，我愿意为读书人推荐的有一部半，一部是普鲁斯特《追寻逝去的时光》（主要写于1912—1922年），还有半部就是此书（参看拙稿"《玻璃球游戏》感言"，见《渔人之路和问津者之路》，复旦大学出版社2006年版）。《悉达多》完成于此前20余年，可以看成《玻璃球游戏》的前驱。《玻璃球游戏》包含四个系统的内容，希腊、希伯来、印度、中国。他的卡斯塔里可以看成柏拉图学园的模仿，而"玻璃球游戏"综合人类的全部文化，可以是西方环境下所想象的《易经》。《悉达多》把其中的印度部分搞清楚了，没有这个踏踏实实的垫脚，他后来走不上去。

在相当程度上，《悉达多》是一本好书。译者非常虔诚，文笔有诗意，融入了自己的生命体验。小说中包含了黑塞的信仰和证悟，这是非常高级的写作，但还不是我心目中最高级的写作。我心目中最高级的写作，就是为证悟寻找适当的表达形式，不管这个形式是不是小说。好的小说必然对原来形式有所破除，破除也就是创新，使内容和形式相融洽。对于写作来说，真正值得表达的是证悟，其次才是信仰。证悟和信仰不同，在我看来，证悟比信仰重要。当然，证悟和信仰也是名言假设，通常很难分清楚。对于初入门的人来说，没有信仰就无法获得证悟。但是到达一定程度后会明白，证悟和信仰还是有所区别。

这本小说书名叫《悉达多》。黑塞的构思很巧妙，他把释迦牟尼（Śākya-muni）原名悉达多·乔达摩（Siddhārtha Gautama）一拆为二，一个是悉达多，一个是乔达摩。释迦牟尼是后人的尊称，释迦（Śākya）是族名，牟尼（muni）是圣人的意思。牟尼意译是能仁或能寂，沉默不语，一直在思考终极问题的人，就是圣人。在中国 muni 曾经翻译成"文"，释迦文佛。广东话"文"读成"门"，"文"不是义译，而是音译（徐梵澄《韦陀教神坛与大乘菩萨道概观》，文见《徐梵澄集》，中国社会科学出版社 2001 年版）。如果望文生义，也可以引申开来，文的音训就是默然，好比老子和苏格拉底的漠然不应（参看拙稿"《克利托丰》辨析"）。从形训来讲，文就是爻变，《周易·系辞下》"物相杂，故曰文"，透彻理解世界以及身心一切现象，就是"文"。

回到释迦牟尼还是在家人的时候，他叫悉达多·乔达摩，悉达多是名，乔达摩是姓。悉达多（Siddhārtha）有两个主要解释，一切事成，一切义成。乔达摩（Gautama）亦即瞿昙，意为纯淑或地最胜，有人称西文中原义是光耀世界者。黑塞把释迦牟尼的故事一分为二，悉达多是未成就的人，乔达摩是已成就的人。悉达多走一条修行之路，回归乔达摩，就是把两个人重新合为一个人。

小说分成前后两部分，第一部取材于佛教的修行传说，第二部悉达多另外走一条修行之路。故事大致说，悉达多出生于婆罗门家庭，婆罗门是古代印度最高的种姓。他的父亲和母亲都很尊贵，父亲非常博学，经常跟别人讨论学问。他从小修习辩论、静思、禅定，体会《吠陀经》中的"唵"。唵是印度梵文的根本音，以后佛教的根本咒"唵啊吽"，以及六字大明咒"唵嘛呢叭咪吽"，都以"唵"音起首。在古印度传统中，从"唵"音中可以体会宇宙的根本阿特曼（Atman），世界由这个音变化而来。阿特曼有呼吸的意思，它把整个宇宙看成生命体，有一呼一吸、一阴一阳的律动。这个词可以解释成我、自性或者本质，修习体会阿特曼，类似于中国的天人合一。

悉达多受到父母的照护，还有着好朋友侨文达，从小一起读书。一天有沙门经过他家门口，悉达多就追随而去了。好比当年释迦牟尼在宫廷里生活得很好，文武双全，金钱、美女环绕四周，最后走出城门看见了生老病死，痛感无常，于是发心出家。沙门

（sramana）是印度的出家修道者，接触佛教经典的人，都知道有四沙门果，也就是《金刚经》提到的须陀洹、斯陀含、阿那含以及阿罗汉，阿罗汉是小乘修行成就的最高果位。悉达多成了出家的人，父母很悲伤，但是阻止不了他。侨文达也跟着去了，朋友二人上了路，其情形有些像唐·吉诃德和桑丘。他们跟从沙门修苦行，目的是"丧我"，好比《庄子·齐物论》"今者吾丧我"。修行的方法是"损之又损"，减缓呼吸到近乎停止，然后减缓心跳到近乎停止。如此三年，虽然获得了长足的进步，但是并没有证到原来预期的成果。

这时候他们听说乔达摩，也就是世尊或者佛在舍卫城说法，两个人就过去了。侨文达加入了乔达摩的教团，悉达多虽然认同其教义，但是不愿意加入。乔达摩和悉达多见面时，有一段对话。悉达多问他，在你的教义里，世界是圆融为一的，又是可以救赎的，这其中有矛盾。佛陀回答，我的目标不是解释世界，而是超拔苦难。悉达多又问他，我对你的成就和教义毫无怀疑，但是怀疑你自身体验的秘密通过你的教义无法传达，所以我要继续走自己的路，自己体验出来。佛陀回答，提防你过分的聪明。佛陀的回答，既踏实又凌空，完全可以相信。要知道黑塞能够这样写，那也是他的证悟程度，可以比拟《玻璃球游戏》中音乐大师的临终前对克乃希特说："你这是没有用的，约瑟夫。"这两个回答高妙之极，我对此欢喜赞叹。

第一部到了最后，悉达多抛下佛陀，抛下朋友，重新上了路。他在绝对孤独中，产生了觉醒。他以前见山不是山，见水不是水，而现在则见山是山，见水是水。（参看《五灯会元》卷十七青原惟信章次）从婆罗门教的角度来讲，整个世界，包括父母和自己在内，都是假的幻象（maya），要从其中找出真的本体界。现在他回到了现象，现象也同样真实，所以才有了看山是山的证悟。这时他非常惊讶地发现，以前自己所说的话，自己并没有真正懂得。这个发现应该有普遍意义，原来自己夸夸其谈讲的话，都是自己不懂的，自以为懂而其实不懂。所以古希腊苏格拉底在雅典街头要找人辩论，你头头是道讲的这些，自己真的明白吗？这就是思想的助产术。

我举钱穆晚年最后的文章为例，在他的《中国文化对人类未来可有的贡献》（《中国文化》1991年第4期）中，说中国文化的根源是天人合一。他以为是晚年的大发现，为此兴奋不已。身边的人提醒他早就讲过多次了，这不是重复过去的观点吗？他说你们不明白，我现在讲跟过去讲大不相同，过去只是一般的强调，现在才是真正的彻悟。后来这篇文章留下来了，初看起来也没有什么特别，但是我相信他对自己的内心绝对真实，思想图景完全不一样了。当然，这个最后的懂是不是真懂，仍然免不了后人的严肃勘问。

第二部开始，悉达多去找高级妓女伽摩拉，向她学习情爱的秘密。然后再去找大商人，向他学习赚钱的本领。大商人和伽摩拉，作者描述的重点在后者。中国称"食色性也"（《孟子·告子上》），食维持空间，色维持时间，文学作品通常更关注后者。悉达多进入城市，多少年后渐渐迷失本性。终于他认为这样下去不行，然后就离开了。他后来明白，只有经过那些可怕的岁月，他自心中的浪子和富人才能死去。这就是说，一定要经历堕落的过程，才能走到更高的阶段。如果研究古来修行者的历史，这个话应该不能算错，但是由他本人来说，多少有寻找借口的意思。

他来到了河边，河边有个船夫，当年就是他渡悉达多过河的。悉达多讲自己的故事，船夫静静地倾听，我觉得悉达多还是有着倾诉欲。书中描写，船夫最美的德行之一是倾听。我曾经说，中国的圣（聖）字从耳从口，而且耳大口小，基督教也称许"有耳能听"（《新约·马太福音》，11—15）。船夫倾听的功夫是怎么学会的呢，是河水教会他的。悉达多问，那么你也是从河水中学到这个秘密的，世界上并不存在时间的实体？船夫点头称是。

我觉得中国人也是听到的，像孔子"子在川上曰，逝者如斯夫，不舍昼夜"（《论语·子罕》），他完全是明白的。老子"上善若水，水善利万物而不争"（《老子》第八章），他也完全是明白的。小说中描写"河水永无迁变而刻刻常新"，不就是僧肇的"旋岚偃岳而常静，江河竞注而不流，野马飘鼓而不动，日月历天而不周"（《物不迁论》），或者苏轼的"逝者如斯，而未尝往也；盈虚者如彼，而卒莫消长也"（《前赤壁赋》）吗？

这时候传来消息，佛陀即将涅槃。四面八方的人都去朝圣，朝圣者中有伽摩拉和她的儿子。这个儿子是悉达多的儿子，是他出走之前怀孕的，悉达多并不知道。我对宗教不得不有的保留之一，就是修行者如果没有走到最后——很少有人走到最后——往往做任何事情都可以找到理由。伽摩拉固然是有钱的人，但孩子不是单凭钱就能长大的。这个女人再能干，再有仆人帮忙，一个人带孩子还是很辛苦。悉达多为了更重大目标修行去了，于是一走了之，不负责任地撒手不管了。

然后黑塞笔锋一转，悲剧出现了，伽摩拉因为被毒蛇咬而死去，留下了儿子。这个儿子正当青春年少，从小给母亲惯坏了，叛逆而任性。任何做父亲的人都有一个梦，希望儿子能够避免自己此生所走过的弯路，直接走一条健康的正路。悉达多希望儿子也能去修行，也能倾听河水，在他看来这是人间最幸福的道路。他怕孩子学坏，始终限制他。孩子犯了错也不去责备，用爱来束缚他。

孩子被这样对待，当然无法接受。而且，父亲几乎完美无瑕，就更无法赢得他的心了。然后孩子逃走，他要走自己的人生道路，父母不能代替。尽管这个孩子顽劣不堪，他的想法完全不成熟，但这也是他的道路。你是你，他是他，对孩子又怎么可以强求呢？悉达多赶快去追，当然追不上，他心中隐隐作痛。做父亲的心理完全能够理解，孩子不肯走他眼中现成的光明大道，怎么可能不感到痛苦。

船夫引导他再倾听，最后他的哀伤化入了河水，他的智慧达到了圆成，与万物和谐如一。船夫说，我一直在等这一刻，你终于懂了。然后他走入林中，身相光明遍满。船夫是隐藏的高人，你如果不懂，他也不显出来，而你一旦懂了，他印证完也就走了，其行事举止，非常像中国的禅宗（参见《五灯会元》卷五船子德诚章次）。再后来，悉达多又遇见了侨文达，侨文达在教团中修行，还是没有证道。最后的最后，悉达多和侨文达碰一下前额，发生了奇迹。侨文达也证悟了，他看到了万物背后深邃的真相，他看到了永恒。

总体而言，小说中有四个证悟之人。第一个是乔达摩。他是佛陀，小说没有写他的修行过程，高高在上，无懈可击。第二个是悉达多，悉达多的学习和漫游是对乔达摩的模仿，最后两者合而为一。另外还有两个人，一个是侨文达。侨文达听释迦牟尼讲经，在佛教中是声闻。另一个是船夫，他从倾听河水而来，在佛教中是缘觉。小乘佛教分为声闻、缘觉，缘觉是从万事万物变化中倾听和体会，《庄子·人间世》称"无听之以耳而听之以心，无听之以心而听之以气"。缘觉另外的翻译是独觉，不依靠老师的指导，从缘起缘灭中独自悟出来。

乔达摩和悉达多是一对，乔达摩是已经证悟的，悉达多演绎了乔达摩的修行过程。侨文达和船夫是一对，侨文达是声闻，船夫是缘觉。从小说中可以看出黑塞的佛教观念，他在西方了解的是声闻、缘觉两条路，然而在佛教中，两者还是小乘，没有到达大乘菩萨行。

《维摩诘经》中描绘的维摩诘居士，持守就是大乘菩萨行。经文中说，"示有妻子，常修梵行，现有眷属，常乐远离"，"一切治生谐偶，虽获俗利，不以喜悦"（《方便品》），可见他有着家庭，也做过生意。就大乘佛教而言，悉达多看成过程的那些东西，本身可以是究竟的。黑塞一定要兜个圈子，把这些东西丢掉，思想上还是有所限制。不过，无论如何，《悉达多》是一本好书。从这里开始，可以初步了解黑塞，也可以初步了解佛教。

如果进一步观察，至少还可以有二个层次。第一个层次，是小乘和大乘的关系。第一步可以是小乘，第二步可以是大乘。第二个层次，是显教和密教的关系。第一步可以是显教，第二步可以是密教。这恰恰相合于悉达多之两义，一切义成，显教；一切事成，密教。在这两个层次之上，是否还可能有其他层次？过此以往，未之或知也。

黑塞对佛教的了解，如果上去一个层次，小说的象完全可以变化。在二十余年以后所写的《玻璃球游戏》中，克乃希特走出了卡斯塔里。他已经明白要从象牙塔里走出来，回到人世间，这实际上就是大乘的形象。可是他走不出来，一旦走出来就死了，不能不令人万分可惜。在这里也许需要提出孔子的一句话，我相信黑塞一定也会赞赏的，那就是"未知生，焉知死？"（《论语·先进》）。

稿　约

《原学》以回归本源、返本开新为宗旨，是修身之学，德性之学，智慧之学，是生命的学问。

《原学》倡导由修身之维理解、体贴传统学问，以此反求诸己，修治身心，乃至立人达人，经世观物；欢迎义理之探讨阐发，然应以反身实践为旨归；乐见观象游心之作，但须以修身工夫为根基。

《原学》立足传统，儒佛道等平等尊重；面向时代，注重中西互发融通。"志于道，据于德，依于仁，游于艺"，内容应有多层次多角度，形式则不拘一格，长短不限，但须言之有物，会归于道。

凡传统体裁之解经、论说、札记、简牍、游记，乃至书评、讲稿、谈话、杂感均在欢迎之列。惟请采取文化视角，不要涉及时政及宗教宣传内容。为贴近读者，请不要写成今日学界流行的"论文体"，注释尽量简化，并采用随文夹注的形式。来稿除特殊情况以外，请使用简体字，并注明姓名、职业、联系方式。

来稿如已发表或部分发表（包括网络），请务必注明；如三月内未收到录用通知可自行处理或转投他处。稿件一经刊发，即寄赠样书两册，并略付薄酬。来稿请交各编委，或以电子邮件发送至以下地址：

yuanxuejikan@163.com

《原学》编辑部
2022 年 10 月

图书在版编目(CIP)数据

生命的工夫/刘海滨,邵逝夫主编.—上海:上
海人民出版社,2023
(原学;第3辑)
ISBN 978 - 7 - 208 - 18674 - 3

Ⅰ.①生… Ⅱ.①刘… ②邵… Ⅲ.①古典哲学-中
国-文集 Ⅳ.①D665.4 - 54

中国国家版本馆 CIP 数据核字(2023)第 231474 号

责任编辑 陈佳妮
装帧设计 胡 斌 刘健敏
封面书法 桑 林

原学(第三辑)
生命的工夫
刘海滨 邵逝夫 主编

出 版 上海人民出版社
 (201101 上海市闵行区号景路 159 弄 C 座)
发 行 上海人民出版社发行中心
印 刷 上海商务联西印刷有限公司
开 本 787×1092 1/16
印 张 16.75
插 页 7
字 数 279,000
版 次 2023 年 12 月第 1 版
印 次 2023 年 12 月第 1 次印刷
ISBN 978 - 7 - 208 - 18674 - 3/B · 1722
定 价 72.00 元